# 中国生物医药产业创新平台运行与治理

陈波◎著

上海人民出版社

# 目　　录

# 第一章　绪　论

本章将首先结合生物医药产业及其创新活动的基本特征和最新变化，提出本书研究的主要背景，从而明确本书研究的理论与实际意义。接着根据我国生物医药产业及创新所面临的困境，提出本书的主要研究内容和研究思路，并介绍本书的主要研究框架。最后，本章将简要介绍本书将用到的一些主要研究方法。

## 第一节　研究背景

随着近二十年来生物技术尤其是基因工程技术的兴起和发展，医药产业与生物技术产业的融合正变得越来越明显。目前，生物技术已经应用和渗透到医药、保健品和日化产品等各个领域，尤其是在新药的研究、开发、生产和改造传统制药工业中，生物技术已经得到了广泛应用。生物技术主要是指以现代生命科学为理论基础，利用生物体及其细胞、亚细胞及其分子的组成部分，结合工程学、信息学等进行产品的研究开发和制造，或改造动物、植物、微生物等，以使其具有人们所期望的品质、特性，进而为社会提供商品和服务手段的综合性技术体系。生物技术主要包括基因工程、细胞工程、发酵工程、酶工程、基因测序技术、生物信息技术、组织工程技术、生物芯片技术等。

本书要研究的生物医药产业是指集生物学、医学、药学的先进技术为一体，以组合化学、药学基因、功能抗原学、生物信息学等高技术为依托，以分子遗传学、分子生物、生物物理等基础学科的突破后逐步形成的新兴产业，运用生物技术进行新药的研究与开发是该产业的基本特征。事实上，制药公司和生物科技公司之间的界限很模糊。全球最大的生物科技公司都基本上是美国药物研究与制造商协会（PhRMA）的成员。

一个国家经济社会的繁荣程度在很大程度上依赖于该国产业创新的活跃程度，而创新是创新驱动型产业生存和发展的关键。作为典型的创新驱动型产业，生物医药产业需要通过不断的研究与开发，推出新的有效药品。如何以更低的成本、更高的效率成功研制疗效显著的新药，是生物医药企业获得竞争优势、占领市场并获取超额利润的关键。阿斯利康公司(AstraZeneca)成功开发出的治疗胃痛的Prilosec，每年创造的收入曾高达60亿美元，先灵葆雅公司的畅销抗过敏药克拉瑞汀(Claritin)在专利权到期前所创造的收入在其整个公司的销售收入占到了三分之一。为此，拜耳、礼来、葛兰素史克、强生、默克、默沙东、诺华、辉瑞、罗氏、惠氏等全球著名的制药企业，无不高度重视新药的开发和研究。

1. 生物医药产业的研究开发变得越来越复杂

生物医药产业的研究开发活动需要综合运用多学科技术，除需大量运用基因工程、细胞工程、生物信息等生物科学技术外，在靶标药物确立、药物筛选、早期临床、临床实验等环节，还需要广泛运用计算机技术、组合化学技术、纳米技术及高通量筛选技术等。比如，基因工程药物作为生物医药产业的重要组成部分，其研究开发就需要利用到多种复杂的科学技术，除了基因的克隆、导入和工程菌的培养与筛选等核心技术外，在其开发的上游阶段还需运用相关技术手段对基因进行合成、纯化和测序，在其开发的下游阶段还需利用其他技术手段对其目标蛋白进行纯化等，其复杂性往往已超过一家企业的研发能力边界。这意味着，要成功开发一款新药，生物医药企业必须具备或掌握更多专门技术和知识，或者说，一家生物医药企业所具备的知识和技能，已不足以独立完成一款新药的研究与开发。因此，对生物医药产业链中的单个企业而言，新药的研究与开发正变得越来越复杂。

2. 生物医药产业的研究开发具有高投入、高风险和产业化周期长等特征

生物医药的研究与开发需要许多精密的科研设备和仪器，需要企业投入大量资金。更重要的是，由于生物医药的研究开发需要经历靶标药物确立、药物筛选、早期临床试验及临床试验(第Ⅰ、Ⅱ、Ⅲ期)等多个阶段，再加上药物注册、规模化生产及市场推广，一款新药从最早投入开始为企业带来收益一般需要10～13年时间。在这一过程中，每一道环节都需要企业投入大量资金。据欧洲药物创新计划(IMI)公布，生物医药行业中每款新药的投入成本超过了10亿欧元。2002年，财富500强中的美国十大制药公司用于新药研发的费用总额高达310亿美元。

漫长的研究开发过程，不仅需要研发企业持续投入大量经费，而且每一道环节都孕育着很高风险，研制开发过程中的任何一环出现了差错，生物医

药企业都可能前功尽弃。事实上,在生物医药产业中,能够通过临床前试验的备选药物还不到千分之一,而其中又只有五分之一的备选药物能够通过临床测试,换句话说,每 10 000 例新药研究中,仅有 1 例新药可以最终成功进入市场,这对生物医药企业的风险承担和风险管理能力提出了极高要求。

3. 生物医药产业的研究开发正在发生"范式转变"

在生物医药产业中,主要依靠大型制药企业独立完成新药研发所有环节的传统创新模式正在发生改变,切萨布鲁夫(H. Chesbrough)所提出的开放创新模式已开始统治生物医药产业的创新活动。

阿瑟列杜公司(Arthur D. Little Inc.)在对全球 600 多位企业高层领导者进行的一项调查中发现,尽管人们普遍认可创新对企业在竞争性市场中取得成功的重要意义,但认为自身已经具备了这些必需的创新能力的企业还不到 25%。这一点在生物医药产业中表现尤为明显。生物医药产业研究开发活动固有的特征及其需要的技术知识越来越复杂,即使全球最大的制药企业都在积极寻求新的创新模式,通过与企业外部的其他机构合作,以提高研发生产率、降低研发成本、缩短药品开发周期,从而更经济地开发新药品。而另一方面,科学技术和高等教育的不断发展,科研院所、高等院校、医院、中小型生物科技企业及部分中介组织掌握的专门技术和知识越来越多,可以在生物医药的研究开发中发挥重大作用。这意味着生物医药企业不再需要完全依靠自己的力量进行新药的研发。事实上,当前的生物医药产业中,已经很少有企业这样做。在美国,生物医药企业在新药的研发上越来越依赖学术界、小型生物科技公司和国家卫生研究所,其中大型制药公司所销售的药物中,尤其是那些最具创新意义的药物,三分之一都是由大学和小型生物科技公司授权。

创新活动的"范式转变",对生物医药企业而言具有重要意义。以新药开发的临床测试阶段为例,由于在临床测试开始之后将很难继续对药品的信息进行保密,因而生物医药企业通常都在一种新药临床测试之前就注册了专利,以保护企业的知识产权免受侵犯。但是,临床测试通常要花费好几年时间,并且在这段时间内该药物并不能出售,这意味着临床测试将在新药 20 年的专利期内挤占相当的时间。为此,越来越多的大中型生物医药企业将这一阶段的任务移交给医院或合同研究组织(Contract Research Organizations,简称"CRO"),医院或合同研究组织所拥有的独特优势(充足的专业医疗人员、可作为临床试验自愿者的大量患者及其他专业技术和知识等),使新药能在更短的时间内高效完成临床试验,从而节约了新药临床测试所占用的时间，使生物医药企业可以在药品专利期内有更长的时间垄断该药品销售。

4. 产业创新平台已成为提升生物医药产业创新效率的重要工具

创新活动的“范式转变”，意味着生物医药产业的创新主体正在不断扩展，大型制药公司、中小型生物科技企业、科研院所、医院、各类中介机构、风险投资及政府监管部门等都会在生物医药创新的不同阶段发挥重大作用。如何对生物医药创新价值链中各环节、各主体所拥有的创新资源进行有效整合，以更便捷、更有效、更安全地推进生物医药产业的开放创新，确保各创新主体的创新合作，已引起了主要生物医药企业、政府部门及许多学者的高度关注。坦桑（Danzon P.）等利用900多家企业在1988年至2000年期间的数据评估了生物制药在特定研发阶段成功率的影响因素，发现通过与其他组织联合的方式可以显著提高研发的成功率（Danzon et al.，2003）。鲍威尔（Powell）等人的研究表明，制药产业的许多创新是通过创新网络实现的，专利技术在大量个体工作的基础上形成，而这个网络的成员包括了制药企业、生物科技企业、大学和研究院等主要产业主体（Powell et al.，1996）。

为此，许多生物医药企业都在积极搭建产业创新平台，以便于在新药开发过程中从更多的外部伙伴获得创新资源和能力的支持，最典型的便是葛兰素史克同许多机构联合成立的GSK专利池。除企业之外，产业协会、政府部门也在积极推进生物医药产业的创新平台建设，如为提高欧洲生物医药产业创新能力，欧洲制药工业协会联合会（EFPIA）和欧盟委员会联合建立了欧洲最大的生物医药产业创新平台“创新药物计划”（Innovative Medicines Initiative，简称“IMI”），该创新平台得到了欧洲医药局（EMEA）、欧盟各成员国的药品管理局、临床与学术研究机构、中小企业及中小企业协会的代表、患者协会的成员及其他利益相关团体的广泛参与。

作为一种合作创新的动态模式，产业创新平台有利于产业创新主体进行组织协调，实现创新资源的优化集成，为产业的技术创新活动提供物质、信息及专业化人才等保障，并促进创新技术的快速产业化。企业可以借助于产业创新平台填补其对上游知识和下游能力的空白（Allarakhiaq et al.，2009）。有关产业创新平台的研究不仅在理论上进一步丰富了合作创新、创新网络的研究内容，也在实践层面上深刻地影响着企业的创新战略，并为政府部门制定和实施产业创新政策提供了新的思路。

## 第二节　研究意义

我国已将生物医药产业作为支柱产业进行重点扶持，在广东、上海、杭州、北京、长春、厦门等地，已经迅速崛起了一批生物技术骨干企业。然而，受技术水平（基础研究、试验设备、人才队伍落后）、资金、制度等因素限制，我国生物医药产业在研究开发、产业化、规模化等方面一直落后于美欧发达国家。此外，由于我国生物医药企业的新药开发缺乏重点，与其他外部机构的综合协调能力低，并且普遍存在重复开发，使本就不足的创新资源遭受了巨大浪费，不利于生物医药企业创新能力的提高和生物医药产业的发展。

为有效整合生物医药产业创新资源，提高创新能力，促进产业发展，我国在2006年颁布的《国家中长期科学和技术发展规划纲要（2006—2020年）》明确提出，把建立以企业为主体、产学结合的技术创新体系作为国家创新体系建设的突破口。“创新药物研究开发技术平台”作为“重大新药创制”专项的重要组成部分，也在“十一五”规划期间（2006—2010年）正式启动。长三角及珠三角等科技和经济发达地区已经建立了许多国家级生物医药产业基地，其典型代表包括上海浦东生物医药开发基地、广东中山健康产业基地等。然而，我国的产业创新平台运作时间短、经验少、层次低，还停留在共同开发市场和中小企业孵化等初级阶段，而不是知识生成与应用联盟。国内外产业创新平台的经验表明，产业技术创新平台的运行面临着功能整合、结果优化、制度治理、运行维护、协调管理等一系列关键问题。

研究我国生物医药产业创新平台运行现状，从结构、行为及环境等方面找到影响其运行绩效的主要因素，并在提升我国生物制药产业自主创新能级、提高生物医药产业创新平台的服务水平、提升政府在生物制药产业技术创新领域的公共服务效能等方面提出建设性的思路正是本书研究的现实意义之所在。

同时，产业创新平台还涉及创新激励理论、交易成本理论、机制设计理论、社会网络理论等诸多经济理论问题，结合生物医药产业特点和我国生物医药产业发展及创新现状，从平台准入、知识生成与共享、平台治理等角度研究生物医药产业创新平台的运行机理与治理机制，还可进一步丰富产业技术创新理论。

## 第三节 研究内容

产业创新平台因其有利于提高特定产业创新主体之间的知识生成、知识转移、知识扩散、知识共享的效率而成为产业技术创新理论前沿,其构建、运行和治理及其绩效引起了学术界、产业界和各国政府科技管理部门的高度关注。

结合现有文献研究的进展和我国生物医药产业创新平台的实践情况,本书研究的主要内容包括我国生物医药产业的创新效率、生物医药产业创新的主要困难与创新范式转变、产业创新平台的主要功能与运行机理、生物医药产业创新平台运行绩效的评估与影响因素及如何设计我国生物医药产业创新平台的治理机制以提高其运行绩效。具体包括以下几个部分:

1. 我国生物医药产业构建创新平台的意义

生物医药产业是典型的创新驱动型产业,因而其产业创新效率对产业发展状况具有重大影响,而产业创新平台作为整合产业链上相关创新资源的工具,有利于提高产业创新效率。为此,讨论构建我国生物医药产业创新平台的意义将是本书研究的基本内容之一。

2. 生物医药产业创新平台的运行机理

生物医药产业创新的固有特征促成了产业创新范式的转变,如何利用开放创模式整合产业链上的各种创新资源是生物医药产业链成员面临的共同挑战,也是生物医药产业创新平台需要解决的主要问题。因此,本书将从开放创新的视角对生物医药产业创新平台的主要功能、参与主体、主要类型以及实现相关功能的主要系统模块进行分析。

3. 我国现有生物医药产业创新平台运行效率的评价及其主要影响因素

开放创新背景下产业创新平台的核心作用之一就是在产业创新主体之间形成动态稳定的创新网络,从而便于对产业链上原本分散的各种创新资源进行有效整合,提高产业内各创新主体的创新绩效。如何评价生物医药产业创新平台的运行绩效?我国现有生物医药产业创新平台的运行绩效如何?平台的运行绩效主要受到哪些因素的影响?这些问题对实现本书研究目的具有重大理论和现实意义,因此,本书将运用现有的分析方法和工具,构建生物医药产业创新平台运行绩效的指标体系,并对我国现有生物医药产业创新平台的运行效率进行评价,在此基础上识别生物医药产业技术创新平台运行中的关键制约因素。

4. 我国生物制药产业技术创新平台治理机制设计

产业创新平台作为一种中间性组织,成员之间的网络化是其运行的基本特征之一,如何带动和整合以产业创新平台为核心的创新网络内的各种创新资源,促进网络内成员之间的知识共享和创新合作是平台治理机制的中心目的。因此,本书将尝试讨论生物医药产业创新平台的知识共享和合作创新的契约治理机制。

5. 提升我国生物制药产业创新平台运行效率的政策建议

如何根据制约生物医药产业创新平台运行的关键因素提出相关改进意见,对提升我国生物医药产业平台的运行效率具有重大现实意义。生物医药产业的发展和创新离不开产业链成员包括政府部门的广泛参与,产业链成员的参与广度与深度在很大程度上会影响到平台的资源结构、资源整合能力和服务能力,产业链成员的参与广度与深度又会受到平台功能定位、契约治理机制及政策环境因素的影响。因此,本书还将从平台功能定位、平台契约治理设计及政府配套政策的制定等角度,对如何提高生物医药产业创新平台的运行效率提出有建设性的政策建议。

## 第四节 研究思路

本书研究思路将遵循图 1-1 的技术路线,即从生物医药产业的现实情况出发,对生物医药产业创新平台进行理论分析与实证检验,最后提出政策建议。

生物医药产业的基本特征及其创新所面临的主要挑战是本书研究的逻辑起点,进而基于创新激励、合作创新、开放创新、创新网络等产业技术创新理论,阐述产业创新平台的基本功能、参与主体和运行机理;之后,本书将构建评价生物医药产业创新平台运行绩效的指标体系,并对我国生物医药产业创新平台的整体运行绩效进行合理评估;对影响我国生物医药产业创新平台运行绩效的主要因素进行理论研究和实证检验,有关生物医药产业创新平台运行绩效的影响因素,本书将从平台资源结构、平台开放程度、信任水平、契约治理机制及政策环境因素等几个方面进行讨论;讨论我国生物医药产业创新平台的治理机制,本书研究将主要从平台内的知识共享、合作研发的成本分摊等角度切入。

最后,本书会根据前述理论研究和实证结果提出相关政策建议。

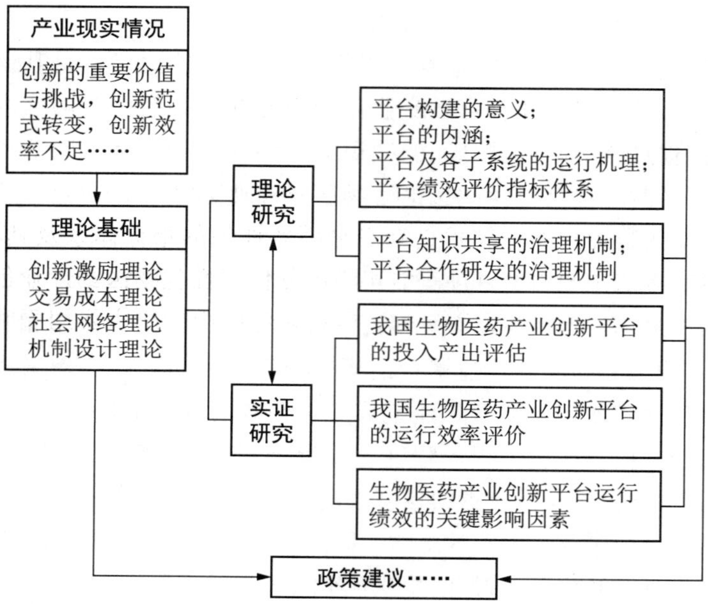


图 1-1　研究思路

## 第五节　研究方法

结合要研究的主要问题和具体研究内容，本书计划采用多学科交叉研究方法，具有理论研究与实证研究相结合、定性分析与定量分析相结合、演绎推理与归纳总结相结合等特点。具体方法主要包括：

1. 文献研究方法

文献研究是本书运用的基础方法，通过文献研读，一方面帮助笔者归纳合作创新、创新网络、创新平台、创新激励等领域的理论与实证研究的主要观点及不足，从而形成本书研究的主要思路，另一方面也为本书后续的理论模型的构建和实证研究的开展奠定基础。

2. 理论研究方法

在构建我国生物制药产业技术创新平台的目标运行模式和运行机制时，还需运用社会网络方法、博弈论、创新激励理论及机制设计理论等理论方法。社会网络理论方法主要用于构建我国生物制药产业技术创新平台的目标运行模式，博弈论、创新激励理论及机制设计理论主要用于本书理论模型的构建和设计我国生物制药产业技术创新平台的运行机制。

3. 实证研究方法

在研究我国生物医药产业创新平台的运行绩效及其影响因素等方面，本书主要会运用到问卷调查、深度访谈、案例研究、因子分析方法、数据包络分析(DEA)、层次分析(AHP)方法、模糊综合评价方法及回归分析等实证研究方法。其中：问卷调查、深度访谈、因子分析及层次分析(AHP)等方法主要用于设计生物制药产业技术创新平台绩效评估的指标体系及其权重；数据包络分析方法主要用于直接评估我国部分代表性生物医药产业创新平台的运行效率；层次分析(AHP)方法和模糊综合评价方法主要用于间接评估我国生过现有生物医药产业创新平台的运行绩效；回归分析主要用于辨识我国生物制药产业技术创新平台运行中的关键制约因素等。

## 第六节　本章小结

本章结合生物医药产业及其创新活动的基本特征和最新变化，简要介绍了研究我国生物医药产业创新平台的主要背景，并阐明了本书研究的理论和实践意义，概括了本书研究的主要内容及研究的基本思路。最后，本章还简略介绍了后续研究可能会用到的研究方法。

# 第二章　文献综述

## 第一节　产业创新平台的内涵

“平台”一词最早出现于20世纪初，当时亨利·福特在其所著的《现代人》（*Modern Man*）一书中用它描述组成汽车的各个子系统，不过此时“平台”仅是作为一个工程概念为大家熟知。此后，“平台”的理念不仅逐步从汽车领域扩展到航空领域，而且进一步被引入到管理的思想和实践中。到了20世纪70年代，日本开始在其半导体产业中实施超大型集成电路项目（Very Large Scale Integrated circuits，缩写“VLSI”），这是创新平台思想在政策层面的早期尝试之一。此后，不仅美国、欧盟等主要发达经济体政府在积极运用创新平台的思想构建国内产业创新体系，许多在产业中居于主导地位的企业如英特尔（Intel）、微软等也都基于这一思想，尝试引领本产业的技术进步，并取得了成功。然而一直到20世纪末，创新平台的概念才正式出现，并且时至今日，人们仍未就其概念形成一致共识。

美国竞争力委员会在1998年首次提出了“创新平台”这一概念，其提交的一份题为《走向全球：美国创新形势》的研究报告认为，“创新平台”包括了创新所需的基础设施以及在创新过程中必不可少的其他要素，具体涵盖了创新所必须的人才以及前沿研究成果，有利于促进创新理念向创造财富的产品和服务转化的法规、会计和资本条件，有利于创新者收回其投资成本的市场准入水平和知识产权保护体系（Council on competitiveness，1998）。继美国竞争力委员会提出的概念后，国内外学者在研究中又对创新平台提出了多种不同的定义。

一种观点认为产业创新平台这一概念，应当从区域创新政策的视角来认识。这种观点认为，可以将创新平台理解为产业内相关商业潜在行动者进行活动的平台，这些商业潜在行动者主要包括产业内的企业、行业中心、技术中心、研发中心以及与之相关的教育组织等。这一观点还强调，创新平台应当以产业为基础，以支撑产业创新发展为目标（Harmaakorpi & Kaarina，2002）。许多国内学者也沿着这一思路对产业创新平台的内涵进行了解读，认为创新平台是指某一特定区域内的知识、技术、信息、人才、政策、物质性的公共设施与公共组织及其相互联系等一系列共享要素的集合，是一个有利于在该区域产业内形成原创性理念、推动研究开发、促进科技成果转化、方便创新信息收集以及创新技术交流和扩散的共享平台（马燕秋，2009）。陆立军和郑小碧认为创新平台是区域创新体系的重要组成部分，是产业集群内科技创新活动的重要基础设施和保障条件，也是提升产业集群、提高产业技术创新能力的重要支撑（陆立军、郑小碧，2008）。

另一种观点则主要基于产业创新系统来解读创新平台的内涵。这种观点认为，作为产业创新系统的重要组成部分，产业创新平台应是影响产业创新能力的人力资源、研究与开发、创新基础设施以及相关政策和法规框架等各种因素的总和，其主要目的是就产业内的关键技术和共性技术等开展技术攻关，并从技术和服务等方面为产业内创新主体提供相应服务，从而促进产业技术升级和产业发展（张利华、王桔，2008）。可见，按照产业创新系统的观点来看，产业创新平台的基本要义在于汇聚与特定产业创新相关的各种资源，推动相关创新主体的技术进步，从而带动整个产业链的技术创新和升级。

尽管上述两种观点都指出了产业创新平台的一些内涵特征，但仍未找到其关键点。事实上，产业创新平台绝不仅仅是对产业链上各种创新资源的简单堆砌或者汇集，而是要通过各种机制对这些创新资源进行集成和整合，因而必须把产业创新平台看作是一种能够对分散在产业链上不同主体中的创新资源进行有效整合，并激励各创新主体之间进行合作创新的契约机制。

国内学者刘毅正是从创新资源整合的角度，提出了创新平台是指在产业内从事创新的相关主体综合利用产业内各种创新资源、接口和联系所构成的一组共有结构和制度性安排的这一观点（刘毅，2005）。而英国商业、企业和管理改革部在 2008 年的一篇研究报告中，则从促进资源整合和合作创新的角度提出了产业创新平台应具有的基本特征，认为创新平台就是一种能鼓励合作创新努力、促使创新观点的开发并向商业机构转移的机制，其关键特征在于实现企业和科研机构的有效对接、联合相关政府部门和研发资助机构、找到适当的功能杠杆、设法从分散的资源中不断地获得运作资金、利用采购机会连接研发与市场等（BERR，2008）。艾博特（Abbott）则基于英国商业、企业和管理改革部给出的概念，提出了政府在产业创新平台中的作用，认为要将创新平台整合创新资源和促进合作创新的这种机制落实到政府层面，就是要求政府采用新的方式促使一系列技术实现有效整合（Abbott，2008）。

以上研究文献都主要是从宏观或中观层面来对产业创新平台的内涵进行界定。如果从个体角度来看，不能忽视的一个事实则是，随着科学技术进步的不断加快，任何单个企业或者组织已难以拥有其所有研发活动所需的全部设备、科研技术人员及基础性研究成果等创新资源，也越来越难以独自研发出其自身发展所需的所有技术或产品。在此背景下，这些企业或者组织只有突破其边界，向外部组织寻求合作，实施开放创新（Chesbrough，2003a，2003b），充分利用与外部合作中形成的创新网络（Imai & Baba，1989；Freeman，1987；1991），才可能突破其自身在创新方面面临的瓶颈。

因此，笔者认为，产业创新平台可以被看作是能在产业链上的不同创新主体包括上下游企业、相关科研院所、产业中介组织甚至政府监管部门之间形成动态稳定的创新网络，对分散在产业链不同环节的各种创新资源进行有效集成和整合，并促进不同创新主体之间实现资源共享、合作创新和科研技术服务及成果转让的契约机制及其支撑体系。在产业创新平台中，平台参与各方通过各种创新要素的交流和集成所形成的创新网络是产业创新平台的基本组成部分，而开放创新则是参与方在平台运作中的基本创新模式，合作创新、资源共享和科研技术服务及成果转让则是成员间在平台上互动的基本方式。

## 一、开放创新背景下的产业创新平台

开放创新是产业创新平台存在的基础，也是平台参与方在产业创新平台运作中的基本创新模式。

开放创新是指企业能够如同利用其内部创意一样，充分利用企业外部创意以提高其技术能力（Chesbrough，2003a）。相对于传统的封闭式创新而言，企业之间的边界在开放创新背景下更趋向于模糊，创新可以很容易流入企业及从企业流出，开放创新的中心思想是企业不能完全依靠其自身的研究，还需要通过从其他企业或组织购买或专利许可等方式来实现本企业的技术创新，同时，对于自身经营活动不需要使用的由内部研发获得的技术成果，企业也应通过向其他企业或机构实施技术许可、合资等方式进行充分利用（Chesbrough，2003b）。

最初提出开放创新模式的切萨布鲁夫认为，开放创新主要出现在高科技产业中的大型企业，如朗讯、3COM、英特尔、千年制药公司（millennium pharmaceuticals)。之后大量文献对部分成熟产业、非技术密集型产业中采用开放创新的情况进行了研究,如克里斯腾森(Christensen et al., 2005)、切萨布鲁夫和克罗撒(Crowther, 2006)、伐哈伐伯克(Vanhaverbeke, 2006)以及夏卡和考斯他(Sharkar & Costa, 2008)等,法斯纳赫特(Fasnacht, 2009)甚至讨论了开放创新战略和商业模式在金融产业的应用。而苏等人则通过对台湾生物医药产业的实证研究,发现开放创新在中小医药企业的研发过程中也发挥着重要作用,因而中小企业如何管理和实施开放创新也已成为产业界和学术界必须重视的议题(Su et al., 2010)。

尽管切萨布鲁夫提出的开放创新理论在创新和技术管理文献中引起了巨大的争议(Paul & Dap, 2009),但越来越多的企业确实正在加快实施开放创新,飞利浦已经建立好了实施开放创新的内部环境,西门子已启动了一项庞大的开放创新项目,而宝洁公司甚至宣称,通过引入开放创新理念,其产品研发成功率能够提高 50%, R&D 效率能够提高 60%(Enkel et al., 2009)。恩克尔和加斯曼在其 2008 年的研究中对 144 家企业进行调查,发现曾从客户、供应商和同行竞争企业处获得知识的比重分别达到了 78%、61%和 49%(Enkel & Gassmann, 2008)。

为什么越来越多的企业开始通过开放创新不断地从外部获取创新资源?一方面,随着技术的不断进步和市场竞争日益激烈,技术和产品的生命周期变得越来越短,企业不得不以更快的速度和更高的效率实施创新,以满足不断变化的市场需求;而另一方面,科学技术的综合发展趋势使企业创新所需要的知识和技术种类越来越多,创新的综合性和复杂性日益提高,而教育和基础研究的发展却使得知识和技术由以前主要集中于企业内部研究部门和科研单位,转变为广泛分布于产品价值网络中的各个环节,大学、科研机构、政府部门、资本市场及中介机构等外部组织在产业创新过程中发挥的作用日益突出。高额的创新投入、自身创新能力的限制和创新失败的风险使原有的创新模式难以为继,企业不得不采用新的创新模式以降低创新成本、提高创新成功率和加快创新进程。

企业实施开放创新存在三条路径,即由外而内(outside-in)、由内而外(inside-out)和双向耦合(coupled)(Enkel et al., 2009)。由外而内的开放创新路径是指企业从供应商、客户及其他外部知识源获得创意或其他创新资源,并进行整合,这种方式主要目的是为了加强企业自身的研发能力(Laursen & Salter, 2006; Lettl et al., 2006; Piller & Walcher, 2006)。由内而外的开放创新路径是指企业通过向市场提供创意、出售知识产权或向外部环境提供增值技术服务而获利，这种方式下企业并不对这些创意或知识产权进行进一步开发和商业化。而双向耦合的开放创新路径则(通常)是指互补性伙伴之间通过联盟、合作或合资等方式实施的合作创新，在此过程中给予和得到的创新要素对创新成功都极为重要，因而实施双向耦合开放路径的企业既从外部获取知识，也向外部提供知识。

此外，还有许多已有文献是从企业管理的角度研究如何管理开放创新，主要有费特霍夫等人(Fetterhoff & Voelkel, 2006; Huston & Sakkab, 2006; Haour, 2004; Bianchi et al., 2010)。

在有关开放创新的文献中很少出现产业创新平台这一关键词，但我们却很容易从观察到的产业创新平台中看到开放创新的影子。无论是20世纪七八十年代的早期集成电路产业的VLSI、SEMATECH和IMEC，还是后来个人电脑行业中的Wintel(微软与英特尔)联盟，各参与方无一不是在创新过程中突破了自身边界，或者从外部获取创意、技术成果、科技服务等自身稀缺的创新资源，或者通过授权或技术许可等方式向外部提供创新资源。可以说，开放创新正是构建产业创新平台的前提，对于仅按照传统封闭式创新就能经济高效地解决技术进步和产品开发的产业而言，产业创新平台毫无存在的必要。而正是由于产业创新平台为产业链内的各种创新主体实施开放创新提供便利，才使企业能在更广范围内获得各种具有商业化前景的创意及自身研发所需的创新资源，使科研院所、中小型科技企业具有的科研技术服务、科研设备、科研人员等创新资源得到更充分合理的应用，更容易利用外部资源将自身的研究成果快速产业化。

## 二、产业创新平台中的创新网络

产业链上的成员加入产业创新平台的目的，是为了同产业链上的其他企业或机构建立伙伴关系，形成创新网络，实施开放创新，或者向产业链上其他成员提供，或者从产业链上其他企业或机构获得自身发展所需的科技服务、科研成果等知识或其他创新资源，或者通过与其他成员合作，加快企业创新进程、降低创新成本、提高创新成功率。可以说创新网络是开放创新的一个极为关键的维度，产业创新平台的主要功能之一就是在产业链上的创新主体之间形成高效的创新网络。

随着越来越多的企业通过战略联盟等方式加强与外部组织之间的非市场联系，大量研究文献开始讨论“网络组织”(Network Organization)(Powell, 1990)。最早对网络在创新中的作用进行阐述的是今井等人(Imai

& Baba, 1989),他们认为网络是一种有利于企业应付系统性创新的基本制度安排,企业相互间的创新合作关系则是该网络架构的主要连接机制,这种创新合作关系的连接机制可以是合资、管理合同、技术许可协议、分包和合作研发。而弗里曼(Freeman, 1991)在 *Research Policy* 杂志上发表的 *Networks of innovators: A synthesis of research issues* 一文第一次使用了创新网络一词,认为今井等人很好地界定了创新网络的概念,并进而将创新网络界定为企业创新过程中的网络。弗里曼(1991)将创新网络划分为合作R&D 协议、分包、合资企业和研究公司、由技术因素推动的直接投资、生产分工和供应商网络及政府资助的联合研究项目等十种。国内学者骆品亮等(2008)认为,创新网络是创新价值链上的企业、相关研究机构、供应商、消费者、政府部门及中介组织通过一系列契约连接而成的网络组织。

当缺乏内部研发能力、希望从外部获取专业技能、降低研发风险时,企业会对其研发活动等实施外包(Howell et al., 2008),此时创新则在网络中产生,创新网络成为企业知识的来源(Powell et al., 1996)。国内外学者高度关注的虚拟企业在一定程度上就可以看作是一种由独立的组织之间所形成的永久性网络(Weisenfeld et al., 2001)。

事实上,知识的发现、发明和创新不仅涉及现有知识,还涉及新知识的创造、获取及知识共享和学习,网络对企业提高学习能力和新知识的创造极为重要。网络的优点,包括促进组织间学习、更有效地利用资源、提高企业计划能力、处理复杂问题、提高竞争力及向顾客提供更好的服务等,引起了公共部门和产业界的高度关注(Alter & Hage, 1993; Brass et al., 2004; Huxham & Vangen, 2005)。现有文献已经对网络的描述尤其是用密度、中心化程度和结构洞等概念来解释网络的特征做出了卓越贡献(Burt 1992; Wasserman & Faust, 1994)。

普罗瓦等人(Provan & Milward, 1995; Ahuja, 2000; Smith & Powell, 2004; Powell et al., 2005; Graddy & Chen, 2006; O'Toole & Meier, 2006; Van Raaij, 2006)的研究从企业的视角来研究创新网络,发现企业是否属于某一网络、在网络中的地位及在网络中形成的合作关系的数量和质量等因素对其绩效尤其对其创新绩效和知识学习等方面的绩效有着重要影响。

对单个企业或机构而言,创新网络的本质是它们在创新过程中根据合同关系或在重复交易中与外部组织建立各种制度安排,包括围绕企业自身形成的各种正式和非正式合作关系的总体结构,其目的是从该合作中获取外部创新资源，提升企业创新能力（王大洲，2006）。创新网络意味着单个企业或机构需要从创新资源的角度在创新过程中与外部环境形成网络状关联，在整个产业链上寻找并获取创新资源，通过合作和共享实现创新（芮明杰、张琰，2009）。创新网络的存在，打破了组织边界，为组织学习和跨组织学习创造了条件。企业在创新网络中要做的工作就是如何充分利用网络内的各种资源，与网络内的其他伙伴进行高效的合作，最大限度地实现企业的创新目标和价值（贾根良、刘辉锋，2003）。从这点来看，创新网络本身就为网络内成员的技术创新提供了更为广阔的平台支持，这种支持集中体现在获取外部资源、知识及与产业链上其他机构的交互性活动。

除此之外，还有大量文献研究了组织内部的网络（Nonaka & Takeuchi，1995；Szulanski，1996；Tsai & Ghoshal，1998；Hansen，1999；Foss & Pedersen，2002；Lagerstrom & Andersson，2003）和国家或区域创新系统中的网络（Cooke，1992；Lundvall，1992；Nelson，1993；Cooke，1998）。

产业创新平台的根本目的是整合产业链上下游的各种创新资源，促进产业技术创新，而在大多数产业尤其是新兴产业中的技术创新，都主要在网络中产生。产业创新平台作为一个新生事物，之所以在国内外学术界、产业界和政府部门引起如此高度的关注，就在于借助于产业创新平台，产业链主体更容易在相互之间形成动态稳定的创新网络。部分学者甚至认为，产业创新平台本身就是产业链内创新网络的平台化（潘崴伟、金学军，2009）。鉴于创新网络对产业创新具有如此重要的意义，笔者认为，要研究产业创新平台，必须对创新平台中的创新网络进行深入研究。而对创新网络的研究也不能停留在企业内部、企业之间或国家和区域创新系统层面，必须基于产业链的视角，把创新网络视为产业创新平台的重要模块之一来进行研究，把为产业链相关主题搭建和拓展创新网络视为产业创新平台的基本功能之一来进行研究。

## 三、产业创新平台中的合作创新

企业创新网络架构的基本组成部分主要是企业参与的双边合作关系，因此，必须以双边关系为逻辑起点来理解创新网络的进化机制（王大洲，2006）。而产业创新平台中伙伴的双边合作关系，集中体现在合作创新、资源共享和科技服务及成果转让等方面，其中利用平台的支持同其他伙伴进行创新合作是产业链上的相关成员加入产业创新平台的主要动机。通过产业创新平台实施合作创新，可以从资源基础观、核心能力观、知识管理理论、竞合理论及产业组织理论等方面找到理论基础。

资源基础观认为企业的竞争优势在于企业资源的特殊性(Wernerfelt, 1984; Barney, 2001)。然而,相对于企业发展需要,企业内部资源总是有限的,尤其是在研发领域,而随着技术的演化,后进入者的研发成功往往会对市场在位者的竞争优势构成威胁(Sirmon et al., 2007)。同时,随着新技术复杂性的提高和不同学科、技术领域之间的交叉融合趋势日益明显,企业仅仅依靠自身的力量已难以完成复杂技术的创新,必须借助外部力量(骆品亮,2006)。借助于产业创新平台,同产业链上下游企业、大学或其他研究机构在研发领域进行合作,企业可以弥补自身资源的不足,而产业创新平台对各方资源的整合,更有助于企业从外部获取各种稀缺资源。

核心能力观秉承了资源基础观的有关理论,认为企业最重要的资源及可持续的竞争优势在于企业的核心能力。核心能力是指企业在长期的经营过程中积累的各种知识和技能的综合体系,是企业独具的与其他机构不同的一种能力(Prahalad & Hamel, 1990)。骆品亮(2006)基于前两位的核心能力观,认为合作研发能为企业的技术学习、知识和能力的创造提供一条有效的途径,通过合作在异质性资源基础上产生新的核心能力是企业参与合作创新的主要动机之一。产业创新平台通过聚合产业链上的相关创新主体,促使他们相互间展开合作创新,可以实现多赢的效果。通过产业创新平台实施合作创新的各方实现了多方资源和能力的整合,不仅有利于适应产业技术发展的要求和提高创新的效率,而且更有助于企业核心能力的培育和巩固。

知识基础观认为,企业最核心的能力是如何协调各种资源,占有知识并通过整合、扩散、创新来产生有价值的新知识,从而形成竞争优势(Grant, 1996)。波兰尼(1966)认为,知识可以分为高度个体化、较难形式化的隐性知识和能够编码且较易系统表述的显性知识。在经济合作与发展组织(OECD)定义的知道是什么的知识(Know-what)、知道为什么的知识(Know-why)、知道怎么做的知识(Know-how)、知道是谁的知识(Know-who)四类知识中,前两类大致属于显性知识,后两类属于隐性知识。显然,不断获取隐性知识是企业经营过程中面临的长期挑战。对于更具知识密集性的研发活动,其所需的隐性知识往往更需要人与人、组织与组织之间的交互作用和互动,而产业创新平台正好为企业提供了这方面便利,尤其是通过产业创新平台进行的各种合作研发,为企业获取合作伙伴的各种知识、技术和能力提供了可能。

由拜瑞·J. 内勒巴夫和亚当·M. 布兰登勃格合著出版的《合作竞争》提出了合作竞争(Co-competition)的新理念。竞合理论强调合作的重要性，有效克服了传统企业战略过分强调竞争的弊端，提出了如何创造价值和获取价值的新思维，即企业竞争的目的不是为了击败竞争对手，而是应该与产业链网络中的成员包括竞争对手进行合作，以创造更大收益。通过产业创新平台实施合作创新，一方面既降低了创新活动中的重复投入，又通过优势互补加快了研发进程，提高了组织的研发能力，另一方面这种合作又进一步加剧了市场和技术的竞争，因而企业之间的关系不再是纯粹的竞争关系，而是一种既有合作又有竞争的关系。

产业组织理论认为，研发活动与其他经济活动的主要区别在于其产品具有公共产品的特性，尤其是具有基础研究特性的研发活动，其公共产品的特性越明显，越容易受到广泛传播(Nelson, 1959; Arrow, 1962)，而企业之间通过产业创新平台实施合作创新，显然正好有利于消除这种外部性，将创新的外部效应内部化。d'Aspremongt & Jacquemin 模型(d'Aspremongt & Jacquemin, 1988)证实了这一点，即在创新的溢出效应较大时，合作创新时企业的创新投入要大于非合作时的情况。

## 第二节　产业创新平台的分类

国内现有文献中对产业创新平台的分类有所涉及的主要包括胡树华(2003)、管顺丰和胡树华(2004)、彭顺昌和李波(2007)、谢芸(2007)及洪晓军(2008)等。

根据功能结构上的不同，胡树华等人(2003)将产业创新平台划分为三个层次，即企业平台、行业平台和公共平台。公共平台是指由政府牵头，通过制定相应地政策并给予相应的资金投入进行引导，从而汇聚和集成一国或特定区域内的各种创新资源而搭建起来的创新平台。公共平台主要是针对研发具有较高的确定性、与多种科学技术具有较高关联性、研发过程需要较高投入、研究成果具有较高共享价值的基础性研究，其目的是对那些与特定产业的重大突破或区域经济的长远发展高度相关的产业创新活动进行支持。行业平台是指某一特定产业内的协会或企业联合组织、共同搭建的为产业创新活动提供支持的行业层次的创新平台。行业层面的创新平台针对的主要是在某一特定产业内的关键共性技术的研究，这些共性技术通常较为复杂、与上下游之间也具有较高关联，单靠行业内部一个或几个企业的力量无法完成或创新效益不显著，而政府与众多的企业之间又难以建立直接的合作创新关系的创新技术或项目的发展。企业层面的创新平台是指企业根据自身发展战略需要和产品技术特征，在产品平台、技术平台、生产平台、营销平台的基础上，以企业自身为中心构建的集产品、过程、组织为一体，强调具体产品和服务的功能创新、形式创新和服务方式创新相结合的企业层面的、以具体产品技术和产品实体开发为重点的创新平台。（管顺丰，胡树华，2004）

公共平台有助于不同的创新参与者之间建立起紧密联系，集中体现政府创新政策导向的目标，因而越来越受到各国政府的重视。对于公共创新平台的研究，比较典型的是公共—私人合作框架（P/PPs）（OECD, 2007; Gean, 2005）。张立国等（2010）将公共创新平台视为宏观层面的产业创新平台，并将生物医药行业中欧盟委员会同欧洲制药行业与协会联盟（EFPIA）联合提出和建立的欧洲创新药物计划、加拿大的生物技术平台、芬兰 FIGON 项目中确立的技术平台及非洲针对药用植物研究开发的新药平台等归入此类产业创新平台。彭顺昌等按照公共平台在创新技术产业化过程的作用不同，又将创新平台分为研发公共服务平台、创新公共服务平台、条件公共服务平台等三类（彭顺昌、李波，2007）。

谢芸通过国内外比较研究，根据公共服务平台建设背景和建设模式的不同，又将公共服务平台分为四种，即政府支持模式的公共服务平台、产业园模式的公共服务平台、共享共建模式的公共服务平台及企业自建模式的公共服务平台（谢芸，2007）。

洪晓军认为，根据不同的标准和维度，创新平台可以分为不同的类型。按创新活动的侧重点划分，平台可分为基础知识研究平台、技术研发平台和成果转化平台；按照创新主体的层次性，平台可以分为公共创新平台、行业创新平台和企业创新平台三个层次；按功能划分，平台可以分为基础条件创新平台、科学研究创新平台和技术开发创新平台；按照创新活动运作模式划分，平台可以分为虚拟组织创新平台、实体组织创新平台两种模式（洪晓军，2008）。其中，虚拟组织创新平台更是为国内外学者所广泛关注。

虚拟企业创新平台是指产业链上不同主体围绕特定目标、依托信息技术和网络平台，以关系契约为基础连接起来而构成的一个动态研发网络组织（骆品亮，2002、2006）。“虚拟企业”最早由美国的肯尼思·普瑞斯（Kenneth Preiss）、史蒂文·戈德曼（Steven L. Goldman）和罗杰·N. 内格尔（Roger N. Nagel）三位学者在 1991 年提出。伯恩（Byrne, 1993）则较为详细地描述了虚拟企业(Virtual Corporation),认为它是一种由多家企业基于特定目标临时组成的企业联盟,各合作伙伴依靠信息技术贡献出自己最擅长的能力,并共享技能、共担成本,以把握快速变化的市场机遇。马仁钊等(2007)则强调了虚拟企业创新平台的几个基本特征:首先,虚拟企业创新平台是以合作研发为目的,包括实现合作创新过程中的创新要素的交流和整合、创新成果的共享和转化,促进合作创新绩效的提升;其次,组建虚拟企业创新平台的各创新参与主体都可以合理利用平台汇聚和继集成的相关资源;第三,它是一组包含了物质基础设施、信息保障系统、人才系统等各种创新资源以及实现平台成员间信息和知识共享、合作利益协调机制等为核心的制度性安排。骆品亮(2006)按照网络内成员之间的竞争程度和关联程度两个维度,将虚拟企业划分为价值关联竞争性组织、技术关联竞争性组织、价值关联非竞争性组织和技术关联非竞争性组织。

阿德昆勒等人(Adekunle, 2010)则根据产业创新平台的层次,将其分为战略层产业创新平台和操作层产业创新平台。其中,战略层产业创新平台是在更高层次的治理和管理层建立起来的,如国家政府层面以及地区、跨地区等次国家政府层面的产业创新平台。而在产业中共同工作以推动产业内创新的基层成员之间形成的创新平台则被称为操作层产业创新平台,操作层产业创新平台的成员主要利用其自身的专业知识和技能,处理产业创新平台中的具体问题。事实上,按照阿德昆勒等人的观点,战略层产业创新平台可以理解为国家或区域创新系统,而操作层产业创新平台可以理解为产业链内成员如企业、科研院所、中介组织等相互间形成的研发联盟、虚拟创新组织、技术转让平台等。

尽管上述学者对产业创新平台的分类视角各有不同,这些不同类型的产业创新平台在功能和服务上也各有侧重,但其在本质上都具有一致性,即产业创新平台为产业链上各成员提供支持,这些支持包括提供科研基础条件、设计重大创新课题、承担科技攻关任务、实施科技成果推广、服务广大中小企业、锻炼培养创新人才、促进创新技术扩散和信息交流、整合产业创新要素等。

## 第三节 产业创新平台的构建

近年来,国内外的许多产业中都出现了大量的产业创新平台,但在国外文献中就如何构建产业创新平台的研究并不多,比较有代表性的研究主要包括安东诺娃等人(Antonova & Nikolov，2008；Abbott，2008；Adekunle，2010)。

安东诺娃等人(Antonova & Nikolov，2008)基于南比桑(Nambisan & Sawhney，2008)提出 Orchestra 模式、Creative Bazaar 模式、Jam Central 模式和 MOD Station 模式等四种网络创新模式，从知识管理的角度提出了设计创新平台的概念模型，认为知识管理是创新平台中最常用的手段，企业内部具有良好的知识管理是建立创新平台的关键。

阿博特结合英国建筑业，在确认区域创新能力，探索、比较创新和知识转移方式的基础上，提出了建立产业创新平台的七阶段模型(Abbott，2008)。其模型认为，产业创新平台的建立：首先应提高产业链中的各主体对与大学进行合作创新的需求，同时促使大学精心准备和组织相关活动向产业界介绍其研发活动；第二步是促使业界和大学的讨论，并寻找各方进一步合作的突破点；第三步是利用前两步建立起来的熟悉和信任，让大学为产业界开展一些小型研发项目，以进一步增进了解，并逐步确立大学作为产业界创新合作伙伴；第四步是在小型研发项目取得成功后，逐步开展更多的长期研发项目，并考虑让产业界的研发人员参与到大学现有的研究活动之中，这是建立更深层次产业创新平台的基石；第五步是大学与产业界成员开展一些能同时满足科研单位和企业战略的共同研发项目、联合申请研发项目，并共同成立项目委员会；第六步是建立更多正式性的框架性协议，并促使大学教授与产业界成员的研发人员进行双向流动；最后，大学和产业界成员彼此间完全视为战略伙伴，如学者成为企业董事会的非执行董事，而企业高管成为大学里的政策委员会委员等。显然，阿博特模型主要从产学研合作的角度来认识产业创新平台，并在此基础上提出的构建思路。

阿德昆勒(Adekunle et al.，2010) 结合 SSA CP 的经验，提出建立操作层的产业创新平台具有 10 个关键步骤。第一步是确定产业的机会与挑战；第二步是基于价值链视角分析产业的生产率、政策、市场和产品开发等；第三步结合前两步的分析，确定产业创新平台的关键参与主体；第四步是吸收研究人员的广泛参与，他们不仅对具体的产品和技术开发做出直接贡献，还有助于确定产业创新平台的优先研究领域；第五步是制定适合特定产业创新平台的治理和管理指南；第六步是通过各种方式促进成员间的互动；第七步是由各利益相关方制定商业计划，平台上的相关利益方应具有同等决定权，即商业计划应由各方取得一致；第八步是实施商业计划；第九步是建立测量指标；第十步是评审执行情况，包括对商业计划的评审和优先领域的重新评估等。阿德昆勒等人认为，产业创新平台可以通过不同的方式建立，但要实现其功能和效果，产业创新平台的构建必须团结和凝聚产业内的主要利益相关体，因为在该产业中，这些利益相关体具有共同的利益，同时，平台的构建也应当尽量满足平台内各成员的个体利益。

在国内现有文献中，薛捷和张振刚（2006）、汪秀婷（2007）、洪晓军（2008）、张玉强和宁凌（2009）等从不同角度对产业创新平台的构建进行了一些有益的讨论。

从目前国内的实践来看，产业创新服务平台的组建形式大概有四种，即由龙头企业承建、由几家骨干企业联合组建、由产学研联合组建及由科技中介组织组建（张利华，2008）。张玉强等主要从产学研合作的角度讨论了政府在构建产业创新平台中的作用，将政府介入产学研合作的模式分为政府指令模式、政府主导模式和和谐互动模式，并分析了三种模式的适用条件，认为政府指令模式是政府介入产学研合作的一种历史选择，政府主导模式则是现实的选择，而和谐互动模式应该是未来理想的选择（张玉强、宁凌，2009）。薛捷和张振刚研究了美国、欧盟、日本和韩国等发达国家和地区在产业共性技术（李纪珍，2004、2005；操龙灿、杨善林，2005；马名杰，2005）平台建设方面的特点和经验，并对我国构建产业共性技术创新平台提出了原则性的建议，认为政府在推进产业共性技术进步方面应当发挥主导作用，包括致力于解决共性技术开发的双重失灵问题、完善共性技术合作开发环境、推进产业共性技术的快速转化并鼓励发展“官产学研”合作组织等（薛捷、张振刚，2006）。国务院发展研究中心概括了欧美与日韩发达国家产业技术创新平台建设的经验（国务院发展研究中心，2006）。孔欣欣从公共财政、科技创新战略与政府和企业关系的理论视角出发，研究了中小企业技术创新支撑平台在国家创新体系中的功能和定位，梳理和剖析了在我国的探索和实践，并借鉴国外的经验提出在构建我国中小企业技术创新支撑平台时应以转制院所为依托，充分发挥科研院所在建立创新支撑平台中的作用（孔欣欣，2007）。周海涛等从分析专业技术创新能力增长模式入手，提出了广东专业镇技术创新网络“组建平台、构筑网络、强化职能、提升层次”的构建思路及共生型开放式的双环结构模型，认为在技术创新平台的建设中，应将重点放在集群创新的内部组织网络和外部支撑网络方面（周海涛、郑海涛，2005）。

马仁钊和翟运开认为虚拟企业创新平台存在政府主导和企业主导两种运行模式，并在此基础上提出政府主导的虚拟企业创新平台是当前的主要模式，原因在于目前大多数企业都还不具备组织创新平台的能力，包括汇聚创新资源和拓展及深化社会联系的能力，因而在虚拟企业创新平台的组建、运行规则的制定、创新资源的汇聚与整合、相关成员的引导等方面都需要政府承担更多的实质性营运功能（马仁钊、翟运开，2007）。

王水莲将科技园区创新平台分成公司型创新平台和服务型创新平台，针对公司型创新平台提出了以创新为导向的机制设计思路，针对服务性创新平台提出人才服务、资金服务和文化培育并重的模块设计思路，并在此基础上对公司型创新平台和服务型创新平台的交互和优化提出了以功能放大为导向的双环联动框架和模糊集成方法（王水莲，2008）。其中，公司型创新平台应通过在企业内建立知识库、鼓励员工共享知识，制定知识创新制度与标准，实施所制定的制度与标准，评估新“知识”的价值和实施知识奖励等五个步骤来设计其共享机制、创新机制和激励机制。根据李宝山和钱明辉（2003）的研究：公司型创新平台的共享机制要求企业在内部建立促进知识共享的文化氛围，从而培养并鼓励企业员工共享内部知识与经验，同时建立企业内部知识库，并制定相应的激励措施；公司型创新平台的创新机制要求企业为员工制定相应额度的创新任务；公司型创新平台的激励机制要求企业建立相应的评估体系，从而对员工的创新活动特别是员工创新的价值进行科学的评估，并以此为依据对员工的创新进行相应激励。

汪秀婷研究了中国汽车产业技术创新平台的战略模型、支撑体系和平台构架，主张通过官产学研大联合，集成全国的汽车产业技术创新资源来建立我国汽车产业的创新平台（汪秀婷等，2007）；而朱杰等人则从产业集群理论出发，通过对我国汽车产业集群发展现状和集群创新特性的分析，提出了构建汽车产业集群管理创新平台、技术创新平台和品牌创新平台等三大创新平台，在建设过程中要充分发挥各创新主体的作用、打破地区和部门分割、制订企业产业集群创新规划、鼓励企业成立技术研发中心（朱杰、李溥，2008）。

洪晓军基于创新平台的特征属性，提出了有效运作的创新平台的构建策略，包括战略目标导向型、创新能力核心策略、和谐有序聚合策略、科学运作管理策略、创新文化营造策略和持续改进发展策略，认为产业创新平台的构建需要从当前的项目合作向战略导向转变，应充分发挥平台积聚创新要素的优势，把提高自主创新能力摆在创新平台建设的核心位置，同时，产业创新平台的建设需要通过系统集成和优化配置，重在产生“聚合效应”（洪晓军，2008）。

从上述文献的讨论来看，如何构建产业创新平台需要根据产业特性、平台目标及特征、构建主体等多方面因素进行综合考虑。

## 第四节　产业创新平台的运行

创新平台并非与生俱来就具有促进产业技术创新的功能，能否有效促进产业链上不同主体开展创新活动、激发产业创新活力、转化创新成果等，关键在于产业创新平台是否能够有效运行。现实中存在许多不同类型的产业创新平台，现有文献对产业创新平台运行所做的研究也各有侧重。

对于国家层面的产业创新平台的研究，代表性文献主要包括罗贝克等(Rohrbeck & Pirelli, 2010)、邓衢文等(2009)。

邓衢文等从国家创新平台的角度研究了荷兰和英国的产业创新平台，发现荷兰创新平台的运作模式主要是通过制定战略、提出科技政策建议等来影响政府的科技政策。平台就其关注的技术领域，由来自政府相关部门、企业界、学术单位及其他社会机构等组织的关键成员成立专门的项目办公室，负责对该特定领域存在的瓶颈进行详细调研、起草相应的战略和政策建议。一旦内阁对项目办公室的相关报告做出批复后，荷兰相关政府部门将会据此负责具体执行，包括按照创新平台提出的建议推出创新计划，并对相关研发项目提供资助等。而英国的创新平台主要通过制定平台战略议程、技术路线图等，通过发起竞争性投标来促成产、学、研组织在符合平台战略的领域中进行合作研发，并对中标的合作研发项目提供相应的资助(邓衢文等，2009)。荷兰和英国国家层面的创新平台的运行各具特色，但他们的运行都具有一个共同的特征，即平台的运行主要以项目的运行为依托，通过发起和资助符合创新平台战略的研发项目，从而实现创新平台的目标。

罗贝克等人(Rohrbeck & Pirelli, 2010)在研究欧盟创新与技术研究院(The European Institute of Innovation and Technology，缩写为“EIT”)的运行时提出，创新平台主要通过自身的治理和管理结构、知识产权规则和运行程序，为知识和创新共同体内的不同参与者提供多种投入，促使平台组织和成员取得更好效果。作为平台运行管理机构，EIT 主要为知识创新共同体的主要成员提供平台支撑和战略指导。事实上，产业创新平台的运行可以由平台成员之间形成的松散联盟进行管理——当然这种运行管理仅能处理一些简单的协调工作(如 Joint-Technology Initiatives，简称 JIT)，也可以是由成员控制的机构进行管理，这样的运行机构可以像企业一样运转。

刘纪云探讨了科技基础条件平台的运行，认为科技基础条件平台应以知识共享为核心，以价值链、流程再造及治理结构为逻辑线索，从而构建资源共享机制及其政策措施优化组合，最终促使使科技资源从根本上融入“大循环”。通过全面清理和整合科技资源共享价值链，进行科技资源共享的流程再造，建立起系统的、权责明确的利益引导和协调机制、协同作业机制、技术保障机制和组织保障机制，确立平台中网络成员在科技资源共享协同中的定位，进一步明确其责、权、利关系，从而促进科技资源共享政策的优化组合（刘纪云，2005）。

孔欣欣在讨论中小企业技术创新支撑平台时认为，应当基于产业创新平台的特征采用不同的运行方式。平台与企业之间的关系是服务与被服务的关系，技术创新支撑平台与中小企业发展支持体系中的其他社会中介组织是平等的，他们的关系是委托与接受委托、协调与接受协调的关系。在平台运行中，孔欣欣认为可以采用非营利模式和企业化模式。非营利模式下，产业创新平台即是政府指导下为产业创新活动提供服务的事业单位或社团法人，平台免费或仅收很低的费用为产业创新活动提供服务，平台的资金来源主要靠政府投入；而企业化模式下，产业创新平台主要采用收费的方式接受企业的技术创新项目委托（孔欣欣，2007）。

许强和杨艳（2010）以三螺旋理论为基础，从创新链的视角出发，阐述了创新平台中企业、高校与科研机构和政府三方的角色定位，从平台创新过程中三大部门之间相互影响的知识“洪流”的产生、平台内知识的流动和溢出及其与创新的关系等方面提出了公共科技服务创新平台的运行机理。许强等人的研究认为，在整个产业创新平台的运行中，政府部门主要起引导和协调作用，并通过制订相关政策鼓励平台内的创新活动的有效开展。通过与科研院所的合作，骨干企业获得隐性知识，并通过与会员企业的交流和分享，实施知识转移，促进新技术、新知识的发展从而带动产业创新活动的有效进行。会员企业在创新平台可以分享科研院所和骨干企业的显性知识，还可通过与会员企业的交流接受骨干企业的隐性知识和技术外溢，从而提升自主创新能力。

对于虚拟研发组织创新平台，骆品亮（2006）从知识共享的角度，认为虚拟研发组织的知识共享主要是成员根据合作协议通过网络平台的虚拟知识库进行间接知识转移，成员有义务将其研发成果提交到知识库中，同时获得自由使用知识库中的共有知识的权利。虚拟研发组织成员通过共享吧完成知识的社会化，通过对话吧完成知识的外在化，通过系统吧完成知识的综合化，通过演练吧使成员获取的知识内在化。胡欣悦(2010)在研究任务导向的虚拟企业的运行时认为，虚拟企业需要将总体任务进行分解，这些分解后的子任务根据各自的时间顺序和计划安排，可以由虚拟企业中的一个伙伴或多个伙伴组成的团队完成，成员会在任务操作层形成一个基于任务的工作流程。马仁钊和翟运开讨论了政府主导的虚拟企业创新平台的运行，认为在这类产业创新平台中，主要通过政府制订和执行的政策和法规，同时规划和设计一系列的项目和措施，从而带动和促进产业内的技术研发和扩散活动(马仁钊、翟运开，2007)。

芮明杰等基于模块化分工，从网络状产业链的视角探讨了知识创新平台的运行，认为知识创新平台的运行主要通过 R&D 协作网络和技术标准化联盟协作来实现(芮明杰、张琰，2009)。R&D 协作网络成员以现代化的信息技术为手段，以成员间的知识和技术共享为基础，以共同提高技术开发的速度与质量为目标，通过 R&D 协作实现网络协同创新，其方式包括共同进行某一模块的研发、针对某一模块进行分工并共同整合及研发过程中的相互协助(Gassman & Von Zedwitz, 1999)。而技术标准化联盟协作是指平台成员将模块所涉及的相关技术集成化和标准化，形成技术标准联盟从而主导产业的技术创新。从这一角度来看，就不难理解为何技术标准联盟在电子、通信等产业会受到如此高的关注，因为技术标准联盟，如通信行业中由摩托罗拉、爱立信、诺基亚、西门子、阿尔卡特等共同组建的 GSM 标准联盟，国内家电行业由联想、TCL、海信、康佳、长虹、创维等组建的闪联技术标准联盟等，事实上已对产业内的创新资源产生着整合效应，成为产业创新的技术平台。

事实上，除技术标准联盟外，国内外学者也非常重视对产业合作研发联盟的研究，当然现有的这些文献绝大多数关注的都是联盟成员之间的关系及联盟伙伴选择等问题，如扎哈克等人(Zajac & Olsen, 1993; Sakakibara & Dodgson, 2003; Lee et al., 2010)。

达斯等人(Das & Teng, 2000)从资源基础观的角度提出，产业合作研发联盟运行的关键因素在于联盟内资源的整合方式及成员间的资源共享方式。李等人(Lee, 2010)基于达斯等人的研究，提出产业合作研发联盟的运行可以采用两种不同方式：其一是成员通过资源交换而非成员共享的资源池(Resource Pool)，在价值链上发挥不同作用，即联盟内某一(些)成员向其他成员进行研发外包；其二则是联盟企业在价值链的相同环节贡献资源，并在联盟技术资源的基础上创新的知识和能力。李等人对产业合作研发联盟运行的研究对产业创新平台运行研究具有重大借鉴意义，两种运行方式的划分实际上可以被看作是对产业创新平台中创新链条上纵向和横向合作的精辟归纳。其中，前者侧重于创新链上下环节间知识、能力等资源的互补，而后者侧重于资源汇集的规模效应。

## 第五节　产业创新平台的绩效评估

彼德·德鲁克说“无法衡量就无法管理”。随着越来越多的人开始认识到产业创新平台对促进产业创新的重要意义，越来越多的企业开始有意识地组建、加入和利用产业创新平台，提高本企业创新能力，如何对产业创新平台这种有利于促进产业创新的中间性组织的绩效进行评估，正式成为产业组织、企业管理等领域的新课题。

尽管从 20 世纪 90 年代以来，国外已有大量文献对企业层面的研发绩效评估进行了研究，包括利用不同测度方法进行研究的格里芬等人（Griffin & Page, 1996; Driva et al., 2000; Akcakaya, 2001; Ojanen & Vuola, 2003），从研发的作用进行研究的戈尔德等人（Gold, 1989; Drongelen & Bilderbeek, 1999; Meyer et al., 1997; Loch & Tapper, 2002），从不同研发类型进行研究的布朗等人（Brown & Gobeli, 1992; Hauser & Zettelmeyer, 1997; Kim & Oh, 2002），从研发不同阶段进行研究的库珀等人（Cooper, 1993; Lee et al., 1996; Ellis, 1997），可谓汗牛充栋，而对产业创新平台绩效评估的研究则主要集中于研发联盟领域。

国外最早研究企业层面的研发活动，通常将 R&D 看作是一个“黑箱”，认为创新活动不能进行系统地管理和控制（Ojanen & Vuola, 2003）。随着战略管理理论的不断发展，企业层面的研发绩效的测度得到了广泛讨论，包括评估方法（Kaplan & Norton, 1992; 1996; 2001）、评估指标（Szakonyi, 1994a, 1994b; Tipping et al., 1995; Cooper & Klein, 1996）等。有学者（Valderrama & Mendigorri 2005）认为，可测量企业创新绩效的指标可以包括销售收入、市场份额、客户满意度、相对于竞争对手的战略地位及销售产品在顾客中的形象。除此之外，测量研发绩效的指标还应包括资金、业务拓展、专利申请等更为广泛的指标（Zantout & Chaganti, 1996; Pauwels et al., 2004; Tellis & Johnson, 2007; Sorescu et al., 2007），以评估研发投资的间接效应。

尽管这些指标主要针对企业层面的研发绩效的评估，但显然，在对产业创新平台作绩效评估时，这些研究思路和部分评估指标还是具有极为重要的借鉴意义。

另一个能对产业创新平台绩效评估的研究具有借鉴意义的则是有关合作创新网络效果评估的文献。萨拉等人(Sala et al., 2011)在对合作创新网络的效果评估的有关研究进行归纳时认为，现有从创新网络角度研究合作创新绩效的文献可以归纳为三个研究视角。其一是黑箱视角，这一视角仅注重网络的效率，感兴趣的是网络作为一个整体的表现以及对环境的影响，但不关心网络内部过程和动态变化，也不关心网络中的成果是如何产生的。其二是交互视角，关注的是如何处理成员间的关系及成员的能力和资源共享，将创新网络内取得的成果视为成员间有效合作的结果，并分析成员获取和使用共享资源的方式，其目标是明确创新网络中的瓶颈对网络资源配置和活动安排等具有的启示。其三是单位视角，关注的是单个成员在网络中的作用、贡献和收益，该视角的文献一方面研究单个成员在达到自身目标时对整个创新网络做出的贡献，另一方面也评估单个成员加入网络的成本收益比，并与其单独进行 R&D 的情况进行比较，即评估加入网络对成员研发绩效的边际效应(Georghiu, 1994)。评估边际效应有两个标准，一是比较加入创新网络前和加入后的绩效，二是比较与创新网络有关和无关的资源的行为和绩效(Branstetter & Sakakibara, 2002)。合作创新网络作为产业创新平台中的重要组成部分，能有效评估对其绩效和效果无疑非常有助于评估产业创新平台的运行绩效。

在评估产业创新平台绩效时，可以借鉴前人的研究还可能会涉及有关研发联盟绩效研究的文献，包括薛卫等人(2010; Collins & Hitt, 2006; Jean, 2004; Das & Teng, 2003)等。薛卫等主要从关系资本和组织学习的角度对企业参与研发联盟的绩效进行了实证研究(薛卫等，2010)，而简则采用案例研究法对雷诺和尼桑的战略联盟的绩效进行了实证研究 (Jean, 2004)。达斯探讨了研发联盟中伙伴的特性对企业参与研发联盟绩效的影响(Das & Teng, 2003)。研究研发联盟绩效的文献主要是对参与研发联盟的企业的绩效进行评估，但他们在研究中所采用的方法、评价指标、数据收集方法等对产业创新平台的绩效评估而言，仍然是值得借鉴的。

随着产业创新平台的作用和功能意义越来越被人们认可，许多国家或者直接出面成立各种类型的产业创新平台，或者对由企业、学术机构或者其他中介组织成立的产业创新平台进行资助。然而，由于公共研发资助管理机构本身与 R&D 成果及所带来的经济收益并未直接联系，而且即使有联系，也很难获取这方面的数据（Luukkonen, 1998; European Court of Auditors, 2007），因而一旦产业创新平台涉及公共资助，则产业创新平台的绩效评估所面临的挑战将会更大。

加州大学的萨卡基巴教授基于合作研发项目的视角，对政府发起的合作研发联盟的绩效评估进行了有益的尝试。萨卡基巴在对由日本政府发起和资助的研发联盟进行评估时认为，需要分别从政府视角和研发联盟参与者视角来评估其绩效。在实证研究部分，萨卡基巴采用问卷调查的方式收集了日本政府发起的 237 个合作研发联盟，包含了 1 171 家参与企业的数据，并在采用计量经济模型评估时发现，政府发起合作研发联盟可以对私人部门研发投资进行很好的补充，而且政府发起的合作研发联盟还有助于企业提高私人部门的研发投资（Sakakibara, 1997）。

在国内，也有许多文献直接研究产业创新平台的运行绩效，包括王雪原等（2011）、王琼辉（2009）、王立剑（2010）、任勇旗（2008）、金相龙（2009）等。

王琼辉等人针对上海研发公共服务平台，运用萨蒂（Saaty）提出的层次分析法构建了一套评价指标和层次分析模型。整个评价指标体系包含三级指标，其中，一级评价指标包括平台综合评价指标和平台管理的间接绩效指标，而平台综合评价指标又包括 3 个二级指标和 12 个三级指标，平台管理的间接绩效指标包括两个二级指标和 7 个三级指标（王琼辉等人，2009）。王立剑（2010）、任勇旗（2008）、金相龙（2009）等人分别对国内高校科技创新平台绩效评价、信息资源共享平台绩效评价等进行了研究。

王雪原等人的研究则又有所不同，认为应当针对创新平台不同服务对象获得服务的满意程度设计相应的指标，考察创新平台提供服务和满足需求的情况，对于平台的不同参与主体，应当针对每个主体设计相应的评价指标以保障各方意见的有效反应和指标采取的规范性和便利性，对与创新平台长期发展有关的指标，应当引入发展潜力和发展速度等指标。为此，王雪原等人结合评价创新平台的不同维度和主体，构建了创新平台绩效评价的指标体系。其中，每个主体对每个维度的评价都包含有对当前水平的评价、相对水平的评价和发展趋势的评价（王雪原等, 2011）。

国内这些直接研究产业创新平台运行绩效的文献，或者在如何构建产业创新平台绩效评价指标方面建立了具有参考价值的模型，或者在如何采集与绩效指标有关的数据等方面提出了颇具建设性的观点，但这些模型和方法评估产业创新平台绩效的效果究竟如何，还有待实证研究的进一步检验。

## 第六节 本章小结

本章对与本研究相关的文献进行了较为系统的梳理。现有文献对开放创新、创新网络和创新合作等问题的研究为本研究后续探讨生物医药产业创新平台的内涵提供了很好的思路。有关产业创新平台的类型、构建策略、运行方式和绩效测评等方面的文献为本研究后续归纳生物医药产业创新平台的运行机理及对我国生物医药产业创新平台绩效的实证研究具有一定借鉴意义。

从研究文献的分析中,本章发现:

(1) 需要在开放创新的背景下来理解产业创新平台的内涵,为平台成员深入广泛地融入平台构建的创新网络,促进成员之间的合作创新是产业创新平台的基本功能;

(2) 不同的产业创新平台可以有不同的形态,其专注的创新环节、拟解决的问题的层次和服务的具体区域都会存在明显差别;

(3) 产业创新平台可以由不同的主体牵头建立,平台构建方可以根据平台拟解决的主要问题的不同而采用不同的构建策略;

(4) 产业创新平台的运行可以采用项目制、合作研发或知识共享等不同方式,但其运行的一个基本原则是产业创新平台应尽量为企业、科研机构等成员提供服务;

(5) 产业创新平台绩效评估面临巨大挑战,但企业研发绩效评估、研发联盟绩效评估等文献的方法、测量指标和数据收集方法等仍可为研究产业创新平台绩效提供借鉴。

尽管在合作研发、创新网络、开放创新、研发联盟等领域,国内外已经出现了许多研究文献,但产业创新平台仍属于产业组织理论的新领域,其基本功能模块、运行机理、治理模式甚至基本内涵等方面都还存在许多值得深入研究的问题。

# 第三章　生物医药产业的创新与平台

本章将首先界定生物医药产业的概念，归纳生物医药产业的基本特点。之后，本章将分析生物医药产业的创新价值，总结生物医药创新面临的主要挑战。最后，结合生物医药产业的开放创新背景，讨论构建生物医药产业创新平台的主要意义。

## 第一节　生物医药产业的内涵和特点

### 一、生物医药产业的界定

1. 生物医药的定义

现代医药产业的起源可以追溯自 19 世纪下半叶，人们在当时发现了染料具有消毒杀菌的功能。罗氏(Roche)、汽巴嘉基(Ciba-Geigy)及山德士(Sandoz)等当时在瑞士巴塞尔附近从事染料加工的家族企业，开始逐步转向合成制药，并成为该产业中的主要参与者。

20 世纪 70 年代，生物技术的突破使医药产业逐步与生物技术产业融合，从而促使了传统的化学制药向生物医药转变。20 世纪 70 年代，DNA 重组技术和单克隆抗体技术的发现，标志着生物医药产业的正式产生。对于生物医药(Bio-pharmaceutical，或者 bio-technology-based medicines)，目前还没有一个统一的定义。

狭义的生物医药是指基于基因工程(如 DNA 重组技术)、抗体工程或细胞工程(如遗传基因技术)等技术，利用源自生物体内的天然物质生产的复杂大分子药物，包括重组蛋白、基因工程疫苗、单克隆抗体治疗等。

广义的生物医药是指利用生物技术生产的在生物体内存在的天然活性物质(胡显文等，2004)。广义的生物医药定义涵盖了基因工程、细胞工程、大规模大蛋白纯化制备技术、生物信息技术与生物芯片、微生物发酵工程、生物反应器、蛋白质工程、生物材料及酶工程等构成的生物技术，也包括了细菌、酵母、昆虫、植物和哺乳动物细胞等各种生物的特定细胞组成的天然活性物质。前者是生物医药的技术基础,后者是生物医药的原料来源。根据生物医药的广义定义,从血液中提取的多克隆抗体、凝血因子,用生物技术生产的各种疫苗,用微生物发酵生产的抗生素,从动植物、微生物或海洋生物中提取的活性物质等都可被称之为广义的生物医药。

而更广义的生物制药是指利用现代生物技术发现、筛选或生产得到的药物,除生物技术开发的大分子药物外,还包括了利用生物技术作为研究工具(drug discovery research tool)而发现的小分子药物(比如运用高通量药物筛选技术或基因敲除技术等确定药物靶标并筛选得到的小分子药物)以及利用生物技术作为生产新技术(new process technology)的药物。起步

**表 3-1 现代生物技术分类简述①**

| 现代生物技术 | 发展历程 | 作用 | 代表成果 |
|---|---|---|---|
| 基因技术 | 20 世纪初,遗传学家摩尔根得出了染色体是基因载体的结论。20 世纪 60 年代,脱氧核糖核酸双螺旋结构的发现,奠定了基因技术的基础。人类基因组计划(HGP)与曼哈顿原子弹计划和阿波罗登月计划一起,被称为 20 世纪三大科学工程 | 疾病诊断:特别是先天性疾病;<br>疾病治疗:通过将相关基因置入人体而治疗不治之症;<br>基因诊断:诸如亲子鉴定;<br>基因克隆:培育人体器官,创造自然界不存在的新物种等 | 基因重组技术及依托此技术开发的药物;单细胞抗体技术;转基因农作物等 |
| 新药开发 | 利用生物技术进行药物开发与人类基因组测序相辅相成,并很快成长为高利润的热门产业。2010 年,全球生物技术新药达到 200 亿美元的销售额。2013 年,全球 25 大生物医药公司共研发新药 1 932 个 | 基于人类基因组框架图,认识疾病发生发展的基因和分子机理,定向进行疾病治疗 | 干扰素;<br>重组乙肝疫苗;<br>重组促红细胞生素;<br>白细胞介素;<br>基因工程抗体等 |
| 工业技术应用 | 2010 年,全球化学产品的产值中,有五分之一是应用生物制造的产品的产值;随着生物技术在工业领域的不断应用,这一占比还会不断增大 | 利用生物技术取代传统的工业技术,降低能耗和环境污染 | 利用酵素生产化学用品,利用细菌生产橡胶,利用玉米提取葡萄糖等 |

① 张海龙:《中国生物医药产业创新发展对策研究》,吉林大学,2019 年版。

于20世纪70年代的现代生物技术很快成长为信息产业之后的新兴产业。20世纪以来，不断涌现的生物技术创新正大规模用于医药领域，形成了以基因技术、新药开发和工业技术应用为代表的现代生物医药技术（张海龙，2019）①。

2. 生物医药产业的界定

自1982年第一个生物技术药物——基因重组胰岛素上市以来，生物医药已经经历了近四十年的发展，在此期间出现了许多有效防止和治疗人类疾病的重大药物，如1986年成功上市的第一个乙型肝炎基因工程疫苗，同样在1986年上市的治疗肾移植排异的单克隆抗体治疗技术，以及1998年上市的第一个也是迄今为止唯一一个防止艾滋病人巨细胞病毒视网膜炎的低核苷酸等，成为制药业乃至许多发达国家整个国民经济增长中的新亮点，因而生物医药产业被普遍认为是“21世纪的钻石产业”。但时至今日，生物医药还不能在标准产业分类（Standard Industrial Classification，缩写SIC）中找到其所属的产业类别。许多企业为使自己与传统制药产业相区分而自称为生物医药企业，但事实上他们生产的主要是抗蛋白的小分子药物（蛋白质可以用于药物，如生物医药或药物靶标等）。生物科技公司通常被认为是生物医药产业的组成部分，但他们长期以来关注的是DNA重组和单克隆抗体。

产业是指在经济发展和社会分工基础上形成的，具有相同或相似生产技术、工艺和知识基础，在产品的生产、分配、使用过程具有相似特征的生产同类产品或服务的企业的集合。本文研究所指的生物医药产业是指与药物研发、生产、分销及监管有关的企业和组织的集合，这些企业和组织的主要活动涵盖了药物全生命周期中的各种关联活动，包括药物原材料的生产与供应，制药器械的生产，药物的研究与开发，药物的制造、销售、流通和使用，药物的监督管理，以及与医药相关的人才培养和教育等具体活动。

在本书研究的生物医药产业中，主要包括生物科技公司、传统的大型制药企业、专业合同外包组织、中小制药企业及从事与生物科技和药物研发有关的科研组织等。

（1）生物科技公司。

生物科技公司通常由一些大学或科研组织分离出来，主要专注于分子层面的疾病机理和药物开发技术的研究。

生命科技的飞速发展促成了这些以药物发现和药物开发为主要工作的独立研发公司即生物科技公司的兴起，他们的主要精力都集中在疾病机理、

① 张海龙：《中国生物医药产业创新发展对策研究》，吉林大学，2019年版。

药物发现、临床前试验或临床Ⅰ期试验等环节。生物科技公司主要凭借自身在生物科技方面的独特技术优势，从事具有自主专利的创新药物的研究与开发。其盈利主要来源于三个方面：其一是转让自身在研发中形成的技术成果；其二是与大型制药企业形成战略联盟；其三是通过自身的研发提高企业自身价值并寻求成为收购对象。基因泰克公司是生物科技公司中最为成功的典型案例。作为独立从事研发的生物科技公司，基因泰克在生物医药领域的新药研发主要集中于肿瘤治疗药物和免疫药物，并取得了巨大成功。从1997年到2007年，基因泰克的研发投入翻了六倍，获得的药品专利超过五千多项，在1999年到2008年的十年间共达成40多个重要创新药物或重大技术成果的转让协议。由于其在生物医药研发领域具有的独特优势，基因泰克最终在2009年被罗氏制药公司成功收购（科技部，2009）。2017年，基因泰克研发出的治疗淋巴瘤、乳腺癌和肺癌等疾病的药物获得美国FDA批准，其已成为全球最为知名的生物制药企业。

近年来，还有很多像基因泰克这样的生物科技公司正在全球生物医药产业中扮演着越来越重要的角色。根据2018年福布斯发布的《全球最具创新力企业榜》①，英赛德公司（INCYTE）、再生元制药（REGENERON PHARMACEUTICALS）等生物技术公司已成为全球创新领域的佼佼者。以英赛德公司为例，该公司创立于1991年，总部位于美国特拉华州Wilmington，全职雇员1 367人，是一家专业从事与艾滋病（抗HIV病毒）、癌症和炎症疾病等相关的药物研发的生物技术公司。到2021年，该公司已经成功研制出治疗骨髓纤维化和真性红细胞增多癌症的JAKAFI，还有多款用于治疗晚期恶性肿瘤的药物已进入临床试验阶段②。

尽管许多生物科技公司的主要产品并不都是完全直接用于制药，但考虑到生物医药产业是在分子遗传学、分子生物、生物物理等基础学科的突破后，由化学制药产业同生物科技产业融合而逐步形成的新兴产业，生物科技同组合化学、药学等一道构成了生物医药产业的技术基础，因而不应该将生物科技排除在生物医药产业之外。从生物医药行业的实践来看，也证实了制药公司和生物科技公司之间的界限是非常模糊的，比如全球最大的生物科技公司基本上都是美国药物研究与制造商协会（PhRMA）的成员。因此，本文认为生物科技公司是生物医药产业的重要组成部分。

---

① 福布斯：《全球最具创新力企业榜》，2018年。

② https://investor.incyte.com/press-releases/default.aspx.

(2) 传统的大型制药企业。

在生物医药产业中，传统的大型制药企业（以下简称为“大型制药企业”）主要负责将那些由生物科技公司开发的药物成功进行商业化。

大型制药企业多年来一直在制药产业中居于核心地位，过去也一直是创新药物的主要来源，由其生产和销售的药品往往被赋予“重磅炸弹”的称号，因为这些创新药物通常都会获得极高的销量。目前，大型制药企业仍是生物医药领域中当之无愧的领头羊，全球生物医药产业中排名靠前的企业均是家喻户晓的大型制药企业。跨国大型制药企业通常具有垂直整合整条产业价值链的能力，其一方面可以投入巨资进行药物研发，另一方面又可以通过国际化的市场运作进行重要新药的全球营销，从而横跨了从药物发现、药物研究、药物生产到药物销售的所有环节，因而在整个生物医药产业中占据着领导地位。目前最主要和最著名的大型制药企业主要集中在美欧日等发达国家，典型代表包括辉瑞、罗氏、诺华、礼来、葛兰素史克等。

**表 3-2　2020 年全球制药企业前十的销售与研发金额**　（单位：亿美元）

| 排名 | 公司名称 | 2019 年销售额 | 研发费用 | 畅销药物及其销售额 | |
|---|---|---|---|---|---|
| 1 | 罗氏（瑞士） | 482.47 | 102.93 | Avastin | 71.18 |
| | | | | Ritusxan | 65.18 |
| | | | | Herceptin | 60.78 |
| 2 | 诺华（瑞士） | 460.85 | 83.86 | Cosentyx | 35.51 |
| | | | | Gilenya | 32.23 |
| | | | | Lucentis | 20.86 |
| 3 | 辉瑞（美国） | 43.62 | 79.88 | Prevnar 13 | 58.47 |
| | | | | Ibrance | 49.61 |
| | | | | Lyrica | 33.21 |
| 4 | 默沙东（美国） | 409.03 | 87.3 | Keytruda | 110.84 |
| | | | | Gardasil | 37.37 |
| | | | | Januvia | 34.82 |
| 5 | 百时美施贵宝（美国） | 406.89 | 93.1 | Revlimid | 109.7 |
| | | | | Eliquis | 79.29 |
| | | | | Opadivo | 72.04 |

（续表）

| 排名 | 公司名称 | 2019年销售额 | 研发费用 | 畅销药物及其销售额 | |
|---|---|---|---|---|---|
| 6 | 强生（美国） | 400.83 | 88.34 | Stelara | 63.61 |
| | | | | Remicade | 43.8 |
| | | | | Imbruvica | 34.11 |
| 7 | 赛诺菲（法国） | 349.24 | 60.71 | Lantus | 33.72 |
| | | | | Dupixent | 23.22 |
| | | | | Pentacel | 21.78 |
| 8 | 艾伯维（美国） | 323.51 | 49.89 | Humira | 191.69 |
| | | | | Imbravica | 46.74 |
| | | | | Mavyret | 28.93 |
| 9 | GSK（英国） | 312.88 | 55.41 | Triumeq | 32.63 |
| | | | | Shingrix | 23.17 |
| | | | | Advair | 22.14 |
| 10 | 武田制药（日本） | 292.47 | 44.32 | Entyvio | 31.82 |
| | | | | Gammagard Liquid | 25.51 |
| | | | | Vyvanse | 25.2 |

资料来源：作者整理，https://www.pharmexec.com/view/pharm-execs-top-50-companies-2020。

根据美国《制药经理人》(*Pharm Exec*)杂志公布2020年度《全球制药企业50强》排行榜(Pharm Exec's Top 50 Companies 2020)，全球前十大制药企业的年度销售额最低都接近300亿美元（日本武田制药，年度销售额达到了292.47亿美元），前五位的瑞士罗氏制药和诺华制药及美国的辉瑞、默沙东和百时美施贵宝的年度销售额甚至超过了400亿美元。在堪称“重磅炸弹”的畅销药物中，艾伯维的Humira、默沙东的Gardasil和百时美施贵宝的Revlimid在2019年的年度销售额甚至超过了百亿美元。除了年度销售额在生物制药行业中占据主导地位外，大型制药企业也是生物医药产业的主要研发投入者(Michael Christel, 2020)①。

① Michael Christel, 2020 PHARM EXEC 50, *Pharmaceutical Executive*, Vol 40, Issue 6: pp.14—19, 2020 Jun.

(3) 专业的合同外包组织。

生物医药合同外包组织(Contracting Research Organization, 简称"CRO"),是指根据生物科技公司或制药企业委托,按照合同要求向其提供与药物开发有关的各种专业服务的商业性服务机构, 其原型主要是专门从事数据处理及统计分析的咨询服务机构(蔡雨阳等,2009)。

CRO 可在短时间内迅速组织起一个具有高度专业化的和具有丰富临床研究经验的临床研究队伍,并能降低整个制药企业的管理费用,大大提高效率(Min Zhen, 2021)①。生物医药合同外包组织最早在 20 世纪 80 年代出现于美国,其典型特征是专业和高效。他们往往专注于生物医药创新的某几个环节,如药物筛选、化合物合成、临床试验等,并在其专注的领域中具有极强的竞争优势,其完成相关工作的效率要远远高于一般的生物科技公司或大型制药企业。随着产业分工的日益专业化和市场竞争的愈发激烈,为了降低或转移风险、降低药物开发的成本,生物医药企业通常会向其他的企业和组织外包价值链中的某些生产经营活动,而将自身的资源集中用于核心价值环节,从而更好提升自身竞争力。这些承接生物医药企业外包服务的企业和组织,在对外提供服务的过程中不断得到发展和完善,逐渐成为产业价值链中的重要组成部分。

专注于临床前毒理试验及第 Ⅰ—Ⅳ 期的临床试验管理服务的科文斯公司是其典型代表。

(4) 中小型制药企业。

与绝大多数产业类似,生物医药产业中存在许多中小型制药企业,它们的经营活动主要集中在药物制造、药物销售及其他配套环节,是生物医药产业价值链的重要参与主体。由于大多数仿制药物都主要由这些中小型制药企业提供,因而他们在价格等方面具有明显优势,患者经常会购买和使用小型制药企业生产的药品。

(5) 各类研究型机构。

各类科研机构主要是指从事与生物医药研发活动有关的科研院所,包括主要受政府资助的公立科研院所、大学的医学院及其实验室,以及各种综合性医院及其附属的研究机构等。同生物科技公司一样,科研机构主要专注于生物医药的研究,包括药物的毒理病理研究、药物临床试验等。

尽管本书为了研究方便,将生物医药产业中的主要构成主体划分为以

① 《制药企业如何管理 CRO 公司》,《服务外包》,2021 年第 2 期。

上五种类型的组织，但值得注意的是，这些组织尤其是大型制药企业和生物科技公司之间的边界正在趋于模糊，如大型制药公司正大规模投资于分子生物学和基因工程学的研究与开发，许多专注于利用生物技术开发大分子药物的生物科技公司也正在利用自身优势介入原本属于大型制药公司传统优势范围的小分子药物，部分原本专注于提供药物开发的平台技术的生物科技公司为了追求更高的回报，也开始逐步进入药品的研发领域。

## 二、生物医药产业的特点

1. 生物医药产业是典型的创新驱动型产业

早在20世纪上半叶，人们就已充分认识到了R&D在生物医药产业中的重要作用，由英国细菌学家亚历山大·弗莱明发现、英国病理学家佛罗理和生化学家欧内斯特·金等人提纯的盘尼西林（青霉素）的出现，使医药产业产生了巨变（Sarah & Bernardo，2004）。20世纪60年代，医药产业迅速扩张也离不开药物创新的驱动，当时欧美国家对专利实施永久性保护，带动了一大批医药企业对药物创新的投入，使医药产业出现了许多重大发现。尽管后来欧美发达国家取消了对药物专利的永久性保护措施，但随之而来的仿制药的出现则更进一步推进了医药产业的发展。

仿制药物的成分和疗效与原创药物完全相同，但价格却更具竞争优势。百时美施贵宝公司的原创药物格华止（一种抗糖尿病的药剂）可以很好地说明仿制药的影响。2001年，该药物在美国市场上的销售额达到21亿美元，而在2002年1月专利到期之后，该药物当年第一季度为百时美施贵宝公司带来的销售总额仅为6 900万美元（International Trade Administration Office of Health and Consumer Goods，2010）。不过，仿制药的出现对整个社会而言还是非常有利的，它让昂贵的药价变得极为便宜。更为重要的是，仿制药物的大量出现迫使医药行业的大型企业不得不进一步加大R&D的投入，不断开发具有专利的原创药物，以获得超额垄断利润，保持自身竞争优势。根据药物经济学家的估计，整个社会从医药研发中获得的收益至少比医药企业从R&D获得的收益高出50%到100%。

当前，生物医药产业已被许多国家列为高技术产业，如美国国会预算局列出的重点支持发展的高科技产业，除工业电子器件、导弹及航天器、通信设备、有机化学、计算机、飞机及其部件和仪器仪表外，还包括了生物医药产业。我国的高技术产业统计分类目录中，除了信息化学品制造、电子及通信设备、核燃料加工等产业外，生物医药产业也位列其中。

根据经济合作与发展组织(OECD)的定义,高技术产业必须是研究开发强度达到 8.75%到 24.03%之间的产业。如前所述,研发在生物医药产业发展中具有特别重要的意义,尤其是在有关仿制药立法出台以后,医药产业明显加大了研发投入,其研发强度在所有产业中一直位居前列。尽管近年来生物医药行业的研发投入增长速度有所下降,但根据世界知识产权组织(WIPO)公布的《2020 年全球创新指数》报告,生物医药行业 2018—2019 年的研发支出占比仍然高居全球第二,研发支出占到全球研发总支出的 18.8%,仅次于 ICT 硬件与电子设备产业(Soumitra Dutta, et al., 2020)[①]。

受药物专利保护下的超额垄断利润的刺激和仿制药物的竞争压力的影响,大型制药企业一直保持着非常高的研发投入强度,以期不断推出新的原创药物。2019 年,全球生物制药行业研发投入再创新高,其中,罗氏制药的研发投入达到 102.93 亿美元,百时美施贵宝的研发投入达到 93.81 亿美元,默沙东、诺华、强生等制药巨头的研发投入均超过 80 亿美元(Michael Christel, 2020)。

2. 生物医药产业面临着政府的高度规制

由于生物医药产业与人类生命健康和安全密切相关,同时又极受社会道德和伦理道德的约束,因而生物医药产业在许多国家都受到了政府最严格的规制。政府对生物医药产业的规制包括了安全、疗效、生产质量、市场准入、促销和价格等多个方面,规制措施涵盖了生物医药产品的整个生命周期(Patricia & Eric, 2005)。

生物医药的价格管制最容易理解。由于生物医药直接满足的是人们生命安全和健康的最基本需求,因而其价格需求弹性极低,甚至远远低于食品等生活必需品的价格需求弹性。在民众就医的社会保障覆盖比重极高的发达国家,由于政府将会是生物医药的最终付款人,这一情况将更为明显,因此生物医药公司可以收取很高的价格。由于生物医药产业的这种垄断性并不具有自然垄断的特征,其产品的垄断性主要源于政府授予的专利。因此,政府通过价格规制或其他的退税或者医药报销控制等方式,都是为了在专利的垄断效应和社会保险二者之间形成一种平衡。

市场准入、安全和促销等方面的政府规制主要是因为生物医药产品的安全性和疗效对病人的健康非常关键,而病患和公众与生物医药企业在药

① Soumitra Dutta, Bruno Lanvin, and Sacha Wunsch-Vincent, Global Innovation Index 2020: Who Will Finance Innovation?, *World Intellectual Property Organization*, 2020.

品的安全性和疗效方面的信息又极度不对称，因而对其安全性和疗效进行必要的评估是药品获得市场准入的前提条件，对生产质量和促销信息准确性的必要监管是确保药品质量和病患权利的基础。特别是20世纪70年代出现的镇静剂悲剧（防止妊娠反应的止吐剂导致婴儿出生缺陷）使得监管部门对临床试验的管制更趋严格，各国政府都有专门的部门（如美国的食品药品管理局FDA、我国的食品和药品监督局）负责生物医药在安全、疗效、生产质量和促销等方面的监管。

由于药物直接关系到人们的生命健康和安全，自20世纪六七十年代以来，政府部门尤其是药品监管部门和社会保障部门对制药业的影响越来越大，特别是在许多发达国家加大了民众就医的社会保障覆盖比重，制药业越来越具有"买方垄断"的性质——政府成为药物的最大买家（尽管政府并不是药物的最终消费者），政府尤其是社会保障部门对生物医药产业的影响日益突出。

## 第二节　生物医药产业创新的价值与挑战

### 一、生物医药产业的创新价值

1. 创新的内涵

对于不同的个人、企业、产业或学科而言，创新将有多种不同的定义。比如，在非研发密集型产业中的创新与研发密集型产业中的创新，其含义将完全不同。

熊彼特是系统阐述创新概念的第一人，他认为"创新"是指把一种从来没有过的关于生产要素的"新组合"引入生产体系，这种新的组合包括引进新的产品、采用一种新的生产方法、开辟新的市场（以前不曾进入）、控制原材料的新的来源、采用新的组织形式（Schumpeter，1912）。按照其定义，创新不仅包含了产品开发和技术方面的重大突破，而且对实际使用的产品、流程或系统进行了非细致的改进，且这种改进对开发或使用这些产品、流程或系统的企业而言是新颖的（Slaughter & Shimizu，2000），也应当视为创新，甚至企业与其下游客户或上游供应商之间的关系由单个项目的公开招标关系变更为长期伙伴关系也是一种创新（Barrett & Sexton，1998）。

罗斯托将"创新"发展为"技术创新"，认为技术创新在创新中居于主导地位（罗斯托，1960）。为此，迈尔斯和马奎斯在《成功的工业创新》这一研究报告中认为，技术创新是一个包含了从新思想和新概念的产生、到不断地提出和解决解决各种问题、最终成功地用于实际并产生经济价值和社会价值的复杂活动过程，而由这些复杂活动过程构成的技术变革的集合就是创新(Myers & Marquis, 1969)。弗里曼则主要从经济学的角度考虑创新，并进一步限定了创新的范围，认为创新应仅指那些规范化的重大创新，即创新就是新产品、新过程、新系统和新装备等形式在内的由技术向商业化实现的首次转化(Freeman, 1982)。宋刚等人认为，科技创新非常复杂，它是不同的创新主体和多种创新要素在交互作用中所产生的一种复杂现象，是技术进步和应用创新的共同演进的产物(宋刚等，2008)。

关于创新的这些定义显示出了一种倾向，即对于任何产业中被观察到的以不同方式反映出的创新，应当从更为宽泛的角度来认识，而不应仅仅局限于重大技术的突破或全新产品的开发，那些在现有经验和知识的基础上出现的细小进步、系统内不同模块之间的结构改变、系统内部分模块的改进、系统的功能扩展、系统与系统之间的融合等，都应当被视为产业内的创新表现。对于产业内的特定企业而言，只要其推出的技术、产品、生产组织方式或管理方法对其自身而言具有新颖性，就应当视为该企业的一项创新，即使这些技术、产品、生产组织方式或管理方法对整个社会和产业而言，并不具备新颖性(Martin & Pavitt, 1993)。

尽管现有文献对创新的定义涵盖范围甚广，并不是仅仅局限于技术创新和产品创新，但对生物医药而言，新药的发明和开发新药的新的技术和组织形式却具有特别重要的意义。

2. 生物医药的创新价值

已有大量证据能够证明创新对企业、产业和国家的经济增长和竞争力的形成具有重要作用。创新包括开发新产品、用新工艺新技术生产新产品的产品创新及工艺或流程创新(骆品亮，2006)。产品创新主要通过创新推出全新产品从而开创一个全新的产品市场，或者通过创新提高原有产品的性能和质量，从而扩大原产品市场的规模；工艺或流程创新主要通过创新改进产品的生产过程，从而降低原产品的生产成本。从这个角度讲，产品创新也可称之为需求扩大型(Demand-creating effect)创新(Spence, 1976; Dixit & Stiglitz, 1977; Koenker & Perty, 1981; Levin & Reiss)，而工艺或流程创新则可称之为成本降低型(Cost-reducing effect)创新。

(1) 全新产品创新。

对于一项全新产品创新，则意味着一种全新产品的推出和一个全新市场的产生，消费者以前没有得到满足的需求即可因此得以满足。全新产品创新的案例在人类经济社会发展史上已不胜枚举，如汽车和飞机的发明完全颠覆了人们远距离的出行方式和活动范围，手机的发明使人们可以在有网络覆盖的任何地方实现与亲友、同事和客户的沟通等。而成功将这一全新产品推向市场的企业将会在专利制度的保护下垄断该新产品市场，从而获得高额垄断利润。

假设一家企业成功推出一款市场上从未有过的新产品，满足了人们从未得到满足的需求（如推出一种以前从未有过的可以让人返老还童的药品），其边际生产成本为 $c_0$，市场需求为 $D(C)$，假定市场均衡价格 $p_0$。则成功推出该项新产品的企业因为成了该产品市场上的垄断者，因而该企业在新产品上市当期获得的垄断利润为

$$v^e = \int_{c_0}^{p_0} D(C)dc \tag{3.1}$$

消费者因为该项新产品成功上市而获得的当期价值为

$$v^c = \int_{p_0}^{\infty} D(C)dc \tag{3.2}$$

这一产品创新在成功上市的当期所带来的社会净剩余为

$$v^s = v^e + v^c = \int_{c_0}^{p_0} D(C)dc + \int_{p_0}^{\infty} D(C)dc = \int_{c_0}^{\infty} D(C)dc \tag{3.3}$$

不考虑该项新产品的专利有效期问题，即假设专利可获得无限期保护，则企业可长期维持其垄断地位，贴现率为 $r$，企业可获得的全部价值为

$$V^E = \frac{1}{1-r}\int_{c_0}^{p_0} D(C)dc \tag{3.4}$$

消费者从该产品获得的全部价值为

$$V^C = \frac{1}{1-r}\int_{p_0}^{\infty} D(C)dc \tag{3.5}$$

则该产品创新为整个社会带来的净剩余

$$\begin{aligned} V^S = V^E + V^C &= \frac{1}{1-r}\int_{c_0}^{p_0} D(C)dc + \frac{1}{1-r}\int_{p_0}^{\infty} D(C)dc \\ &= \frac{1}{1-r}\left[\int_{c_0}^{p_0} D(C)dc + \int_{p_0}^{\infty} D(C)dc\right] \end{aligned}$$

$$=\frac{1}{1-r}\int_{c_0}^{\infty}D(C)dc \tag{3.6}$$

（2）改进型产品创新。

改进型产品创新是指通过研发投入，提高原有产品的综合性能或质量，或增加原有产品的使用功能。改进型产品创新是典型的需求扩大型(Demand-creating effect)创新，即在后续研发的作用下，既有产品的性能或质量得到不断提高，或者其功能不断增加，从而扩大原有产品的市场需求。较早对需求创造型 R&D 进行研究的文献主要包括斯宾塞等人(Spence, 1976; Dixit & Stiglitz, 1977; Koenker & Perty, 1981)，他们对需求创造型 R&D 的特性进行了归纳，并建立了数学模型进行深入分析，莱文等人(Levin & Reiss, 1988)后来对他们的研究成果进行了总结。

这种扩大市场需求的改进型产品创新在生物医药领域尤为常见。比如，美国辉瑞制药最早开发“伟哥”时本是希望用于治疗心血管疾病，但后来发现其对男性勃起功能障碍具有很好疗效；上市之后的临床阶段还发现，“伟哥”还可用于治疗女性因子宫内膜过薄导致的不孕症等。英国葛兰素公司开发的雷尼替丁在 1981 年上市之后主要用于治疗溃疡类疾病，但在二十多年来的后续研发的带动下，雷尼替丁的用途不断扩展，包括胃溃疡、复发性口腔溃疡、流行性腮腺炎、溃疡性结肠炎、疣状胃炎、嗜酸性筋膜炎、血友病、非溃疡性消化不良、慢性腹泻、荨麻疹、单纯性疱疹等。

假设一家企业的产品在市场上居于垄断地位，其市场需求为 $D(C)$，边际生产成本为 $c_0$，市场均衡价格为 $p_0$；在后续研发的带动下，其创新成果表现为原有产品使用功能的增加，从而导致该企业需求扩大为 $D_1(C)$［其中，$D_1(C)>D(C)$］，市场均衡价格和边际生产成本不变，仍为 $p_0$ 和 $c_0$，则

该企业当期增加的垄断利润为

$$\Delta v^e=\int_{c_0}^{p_0}[D_1(C)-D(C)]dc \tag{3.7}$$

消费者当期增加的价值为

$$\Delta v^c=\int_{p_0}^{\infty}[D_1(C)-D(C)]dc \tag{3.8}$$

当期社会净剩余的增加值为

$$\Delta v^s=\Delta v^e+\Delta v^c$$

$$=\int_{c_0}^{p_0}[D_1(C)-D(C)]dc+\int_{p_0}^{\infty}[D_1(C)-D(C)]dc$$

$$=\int_{c_0}^{\infty}[D_1(C)-D(C)]dc \tag{3.9}$$

不考虑该项新产品的专利有效期问题，即假设专利可获得无限期保护，则企业可长期维持其垄断地位，贴现率为 $r$，企业因该项导致需求扩张的改进型产品创新而额外获得的全部价值为

$$\Delta V^E=\frac{1}{1-r}\int_{c_0}^{p_0}[D_1(C)-D(C)]dc \tag{3.10}$$

消费者因该项导致需求扩张的改进型产品创新而额外获得的全部价值为

$$\Delta V^C=\frac{1}{1-r}\int_{p_0}^{\infty}[D_1(C)-D(C)]dc \tag{3.11}$$

该项导致需求扩张的改进型产品创新给全社会额外带来的全部净剩余为

$$\Delta V^S=\Delta V^E+\Delta V^C$$

$$=\frac{1}{1-r}\int_{c_0}^{p_0}[D_1(C)-D(C)]dc+\frac{1}{1-r}\int_{p_0}^{\infty}[D_1(C)-D(C)]dc$$

$$=\frac{1}{1-r}\int_{c_0}^{\infty}[D_1(C)-D(C)]dc \tag{3.12}$$

(3) 工艺或流程创新。

流程创新的主要效应在于降低产品生产成本。关于流程创新的价值，经济学家也进行了大量讨论，国内外学者认为此类创新通常能够降低产品或服务的成本，从而提高社会福利。骆品亮(2001)参考 Tirole 模型，对流程创新的价值进行了研究。根据其研究发现，流程创新带来的生产成本的下降，将为社会带来净剩余的增加，其价值为

$$v^s=\int_{c_-}^{c^-}D(C)dc \tag{3.13}$$

假设贴现率为 $r$，则增加的社会净剩余为

$$V^S=\frac{1}{1-r}\int_{c_-}^{c^-}D(C)dc \tag{3.14}$$

骆品亮的研究还发现，无论是原本就处于市场垄断地位的企业，还是处于竞争性市场中的企业，都可以从该项创新中获得比创新成功前要高的经济价值（骆品亮，2006）。

正是因为无论是从整个社会的角度出发，还是从单个企业的角度来看，创新都具有重大意义。对消费者而言，创新意味着更高的品质、更具价值的商品及更有效的服务；对企业而言，创新意味着持续的增长和更高的利润；对整个经济社会而言，创新意味着更高的生产力和持续的经济繁荣。因而当今各国政府都对R&D采取鼓励政策，不断加大政府对基础研究的投入和对私人部门应用研究的引导。越来越多的企业都认识到，唯有不断创新，才能保持和提高自身竞争力，并在激烈的市场竞争中占据主动，因而日益重视企业的创新管理。

对于生物医药产业，其创新活动至少在以下三个方面具有显著价值：

（1）提高人类健康水平。

一项新药的开发可以为病人提供疗效更好的药物，提高人们的健康水平。20世纪以来，由于新药的不断推出，医疗水平得到了极大的改善，全球的平均预期寿命已从1900年的47岁提高到2009年的68岁，一个世纪内提高了45%。

过去20年中，生物医药已让许多疾病的治疗发生了根本性改变，包括癌症、心脏病、贫血病和多发性硬化等疾病（IFPMA，2007）。哮喘、糖尿病、癫痫等许多疾病不再致命，创新药物的治疗效果还可以让患上此类疾病的人们继续从事工作。药物创新推出的疫苗使全球因麻疹而死亡的人数从1999年的87.3万人下降到了2005年的34.5万人，六年时间的下降幅度超过了60%（IFPMA，2007），全球麻疹疫苗接种率已经达到了77%，覆盖了171个国家和地区（WHO，2007）。尽管尚无一种可以完全治愈艾滋病的药物或预防艾滋病的疫苗，但抗逆转录药物正将艾滋病从一种致命性疾病转变为可控制的慢性病。自20世纪90年代抗逆转录药物成功开发出之后，美国艾滋病的死亡率已下降了70%（CASCADE Collaboration，2003）。截至2016年底，全球有1 950万艾滋病患者因抗逆转录药物而继续生存（WHO，2017）①，到2020年这一数字已经达到了2 300万（IFPMA，2021）②。

---

① World Health Organization，Global Action Plan on HIV Drug Resistance 2017—2021，2017.

② ACHIEVING A HEALTHIER AND SUSTAINABLE FUTURE FOR ALL：Policy Perspectives on Universal Health Coverage from the Innovative Biopharmaceutical Industry [R]. IFPMA, 2021. https://www.ifpma.org/wp-content/uploads/2019/09/IFPMA_Policy_Perspectives_on-_UHC_Full_Report.pdf.

(2) 提高公共卫生系统的效率。

从政府的角度来看,原创新药和疫苗的不断推出使政府可以实现其公共健康政策的整体目标。各国公共卫生机构的资源是非常有限的,现有的医生、护士和病床等能够应付的病人数量在短期内很难改变,而生物医药的创新药物通过新的治疗方式可以减少病人住院的需要,并缩短病人住院的时间,从而节约了医疗卫生资源。美国国家经济研究局 2002 年的一份研究报告表明,在美国,一款新药替代一款旧药需要 15 年时间,转换的成本平均达到了 18 美元,然而其节约的医院和其他非药物成本却接近 129 美元,也就是说在新药方面每多花 1 美元,则整个医疗卫生系统的成本将节约 6.17 美元(Lichtenberg, 2002)。从这点来看,在新药研发方面投入越多,则整个公共医疗卫生系统在疾病的治疗方面所付出的成本就越低。

此外,由于生物医药产业的创新确保了仿制药的发展,研制的疗效突出的新药越多,则随着专利到期之后,仿制药的种类也就越多,仿制药的效果也越好,从而进一步降低整个社会的医疗卫生成本。

(3) 促进经济繁荣和发展。

发展中国家和发达国家都可以享受生物医药产业创新带来的好处,除了改善人们生命健康水平、降低治疗成本、提高治疗效果的直接效应外,医药创新还与国民经济的生产率和国家竞争力具有很强的相关性(IFPMA, 2007)。

生物医药创新主要从提高工人生产率和降低工人缺勤率两个方面对整个经济产生积极影响。人们预期寿命的延长,健康状况的改善使一国的人力资源数量和质量更有保障。此外,生物医药研发的外部性提高了一国整个经济社会的技术水平,生物医药的发展还可以带动国民经济系统中其他相关产业的增长,从而有利于扩大一国的产出。

## 二、生物医药创新的主要挑战

生物医药产业的创新绝非仅限于药物 R&D,而是包含了一系列创造性活动的复杂过程。成功的药物 R&D 过程,包括了需要将科学创意转变为药物的多个环节,包括药物发现、临床试验、药品注册、监管部门审批和最终上市等,而每个环节都需要花费创新主体较长的时间和较高的成本。因此,生物医药的创新面临着诸多难以克服的挑战。

1. 研发过程周期长

即使不考虑基础研究阶段,生物医药的 R&D 过程也至少需要五大阶段。其中，第一阶段主要是药物的研究与发现，第二阶段主要是早期临床试验，第三阶段主要是临床试验（包括第Ⅰ、Ⅱ、Ⅲ期临床试验），第四阶段主要是药品注册，第五阶段主要是大规模临床试验和商业化（见图 3-1），整个开发过程一般在 10～15 年左右（IFPMA，2007；骆品亮、陈波等，2013）。

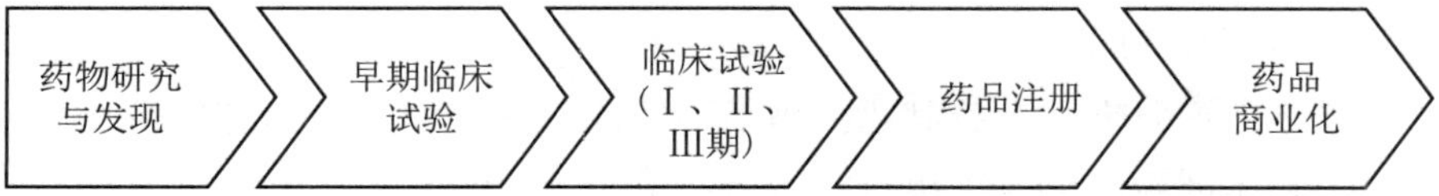


图 3-1　生物医药 R&D 过程

生物医药 R&D 的第一阶段即药物研究与发现阶段主要是确认药物标靶，通过高通量筛选选择最具前景的化合物。该阶段涉及的主要活动包括标靶药物的识别与确认，先导化合物的发现、制备、化验和优化等。一款成功药物的开发，在这一阶段大概需要 4～6 年。

第二阶段即早期临床试验阶段主要是按照良好试验规范（Good Laboratory Practice，简称"GLP"），将选定的化合物用于动物试验，主要研究化合物的安全性、药代动力学和毒代动力学等特征，并为下一步的研究开发特定的分析工具。一款成功药物的开发，早期临床试验阶段大概需要 1 年左右时间。

第三阶段即临床试验阶段主要是利用人体对前两阶段研究和测试的化合物进行系统性研究，以证实或揭示试验化合物的作用、不良反应及/或试验化合物的吸收、分布、代谢和排泄，目的是确定试验药物的疗效与安全性。临床试验又包括Ⅰ期临床、Ⅱ期临床和Ⅲ期临床，整个临床试验阶段需要 4～6.5 年时间。其中：Ⅰ期临床主要在一小群健康志愿者中进行试验，主要测试化合物的安全性和耐药性，一般需要 1 年到 1 年半时间；Ⅱ期临床主要在一小群病人中进行试验，主要研究药物的安全性、疗效和生物等效性等，一般需要 1～2 年时间；Ⅲ期临床主要对不同人群进行跟踪研究，进一步验证药物对目标适应症患者的治疗作用和安全性，评价利益与风险关系，最终为药物注册申请的审查提供充分的依据，一般需要 2～3 年。

第四阶段是药品注册，该阶段主要是在完成前面有关药物的质量、疗效和安全性等各阶段研究后，按照政府监管部门的要求，提交卷宗和申请文件，并由监管部门受理、评审和批准等。如果监管部门要求申请方提交补充材料，则还需就补充材料进行受理和审核等。从申请方提请注册到政府监管部门批注，这一环节一般需要1～2年时间。

研制的药品成功注册后即进入第五阶段——药品商业化阶段。在这一阶段，新药还需进行Ⅳ期临床试验，其目的是考察药物在广泛使用条件下的疗效和不良反应、评价在普通或者特殊人群中使用的利益与风险关系及改进给药剂量等。Ⅳ期临床为上市后的开放试验，其所需时间根据药物及针对的疾病各有不同。

通过上述分析可以发现，生物医药的研发是一个漫长的过程，即使不考虑Ⅳ期临床试验，整个药物的研发周期一般也在10～15年左右。

2. 投入成本高

生物医药产业是典型的研发密集型产业，生物医药企业研发投入占其销售收入的比重远超其他任何产业。根据美国国家科学基金会统计，1980年，美国医药产业研发投入总额达到55亿美元(NSF)，而到了2003年已突破170亿美元，年均增长超过5%。而美国药物研究和制造商协会(PhRMA)估计的研发支出更高，认为美国生物医药产业的研发支出已从1980年的60亿美元增长到2017年的340亿美元(Congressional Budget Office，2018)①。

根据美国药物研究和制造商协会(PhRMA)最新估计，2010年美国整个生物医药产业的研发投入预计达到674亿美元，其中PhRMA成员的研发投入达494亿美元，占到73%(见图3-2)。而据欧盟委员会公布的数据，欧洲生物医药企业2008年的研发投入达到270亿欧元，占欧洲地区私人部门研发投资的19%(E. Chantelot，2010)。

不仅整个产业的研发投入远高于其他产业，生物医药产业中每款新产品即新药的研发成本也十分惊人。根据美国药物研究和制造商协会在2002年的一份研究报告中估计，每款成功上市的新药平均研发成本达到8.02亿美元(PhRMA，2002)。迪马西(DiMasi)认为美国药物研究和制造商协会对每款新药平均研发成本的估计偏高，一款新药的研发成本居然可以买40架F16战斗机，但迪马西等人(2003)其后的研究表明，每款成功上市的新药平均研发成本虽然远低于美国药物研究和制造商协会的估计，但也达到了4.03亿美元(以2000年美元计)。

由于主要的生物制药企业都不披露每款新药研发支出的明细，在企业

① Sheila Campbell and Chad Shirley. Estimating the Long-Term Effects of Federal R&D Spending: CBO's Current Approach and Research Needs(R). Congressional Budget Office, 2018.

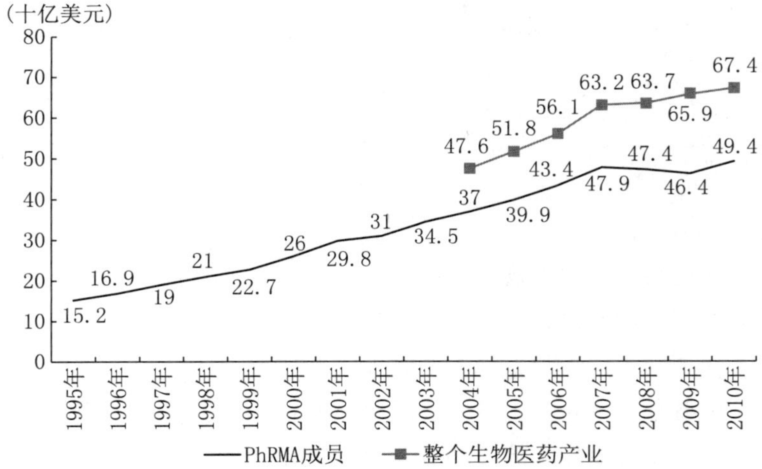


图 3-2 1995 年至 2010 年美国生物医药产业研发投入

数据来源:作者整理。

公开财务报表中也很难将研发费用与管理费用、财务费用和营业费用等费用类科目相区分,要准确分析每款新药的研发成本确实面临较大的困难。但是,由于每款新药的开发都将涉及靶标药物确立、药物筛选、早期临床试验及临床试验(第Ⅰ、Ⅱ、Ⅲ期)等多个阶段,再加上药物注册、规模化生产及市场推广,整个研发阶段是一个十分漫长的过程,而且每一阶段都需要投入大量研发费用以支付新药开发的人力和物力成本,因而并不难理解,一款新药能成功上市需要付出高昂的研发成本。根据欧洲药物创新计划(IMI)公布,生物医药行业中每款新药的投入成本超过了 10 亿欧元。

在生物医药研发的各阶段,最为耗费成本的是早期临床试验和临床试验两个环节,二者合计支出的成本接近新药研发总成本的 70%。其中,早期临床试验所花费的成本大约占到研发总成本的 25%,临床试验所花费的成本大约占到研发总成本的 43%(IFPMA, 2007)。

3. 研发失败风险高

如前所述,在生物医药产业中,每款新药的开发需要经过五大阶段,不仅每个阶段需要投入大量研发成本,耗费大量时间,而且每个阶段都面临着较高的失败风险(见图 3-3)。

在药物研究与发现阶段,大约每 3 000~5 000 个候选化合物中才能筛选出一个具有较大前景的药物标靶,并进入早期临床试验阶段。在药物研究与开发和早期临床试验阶段,研发成功率不会超过 1%(研发成功率指成功

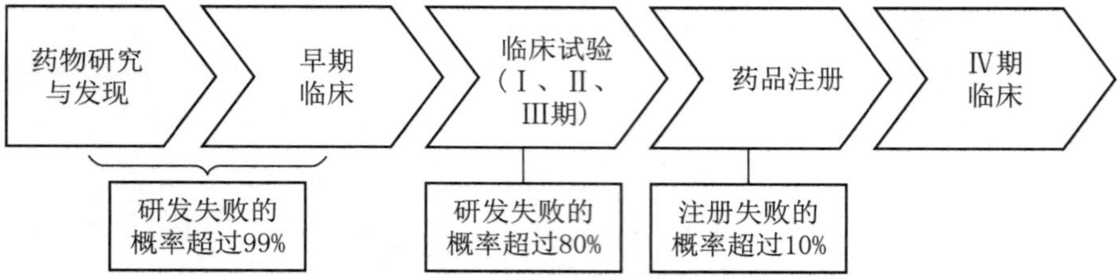


图 3-3　生物医药 R&D 各阶段失败风险

进入下一阶段的候选药所占的比重）。

成功经过药物研究与发现和早期临床试验的候选药物，在临床试验阶段被淘汰的概率超过 80%。其中，Ⅰ期临床试验的成功率一般不高于 70%，Ⅱ期临床试验和Ⅲ期临床试验的成功率分别不超过 50%，也就是说整个临床试验阶段的成功率还不到 20%。

即使成功通过了前期的药物研究与开发、临床前试验及Ⅰ、Ⅱ和Ⅲ期临床试验，生物医药企业在向政府监管部门申请注册时，仍有 10%的可能遭到政府药物监管部门的拒绝。

漫长的研究开发过程及每一道环节所蕴含的巨大风险，使生物医药的研发随时会有前功尽弃的可能。能够通过临床前试验的备选药物还不到千分之一，而其中又只有五分之一的备选药物能够通过临床测试，也就是说在每 10 000 例新药研究中，仅有 1 例新药可以最终成功进入市场。

4. 任务复杂、涉及主体多

生物医药产业的研究开发活动需要综合运用多学科技术，除需大量运用基因工程、细胞工程、生物信息等生物科学技术外，在靶标药物确立、药物筛选、早期临床、临床试验等环节，还需要广泛运用计算机技术、组合化学技术、纳米技术及高通量筛选技术等。对生物医药企业而言，新药的研究与开发正变得越来越复杂。在生物医药产业漫长的研发过程中，往往需要涉及许多不同的主体，以完成整个研发过程中各种不同的复杂任务（如图 3-4）。

在药物研究与开发阶段，可能涉及的主体包括了公共卫生研究机构、大学医学院、医院、中小型生物科技公司及大型制药企业等。公共卫生研究机构、大学医学院、医院等从事的基础研究有利于药物标靶的科学发现，生物科技公司在标靶药物开发方面也具有很强竞争优势，涉及任务包括了药物高通量筛选、药物分子生物技术的改善等。

在临床试验阶段，大型制药企业往往是新药临床试验的最大资助方和

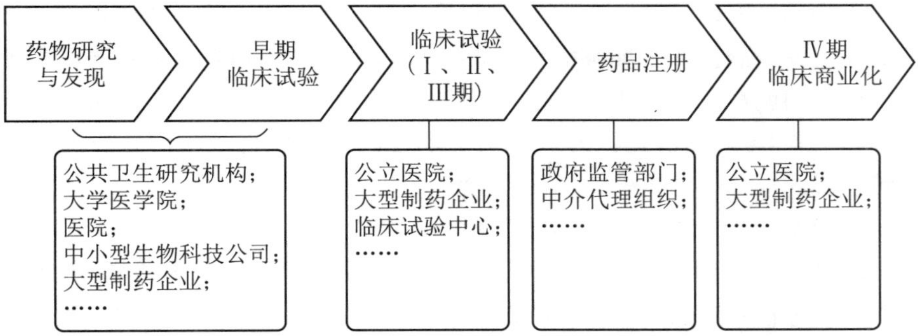


图 3-4　生物医药 R&D 各阶段可能涉及的主体

发起方，而公立医院和临床试验中心这样的机构一般都会在临床试验阶段承担一些具体的研究任务，如寻找临床试验自愿者、进行药物安全性和药效等方面的跟踪和具体评估。

政府监管职能部门主要设定药物评估标准和药物注册的申请要求等，根据这些标准和要求受理新药的注册申请，并对相关文件和前期研究结果等进行必要评估。政府监管部门在生物医药产业创新过程中具有不可忽视的作用，其任何监管要求的改变都将对整个生物医药产品的研发造成巨大影响。

大型制药企业一般承担了新药的大规模商业化任务，由于医院是与病人最接近的一道流通环节，因而医院也在新药的商业推广过程中发挥着重大作用。此外，在政府监管职能部门批准上市之后，新药还需要进行第Ⅳ期临床试验，公立医院因其独特优势，更容易对新药在广泛使用条件下的疗效和未知的风险进行进一步评估。

生物医药创新的上述特征对产业链成员的创新带来了极大压力，尽管整个生物医药产业的研发投入远远高于其他产业，但其不到1%的研发成功率表明其上述创新特征决定了要提高生物医药产业的创新效率将面临巨大挑战。

## 第三节　生物医药产业创新平台的意义

### 一、生物医药产业创新的范式转变

正如本书前一节所阐述，生物医药产业作为典型的创新驱动型产业，其研发过程十分复杂，所需知识、资源和能力在产业链上的分布极为分散，研发活动需要高额投入且面临着很高的失败风险，这一切都促使生物医药产业采用新的创新模式以提高创新效率。正是在这一背景下，生物医药产业的创新范式开始出现转变，开放创新和创新网络对生物医药而言正变得越来越重要。

1. 开放创新

20 世纪 80 年代以前，人们普遍认为企业要在创新领域取得成功，需要对创新全过程具有强有力的控制，包括技术开发、设备与产品及材料的设计和制造、售后的技术支持等，都必须完全控制在企业自身边界之内，并对相关的知识产权拥有完全的控制权和所有权，这就是传统的封闭创新模式(Chesbrough, 2003)。封闭创新的根本目的在于实现企业对技术的保密、独享和垄断，其核心要义在于：企业资助的大规模内部实验室在严格控制之下进行研究与开发，并以此作为企业新产品的来源，从而在市场中取得竞争优势，获得超额利润。

20 世纪 80 年代以前是封闭式创新和企业内部研发的统治时代，许多企业自建的研究机构或实验室，如杜邦公司的杜邦实验室、朗讯科技公司的贝尔实验室、IBM 公司的沃森实验室、HP 公司的中央实验室和施乐公司的帕洛阿尔托研究中心 PARC 等在很多研究领域都处于世界领先地位，几乎垄断了所处行业的大部分创新活动，这些大企业在 1946 年所获的专利甚至占到了美国专利总数的 64%(Chesbrough, 2003)。

为何在过去相当长时期内，封闭式创新一直受到人们青睐？其关键在于两点：

一是当时大学、公共研究机构和政府部门基本不介入应用性研究，因而对企业产品研发的影响作用并不突出，同时产业内的技术专家和工人尤其是技术工人的流动性很低，企业难以从外部获得企业发展所需的技术和能力(王圆圆等，2008)，只能建立自己的实验室，其技术和新产品(NPD)的开发只能在企业边界之内实现自给(Chesbrough, 2003)；

二是由于人们传统上也认为，研发和品牌处于产业价值链“微笑曲线”的两端，对于处于价值链低端的生产制造环节，企业可以进行适当外包，而对于研发和品牌，企业必须严格控制在企业边界之内(Mudambi, 2008)，那些能拥有和控制特殊知识、能力、技术等无形资产及可以创造这些无形资产的专业人才的企业总是可以比没有拥有和控制这些无形资产的企业获得更高收益和回报(Folrida, 2002)，因而企业也基本上不对外实施技术许可等

(王圆圆等,2008)。

然而,过于强调内部研发的封闭式创新存在着天然缺陷。那些无力承担高额研发投入的企业只能一直处于竞争劣势,而具备一定研发能力的企业,一方面可能面临技术开发人员离职而带来的重要创新成果流失的风险,另一方面又忽视了外部众多优秀且廉价的同类创新成果,大量的技术因为过度开发、与市场需求脱节或限于企业自身的资源、知识和能力而被束之高阁、不能获利,甚至导致所谓的“硅谷悖论”,典型案例便是施乐的 PARC。PARC 建立的初衷是为了避免破坏性创新对企业带来不必要的损害,其研究人员的大多数创新为整个社会尤其是计算机领域的技术进步做出了巨大的贡献,但是并没有为施乐的复印机业务带来更多收益,其最终结果是施乐“副产品”的市场应用甚至超过了其主营产品。特别是随着科学技术的不断进步、市场竞争的日益激烈以及教育水平的不断提高,封闭式创新的这些缺陷显得尤为突出。

由于技术的不断进步和市场竞争的日益激烈,技术和产品的生命周期变得越来越短,企业不得不以更快的速度和更高的效率实施创新,以满足不断变化的市场需求,封闭式创新漫长的研发周期已难以满足企业的这一需要。科学技术的综合发展趋势使企业创新所需要的知识和技术种类越来越多,创新的综合性、复杂性和创新成本日益提高,高额的创新投入、自身创新能力的限制和创新失败的风险使原有的创新模式难以为继。而教育和基础研究的发展却使得知识和技术由以前主要集中于企业内部研究部门和科研单位,转变为广泛分布于产品价值网络中的各个环节,大学、科研机构、政府部门、资本市场及中介机构等外部组织在产业创新过程中发挥的作用日益突出。在此背景下,企业不得不采用新的创新模式,通过开放创新系统突破自身边界,同时利用内部和外部创新资源,甚至不同的市场和技术开发路线来推动其创新战略,降低创新成本、提高创新成功率和加快创新进程,开放创新模式也就开始替代仅注重内部创新的传统模式(Chesbrough, 2003)。

开放创新之所以被冠以开放的称号,关键在于从创新主体到创新资源乃至创意开发的全过程都是对外开放的。在开放创新背景下,创新主体不再局限于企业内部研发机构,还包括了科研组织、高等院校及政府部门等非营利机构;为企业提供创新源泉的也不再局限于企业内部员工,甚至还包括其客户、合作伙伴、竞争对手以及其他公共机构。

开放创新模式认为,并非所有的杰出人才都在为本企业工作,企业需要充分利用企业内部和外部的优秀人才，而封闭创新模式则认为该领域内的杰出才俊都在为本企业工作，或要求尽可能多地雇佣所处领域内的优秀人才为本企业工作；开放创新模式认为外部 R&D 可以为本企业创造巨大价值，企业内部研发需要同外部 R&D 实现良性融合，并从中获取价值，而封闭创新模式则认为企业必须独自进行发明创新、开发新产品并推向市场才能从 R&D 中获利；开放创新模式认为充分利用好内部创新和外部创新，企业都可以获得成功，但封闭式创新则认为企业只有在产业中开发的创意最多最好，才能在市场竞争中取得成功；开放创新模式认为企业应当从其他机构使用本企业的知识产权中获利，而且只要对本企业的商业模式有利，则应当从其他企业购买知识产权，但封闭式创新则主张企业对自身的知识产权进行控制，不能让竞争对手知道自己的知识产权和以本企业的知识产权获利（见表 3-3）。

**表 3-3 开放创新与封闭创新的比较**

| 封闭式创新 | 开放创新 |
|---|---|
| 该领域内的杰出才俊都在为本企业工作 | 并非所有的杰出人才都在为本企业工作，企业需要充分利用企业内部和外部的优秀人才 |
| 要从 R&D 中获利，企业必须独自进行发明创新、开发新产品并推向市场 | 外部 R&D 可以创造巨大价值，内部研发需要同外部 R&D 实现良性融合，并从中获取价值 |
| 如果企业独自完成研发，可以首先占领市场 | 企业并非必须自己研发才能获利 |
| 如果企业在产业中开发的创意最多最好，则一定可以在市场中取得成功 | 充分利用内部创新和外部创新，企业都可以获得成功 |
| 企业应当对自身的知识产权进行控制，不能让竞争对手知道自己的知识产权和以本企业的知识产权获利 | 企业应当从其他机构使用本企业的知识产权中获利，只要对商业模式有利，企业应当购买其他企业的知识产权 |

资料来源：作者整理。

开放创新作为私人部门进行集体创新的新模式，已在许多产业中占据了重要地位（Gassmann et al., 2010）。在生物医药产业中，葛兰素史克、安进、辉瑞、诺华、罗氏、礼来等巨头都已从开放创新模式获得了巨大商业价值，并正在加大其开放创新在其研发投入中的比重，生物医药产业的创新范式已向开放创新转变。

2. 生物医药产业向开放创新转变

正如本章第一节所述，20世纪80年代生物科技的出现使生物医药产业的创新和R&D发生了深刻的革命性变化，传统的处于统治地位的化学制药开始向生物制药转变。制药行业"生物革命"的爆发，不仅催生了生物医药产业，而且使生物医药产业的创新模式出现了与化学制药时代不同的变化，即开放创新模式在生物医药产业中变得越来越重要。传统医药产业的创新主要依赖于大型制药企业，他们承担了医药行业创新链从早期研发到商业化全过程的几乎所有创新任务，整个产业创新主要取决于其"重磅炸弹"(Blockbuster)能否成功。

然而，生物医药产业的创新环境已经发生了巨大改变，从而对生物医药产业"重磅炸弹"的创新模式形成了巨大挑战。生物医药产业的创新范式开始从传统的封闭式创新模式向开放式创新模式转变，传统的大型制药企业、中小型生物科技公司、大学和政府机构都开始积极尝试集中、汇聚资源的开放创新方式。

在传统大型制药企业中，默克、葛兰素史克、诺华、礼来、辉瑞等都已在开放创新方面迈出了一大步，并取得了较大成果。默克公司2010年6月正式对其研制的癌症治疗药物实施流入式开放创新(Inbound Open Innovation)(Chesbrough et al., 2006)，利用巴西国家癌症研究所、加拿大马格瑞特公主医院及安大略癌症研究所、法国古斯塔夫鲁西研究所、以色列夏巴医学中心、首尔国立医学院、荷兰癌症研究所、奥斯陆大学医院、台湾大学医院、梅约医院癌症中心、得克萨斯大学MD安德森癌症中心等共计15家外部机构对开发癌症候选药物进行早期临床和Ⅰ、Ⅱ期临床试验。诺华和葛兰素史克在2010年5月决定通过欧洲生物信息研究所向开发治疗和预防发展中国及地区地方性热带疾病药物的机构提供药物筛选知识库和药用化合物数据，实施流出式开放创新(Outbound Open Innovation)(Chesbrough et al., 2006)。雅培公司、阿斯利康公司、百时美施贵宝公司、礼来公司、葛兰素史克公司、强生公司、诺华公司、辉瑞、赛诺菲安万特公司等于2010年6月决定通过关键路径计划抗重大疾病联合体(Coalition Against Major Diseases, CAMD)对阿尔兹海默症和帕金森症治疗药物的研发提供共享数据。

生物科技公司在生物医药产业中主要实施流出式开放创新，即主要向大型制药企业或者其他生物科技公司提供相关的研究成果、技术或科研服务。其典型代表是基因泰克公司，2010年，基因泰克加入了关键路径计划抗重大疾病联合体，向外部机构提供阿尔兹海默症和帕金森症治疗药物研发所需的研究数据等。

对生物医药产业由封闭创新模式向开放创新模式转变最具说服力的是20多年来生物医药产业研发外包的不断发展。在20世纪90年代，生物医药产业中的研发服务外包才刚刚兴起，到2002年，全球生物医药产业中研发服务外包的市场总规模已经达到100亿美元，2005年则突破160亿美元，三年时间增长60%。据统计，2005年全球制药产业的研发活动中，通过外包途径完成研发工作的比例接近四分之一，达到24.7%，预计2010年全球生物医药产业中的外包研发支出将占该产业研发总费用的40%（任志武等，2008）。

目前，生物医药产业的开放创新不仅包括了最初的药物发现和早期临床研究等，而且已经拓展到药物的临床研究、药物基因组学、药物安全性评估等领域，甚至生物医药创新的数据管理与分析、法律政策咨询、药物注册等方面都广泛存在开放创新。开放创新已成为许多专注于医药开发支持性技术或药物开发中某些具体研究任务的中小型生物科技公司生存和发展的关键因素。传统的大型制药企业通过开放创新，从中小型生物科技公司获得其自身所不具备的技术、知识和能力，成功地应对了制药行业的"生物革命"，并继续保持了自身在医药行业中的统治地位。

3. 生物医药产业实施开放创新的主要原因

生物医药产业创新范式的转变主要基于以下三个方面的原因：

(1) 生物医药研发面临的疾病形势仍为严峻。

正如本章第二节的分析，医药产业创新对人类健康水平的提高做出了重大贡献，然而人们的健康仍然面临着许多疾病的威胁。以艾滋病为例，过去20多年来，生物医药产业已经成功开发了超过20种有效的治疗药物，不仅延长了许多艾滋病人的生命，也大大改善了患者的生活质量。但遗憾的是，时至今日，世界上仍没有一种药物可以完全治愈艾滋病，也没有一种药物或者疫苗可以进行有效的预防。

与之相仿，生物医药产业成功研制的药物已经显著改善了癌症、糖尿病等疾病的治疗效果，但治愈这些疾病的药物仍然没有出现。也就是说，现有的药物只是让许多疾病包括艾滋病、癌症、糖尿病等不再像以前那样致命，但这些转化为慢性病的致命性疾病仍然对患者的健康造成巨大威胁，而全球老龄化趋势使心血管疾病成为许多发展中国家最致命的威胁。人们迫切需要生物医药产业能尽快推出疗效更好甚至可以完全治愈这些疾病的药物。

更为重要的是，现有疾病的不断演化和新型疾病的不断出现，使生物医药研发面临的形势更为严峻。自1970年以来，全球已经出现了超过30种细菌性和病毒性疾病(Harvard School of Public Health, 2003)。比如，2003年暴发的非典对我国人民的生命健康造成了巨大威胁，严重影响了当年经济社会的正常运行，对我国甚至全球生物医药产业提出了巨大挑战。而根据美国国会2000年1月的一份报告统计，自1990年以来，影响全球的新型传染性时疫超过了30种。如何有效应对这种暴发毫无征兆、传播性超强、致命性极高的流行性疾病对生物医药产业的创新提出了越来越高的要求。

除此之外，许多疾病患者对现有药物的抗药性正在不断增强，在美国和欧盟的部分患者中，艾滋病毒对第一代抗艾滋病药物的抗药性已经高达30%，而肆虐发展中国家的疟疾和结核等传染性疾病的抗药性也正在逐渐增强(Zumla & Granger, 2001)。现有药物的抗药性不断增强要求生物医药产业开发出更新的药品。

显然，仅依靠大型制药企业"重磅炸弹"的传统创新方式已难以应对生物医药产业及人类社会所面临的疾病形式，生物医药产业必须找到一种全新的创新模式，才能充分整合和利用生物医药产业链上的所有创新资源，以更低的成本、更快的速度开发出更多、更安全、疗效更好的新药物。

(2) 医药研发固有的特征迫使企业寻求转变。

医药研发固有的投资大、周期长、风险大等特征决定了生物医药企业的创新一直面临巨大压力，这些压力包括资金短缺的压力、研发失败的压力、竞争对手带来的压力等。企业的资金等资源总是有限的，在传统封闭式创新模式下，许多在前期研发中发现具有较大商业化前景的药物，可能因为企业自身的资金实力不够而不得不暂时搁浅，不仅影响企业的商业机会，而且使许多疾病患者不得不继续忍受病痛的折磨，影响社会福利水平的提高。此外，超过十年的研发周期要求创新企业持续投入研发资金，任何时点的资金链断裂，都会带来研发的失败，从而造成巨大损失。

在新药的整个研发周期中，任何环节都可能发现药物无法成功实现商业化，如在临床试验时可能发现疗效不好，或安全性不能得到保证等，在药品注册阶段可能遭到政府监管部门的拒绝等，都会使采用"重磅炸弹"的研发企业蒙受巨大损失。

更为重要的是，新药开发的漫长周期缩短了企业获得法定垄断地位的期限。通常，为了排除竞争对手，制药企业在成功实现药物标靶确认后即需申请专利保护，而经过早期临床试验，Ⅰ、Ⅱ、Ⅲ期临床试验，药品注册等阶段之后，到大规模生产和商业化阶段时，新药物的专利保护期限一般已经过去了 10 年。在新药上市两到三年后，市场上可能就会出现同类型或具有相同疗效的竞争性原创新药，而专利保护到期之后仿制药物的大规模出现，就将宣告企业从这款创新药物中获取垄断利润的时间走向终结。也就是说，在现有的专利制度下，创新企业事实上能够完全获得法定市场垄断地位的时间不会超过 5 年。即使在欧盟，企业根据药品补充保护证书（SCP）的规定，可以对专利保护期进行适当延长，其最多也只能在 20 年的保护期的基础上再延长 5 年（见图 3-5）。

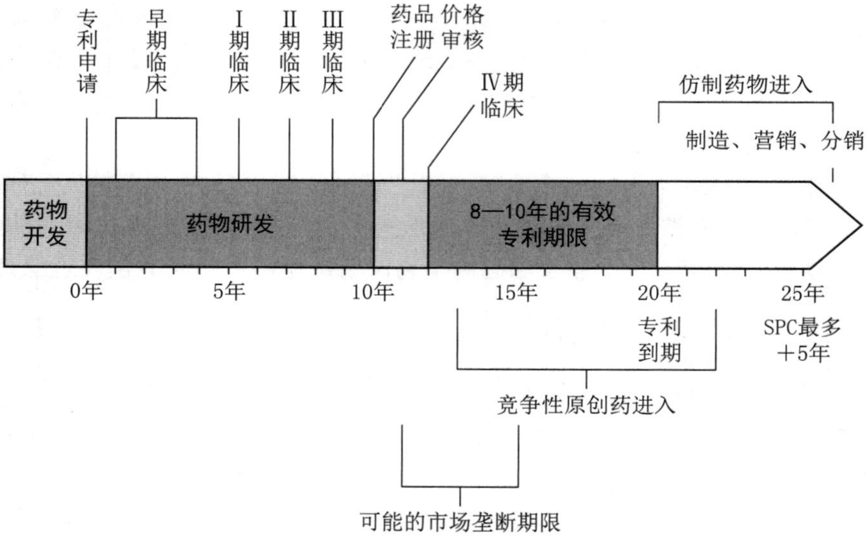


图 3-5　新药专利保护期及有效垄断期

资料来源：作者整理，美国公平贸易办公室，2007 年。

因此，生物医药产业需要新的创新模式，尽量降低研发成本和风险、提高研发效率、缩短研发周期，才可能通过新药研制获取更多价值。

（3）生物医药产业创新资源的分布更为分散。

生物医药的开发需要生物制药企业具备处理和整合许多不同领域的科学技术，如基因工程、免疫学、生物化学、一般内科、计算机科学、物理学和光学等，使得整个生物医药产业的创新和 R&D 变得更为复杂。传统大型制药企业主要基于化学工业进行医药创新，尽管其研发、公共关系、商业化等方面的综合优势十分明显，产业内其他成员难以匹敌，但它们并没有也不可能完全掌握生物医药创新所需的全部技术、人才和其他创新资源。

生物科技技术的出现，催生了大量生物科技公司的产生和发展。它们开发的很多技术和拥有的前期研究成果，往往具有独一无二的特征，并且对生物医药的创新而言不可或缺。但是，由于单个生物科技公司往往只专注于生物科技某一很小的领域，只能在整个生物医药创新链中承担很小一个环节的研究任务，如药物筛选、最佳化合物设计等，同样不能独自完成整个药物创新的全过程。

随着高等教育和基础研究的不断发展，大学和公共研究机构等组织掌握的与生物医药创新有关的知识和能力不仅越来越多，而且其具备的知识、能力和资源对生物医药产业的创新越来越重要。尤其是在我国，生物医药产业发展初期的技术创新大部分都是科研机构和大学在政府的科技计划及相应的资金和政策支持下取得的，它们不仅是我国生物医药技术创新能力最初的发源地，而且还具有较强的持续创新能力（骆品亮、杨树，2008）。大学和公共研究机构所掌握的知识和能力不仅是生物医药产业链中的许多大型制药企业、中小生物科技公司所不具备的，而且它们还是整个生物医药产业创新链中最重要的人才输送基地。同样，由于大学和科研机构等组织主要偏重于研究而轻创新，而且不同的大学和科研机构研究的领域和具备的能力也只能满足整个生物医药创新的小部分需要，在商业化方面更是毫无优势可言，因此不可能完全依赖学术机构来独自承担生物医药产业的创新重任。

生物医药创新所需要的不同领域的复杂技术、知识和能力广泛分布于大型制药企业、中小型生物科技公司及大学和公共研究机构，它们都掌握了很多生物医药创新所必须的知识和能力，但是复杂的创新过程和所需的各种复杂技术已远远超过了单个制药企业、生物科技公司、大学或公共研究机构的能力边界。

正是在这样的背景下，无论是传统的大型制药企业，还是新兴的中小型生物科技公司或者大学及公共研究机构，都不可能独自在其自身边界内有效地管理生物医药的整个创新过程。生物医药产业的创新范式开始从传统的封闭式创新模式向开放式创新模式转变，传统的大型制药企业、中小型生物科技公司、大学和政府机构都开始积极尝试运用开放创新方式促进生物医药产业的技术进步。

## 二、开放创新背景下的生物医药产业创新平台

在开放创新范式下，创新所需的资源、知识和信息既可以从企业向外流出，也可以从外部向企业流入(Chesbrough et al., 2006)。开放创新之所以能在生物医药产业中受到广泛认可，就在于生物医药产业链主体可以通过这种创新模式更好地利用外部创新资源，并通过这种创新模式为自身的创新资源寻找更好出路。

根据知识、服务等创新资源的流动方向，生物医药产业中的开放创新可以划分为由外而内的开放创新、由内而外的开放创新和双向耦合开放创新。由外而内的开放创新是指生物医药产业链主体通过研发外包或其他方式从学术机构、供应商、客户及其他外部知识源获得创意或其他创新资源，从而加强企业自身的创新能力；由内而外的开放创新是指企业通过向市场提供创意、出售知识产权或向外提供增值技术服务而获利，通过这种方式让那些对企业自身发展用处不大的创新“副产品”也可为企业带来价值；双向耦合的开放式创新是指企业通过联盟、合作或合资等方式实施合作创新，实现与合作伙伴之间的资源共享和优势互补，达到与其他伙伴互利共赢的结果。

生物医药产业链主体要成功实施开放创新的前提是，产业链主体必须围绕自身形成一个由拥有不同创新资源的企业、科研院所及相关政府部门构成的网络，通过这种网络向外部提供自身的创新产品和服务，并从中获得自身所不具备的各种创新资源。然而，并非生物医药产业链上的所有成员都能凭借自身的能力搭建和深化这种创新网络，尤其是对中小制药企业而言，受制于自身的市场影响、资源和组织能力，往往无法实现这一目标。

在由封闭创新范式向开放创新范式转变的背景下，生物医药产业创新平台就是要通过在产业链上不同创新主体包括上下游企业、科研院所、中介组织甚至政府部门之间搭建一个动态稳定的创新网络，对分散在生物医药产业链中不同环节的各种创新资源进行有效集成和整合，并促进不同创新主体之间实现资源尤其是知识的共享、合作创新和科研技术服务或科技成果的转让。

生物医药产业创新平台一方面为产业链内的各种创新主体包括大型制药企业、中小型生物科技公司、科研院所、合同外包组织等实施开放创新提供便利，使大型制药企业能在更广范围内获得各种具有商业化前景的药物及自身研发所需的稀缺创新资源，使科研院所、中小型生物科技公司具有的科研技术服务、科研设备、科研人员等创新资源得到更充分合理的应用，更

容易利用外部资源将自身的研究成果快速产业化，另一方面也不断拓展和深化生物医药产业链上的创新网络，使不同创新主体可以在更广泛的网络范围寻求创新资源，提高不同创新主体利用创新网络内各种资源的能力。

在生物医药产业创新平台形成的创新网络中，根据其加入平台的动机及其在平台内的主要活动，所有成员可以被划分为创新需求方和创新供给方。

创新需求方是指那些参与生物医药产业创新平台的主要目的在于利用平台及其网络获取其他成员的创意、知识、能力或其他创新资源以提高自身竞争优势的成员。创新需求方在生物医药产业创新平台内的创新模式主要是由外而内的开放创新，即主要通过生物医药产业创新平台获取自身创新所需的各种创新资源。

创新供给方是指那些参与生物医药产业创新平台的主要目的在于利用平台及其网络向外提供创意、知识、能力或其他创新资源的成员。创新供给方在生物医药产业创新平台内的创新模式主要是由内而外的开放创新，即主要通过生物医药产业创新平台实现自身拥有的各种创新资源的价值。创新需求方和创新供给方各自都包含有许多企业、大学、科研结构和中介组织甚至相关政府部门。需要注意的是，生物医药产业创新链上的同一成员，既可以是创新需求方，也可以是创新供给方。

如图 3-6 所示，创新所需的知识、信息和服务等创新资源通过生物医药产业创新平台，实现了由创新供给方向创新需求方流动，即生物医药产业创

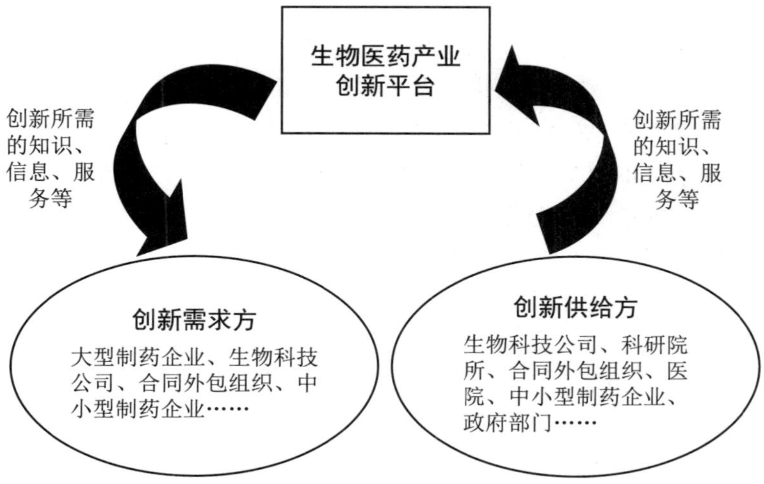


图 3-6 开放创新背景下的生物医药产业创新平台

新平台的主要意义就是在开放创新背景下，通过自身在生物医药创新网络中的中介作用，为生物医药产业链成员实施开放创新提供便利，从而更好整合生物医药产业链上的创新资源，提高整个生物医药产业的创新效率。

## 第四节　本章小结

本章首先对本研究的生物医药产业进行了界定，并归纳了生物医药产业链上的主要活动主体及生物医药产业的特点。本书认为生物医药产业是一个典型的创新驱动产业，并且受到政府的高度规制。接着，本章分析了生物医药产业的创新价值，归纳了生物医药产业创新中面临的主要困难。本书认为如果无法有效克服生物医药产业创新的这些困难，将不利于提高整个产业的创新效率。最后，结合生物医药产业的开放创新背景，归纳了生物医药产业创新平台的主要意义，即通过形成动态稳定的创新网络、整合网络内的各种创新资源，从而促进生物医药产业链上的创新主体更好利用开放创新模式，提高整个生物医药产业的创新效率。

# 第四章　生物医药产业创新平台的运行机理

本书第三章结合生物医药产业及其创新特征，说明了构建生物医药产业创新平台的主要意义。本章将从基本概念、功能界定、参与主体和主要类型等方面阐述生物医药产业创新平台的内涵，并在此基础上探讨生物医药产业创新平台的基本运行原理及平台运行所依托的主要模块及其主要机理。

## 第一节　生物医药产业创新平台的内涵

### 一、生物医药产业创新平台的概念

尽管开放创新的好处已经被人们广泛熟知(Laursen & Salter，2006；Lettl et al.，2006；Piller & Walcher，2006；Gassmann et al.，2010)，并已在生物医药产业得到了广泛应用(Chiaroni et al.，2008；Filipe & Saman，2009)。但如前所述，生物医药产业创新所需知识分布广泛，创新链涉及的成员众多，既包括了传统的大型制药企业，也包括了众多中小型生物科技公司、公共研究机构和大学等学术机构及政府监管部门。对于生物医药产业链中的大多数成员尤其是中小成员而言，如何进行开放创新已成为其面临的重大挑战，包括如何寻找合作伙伴实施开放创新、如何对开放创新网络进行有效治理、如何改善开放创新合作伙伴间的知识共享和知识产权保护等。因此，生物医药产业亟须创新平台这一中间性组织来应对产业链成员实施开放创新的挑战。

自美国竞争力委员会首次提出创新平台(Council on competitiveness，1998)的概念以来，众多文献已对创新平台的概念进行了阐述(Harmaakorpi & Kaarina，2002；刘毅，2005；陆立军、郑小碧，2008；张利华、王桔，2008；BERR，2008；Abbott，2008；马燕秋，2009)。生物医药产业创新平台是指生物医药产业创新链上的不同创新主体包括大型制药企业、中小型生物科技公司、科研院所、大学、医院、中介组织甚至政府监管部门之间通过形成动态稳定的创新网络，对分散在生物医药产业链不同环节和不同主体中的各种创新资源进行有效集成和整合，并促进他们之间实现资源共享、合作创新和科研技术服务及成果转让的契约机制及其支撑体系。产业链中各成员通过各种创新要素的交流和集成所形成的创新网络是生物医药产业创新平台的基本组成部分，而开放创新则是生物医药产业链成员在平台运作中的基本创新模式，合作创新、资源共享和科研技术服务及成果转让则是成员在生物医药产业平台上互动的基本方式(陈波，2012)。

## 二、生物医药产业创新平台的功能界定

生物医药产业创新平台的基本功能主要包括在产业链创新主体之间形成动态稳定的创新网络并进行有效治理，整合创新网络内的各种创新资源，促进网络内各创新主体之间通过合作创新、资源共享和科研技术服务及成果转让等方式实施开放创新，从而降低整个产业的创新成本和风险，提高医药开发的效率。因此，生物医药产业创新平台的主要功能可以从以下三个方面进行界定：

1. 形成动态稳定的创新网络

如前所述，一款基于新兴生物技术研发的新药事实上需要许多知识和技能的融合。创新网络是生物医药产业链中的成员实施开放创新模式、应付生物医药产业复杂创新过程的一种有效工具。有些学者的研究发现，企业是否属于某一网络、在网络中的地位以及在网络中形成的合作关系的数量和质量等因素对其绩效尤其对其创新绩效和知识学习等方面的绩效有着重要影响。因此，与广泛的外部伙伴建立起紧密的创新网络是生物医药产业中创新企业实施开放创新的基本前提和不可回避的战略(Barbanti et al.，1999；Fontes，2003；McKelvey et al.，2003；Niosi，2003；Powell et al.，1996；Salman & Salves，2005)。

然而，对生物医药产业中的大多数成员尤其是中小型企业而言，受制于自身能力的限制，无法独立构建与自身R&D有关的创新网络；即使对生物医药产业链中的大型制药企业而言，由于信息的不对称，在拓展和深化自身创新网络方面也面临着较大障碍和困难。生物医药产业创新平台就是要在产业链成员中起到桥梁作用，将可能的合作伙伴纳入统一的网络之内，让它们可以在更广泛的创新网络内寻找潜在的合作伙伴。

生物医药产业链上的不同创新主体各自基于自身已有的创新资源和能力，通过创新平台中网络的联结，相互间实现良性交互，并不断对这一网络

进行深化和拓展。创新网络内任何一点取得的创新突破，都可以通过该网络快速扩散，并带动网络内其他环节的突破，从而再更快实现整个生物医药产业的创新。

2. 整合产业链内的各种创新资源

开放创新之所以能在生物医药产业内受到广泛青睐，关键原因之一就是生物医药产业链中的各种创新资源包括各种技术、知识、实验设备等广泛分散于整个产业链中的各个环节，开放创新可以对这些创新资源予以充分利用。

然而，开放创新能否获得成功，关键要看创新主体集成和整合产业链中各种资源的能力。如前所述，罗氏、辉瑞、葛兰素史克、诺华、基因泰克等全球知名的制药企业和生物科技公司都通过开放创新取得了巨大成功，但对生物医药产业链上的众多中小企业而言，并不具备这些大企业所拥有的资源整合能力，因而其成功的经历对许多中小企业而言，并不具有普遍的可复制性。

生物医药产业创新平台通过对平台内创新网络的有效治理，集成和整合网络内各成员不同类型的知识和能力，更有利于产业链上的创新主体充分利用其内部和外部资源，从而降低整个生物医药产业的创新成本和风险。

3. 促进产业链内各种创新主体的合作

无论实施开放创新的主体是希望从外部获得创新所需的技术、信息、服务和知识，还是希望通过开放创新实现自身拥有的技术、信息、服务和知识的价值，创新主体都需要寻求与外部机构之间的有效合作。研发外包及技术成果转让、共同开发和知识共享是产业链创新主体在开放创新模式下进行合作的主要方式，但无论采用哪种方式合作，都存在许多因素可能会导致合作的失败(Dussauge & Garrette, 2000; Lane & Lubatkin, 1998)，从而对企业创新绩效造成不利影响(Baum et al., 2000; Lerner et al., 2003; Laroia & Krishnan, 2005)。

生物医药产业创新平台的另一项功能就是通过各种机制安排，利用构建的网络，促进产业链上成员之间的创新合作，包括促进成员之间的研发外包、科技服务与技术成果的转让，促进成员之间形成横向或纵向的合作研发联盟进行共同开发，促进成员之间实施知识共享和组织间学习等。

## 三、生物医药产业创新平台的参与主体

本书第三章第一节在界定生物医药产业时已讨论到，该产业的主要成

员包括了生物科技公司、传统大型制药企业、合同外包组织、中小型制药公司及大学等各类研究型机构等五类。在生物医药产业的创新链条中，大学的医学院、公共卫生研究机构、医院、中小型生物科技公司、大型制药企业、各种临床实验中心、政府监管部门等都会在不同的环节发挥各自的作用，因此这些机构都可以是生物产业创新平台的参与主体。

对生物医药产业中某一具体的创新平台而言，并不需要涵盖整个产业链上的所有成员，也并非必须吸纳所有类型的创新主体参与，而是应当根据平台自身的性质、目标和运行方式，吸纳不同类型的成员。如以欧洲乃至世界生物医药行业最大的开放创新平台——欧洲“创新药物计划”(Innovative Medicines Initiative，简称“IMI”)为例，其目标是从改善药品安全评估、加强药效评估、知识管理及教育和培训等四个方面促进整个欧洲地区的生物医药研发，因而其参与主体涵盖范围极广，不仅包括了欧洲制药工业协会联合会(EFPIA)下属的数十家全球著名的大型跨国制药企业，也涵盖了欧洲地区的许多中小型生物科技公司、大学和科研机构、病患团体、欧盟委员会及欧盟成员国的药品监管部门。而我国第一家由企业自行组建的生物医药产业创新平台——“清华紫光医药联盟”，其主要目标是为了实现成员间在技术、生产和营销等产业链中各个环节的全方位合作，因而其成立之初的成员仅包括紫光生物、浙江医药和百科药业三家企业。

## 四、生物医药产业创新平台的主要类型

对创新平台的类型，胡树华等(2003)、管顺丰和胡树华(2004)、吉尼特(Guinet, 2005)、彭顺昌和李波(2007)、谢芸(2007)、OECD(2007)及洪晓军(2008)等相关文献各自从不同的角度进行了讨论。目前，生物医药产业中已经出现了许多创新平台，根据不同的分类方式，这些创新平台可以被划分为不同的类型。

1. 按平台组建的模式划分

根据组建模式的不同，生物医药产业创新平台可以分为政府主导建立的产业创新平台、个人或企业自主建立的生物医药产业创新平台和公私合作建立的生物医药产业创新平台。前者在我国最具代表性的是上海公共研发服务平台中的生物医药产业创新平台；以葛兰素史克为首的企业联合建立的 GSK 专利池及紫光生物、浙江医药和百科药业等联合成立的清华紫光医药联盟则是企业自主建立的生物医药产业创新平台，理查德·杰弗森建立的生物创新开放社会(Biological Innovation Open Sociaty，缩写“BiOS”)则是个

人自主建立的生物医药产业创新平台的典型代表；欧洲“创新药物计划”则是全球最大的公私合作的生物医药产业创新平台。

2. 按平台关注的创新环节划分

根据创新平台关注的创新环节的不同，生物医药产业创新平台可以划分为药物筛选平台和临床试验平台。药物筛选平台是指利用成员间网络，对不同成员的资源优势予以整合，为生物医药产业创新环节中的药物筛选服务，较为典型的代表是我国国家药物筛选中心；而临床试验平台主要促进产业链创新主体在生物医药产业创新的临床试验环节进行合作，2011 年 11 月由中国医学科学院、北京协和医学院、牛津肿瘤研究发展公司与北京富华安德生物医药科技开发有限公司合作建立的肿瘤药物临床试验与个体化治疗研究平台就是典型的临床试验平台。

3. 按平台的运行方式划分

根据创新平台运行方式的不同，生物医药产业创新平台可以分为项目型、资源共享型和成果（服务）转让型（骆品亮，陈波等，2013）。项目型的生物医药产业创新平台主要是通过平台发起合作研究项目，从而促进产业链上的成员展开合作创新，欧洲“创新药物计划”是生物医药产业中典型的项目型创新平台；资源共享型的生物医药产业创新平台主要是通过互联网和计算机技术建立各种数据库或其他方式，为生物医药产业链上的创新主体实施开放创新提供共享数据、信息和知识等，BiOS、GSK 专利池及我国国家药物筛选中心建立的国家药学科学数据中心、药物靶点数据库等都是此类平台的典型代表；成果（服务）转让型的生物医药产业创新平台主要是为生物医药产业链上的创新主体搭建桥梁，促成创新需求者和创新供给者之间展开研发服务外包或技术成果的转让，最著名的成果（服务）转让型创新平台当属 2001 年成立 Innocentive.com。

## 第二节 生物医药产业创新平台的运行原理

尽管生物医药产业中已经出现了很多不同类型的产业创新平台，它们运行的特点也各自存有差异，但综合国内外产业创新平台的运行特征，不难看出产业创新平台的运行主要基于三大系统，即知识共享系统、科技服务成果转让（交易）系统和合作研发伙伴开发系统（见图 4-1）。

在生物医药产业创新平台的三大系统中，知识共享系统主要通过对生物医药产业链上不同创新主体之间拥有的创新资源（主要是创新知识）进行有效整合，建立统一的共享知识库，使不同创新需求方和供给方可以及时了解与产业创新有关的知识和信息，并促进创新主体之间的知识共享和学习。如图 4-1 所示，在产业创新平台的知识共享系统中，知识具有双向流动的特征，即成员一方面通过知识共享系统同其他成员分享自身知识，另一方面也通过知识共享系统获取和学习其他成员的个体知识。

科技服务成果转让（交易）系统主要为生物医药产业链上的创新需求方和创新供给方搭建桥梁，为创新需求方向创新供给方实施研发外包、获取外部研究成果提供便利，为创新供给方的现有技术成果和各种研发服务提供更多市场机会等。如图 4-1 所示，在科技服务、技术转让（交易）系统中，知识主要从创新供给方向创新需求方流动。

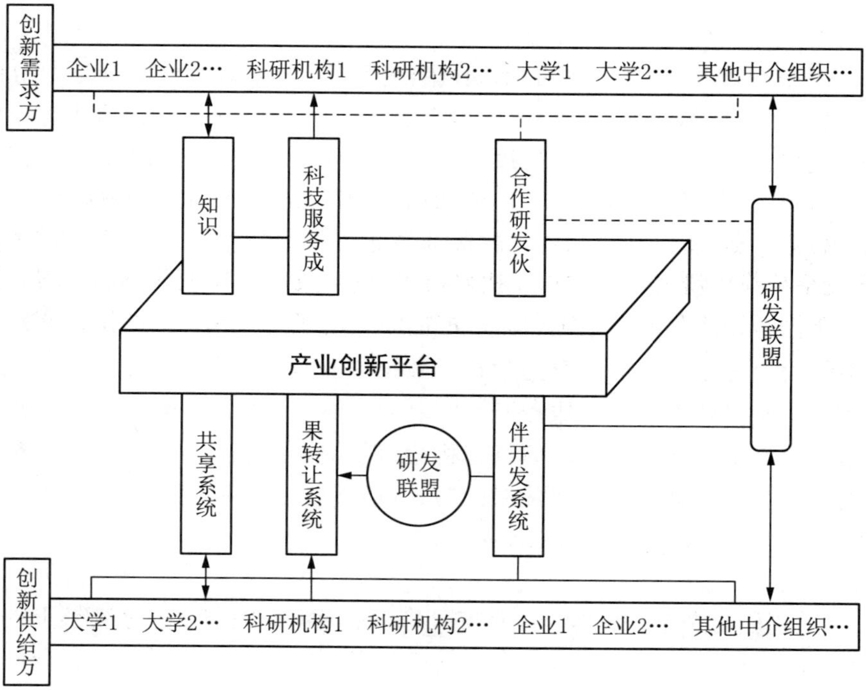


图 4-1 产业创新平台运行机理

生物医药产业创新平台的合作研发伙伴开发系统主要通过多种方式，使创新网络中的不同成员间增进了解，促使不同成员形成合作研发联盟，以弥补自身资源、知识和能力的不足，从而降低生物医药产业的创新成本，提高创新效率，加快产业创新步伐。合作研发伙伴开发系统可以促成两类不同形式的研发联盟的形成：

一种是形成的研发联盟作为创新供给方，当创新需求方提出的创新要求超出了一家创新供给方的能力时，由多家供给方之间通过合作研发伙伴开发系统形成的横向研发联盟多属于这一种研发联盟，此时联盟成员在合作研发过程中具有知识双向流动的特征，而联盟的研发成果向创新需求方转让时则主要从创新供给方向创新需求方流动，共同研发的成果主要向第三方（需求方）转让。

另一种则是研发联盟内的成员互为创新需求方和供给方，利用各自资源，基于共同的创新目标在联盟内展开合作研究，创新成果主要为联盟内成员所用，联盟内同样具有知识双向流动的特征，但合作双方属于产业链或者生物医药产业创新链条的上下游环节，因而也可以理解为是一种纵向研发联盟。

不同的创新平台根据其具体的目标，对三大系统的侧重会各有不同。但是，产业创新平台的知识共享系统，科研服务成果转让系统和合作研发伙伴开发系统也并非完全割裂，有效的知识共享系统有助于促进成员间的研发服务外包和技术成果转让，增进成员间的相互了解，提高合作研发的可能。科技服务成果转让系统的高效运转有助于成员通过合作研发伙伴开发系统找到研发合作的长期伙伴，并促进成员间的知识共享和学习。同样，合作研发伙伴开发系统的运行过程往往也伴随着成员间的知识交流和学习。

## 第三节　平台主要模块及其运行机理

### 一、平台的知识共享系统

生物医药产业创新平台内的知识共享是指生物医药产业创新链上的不同主体，包括大学、科研机构、大型制药企业、中小型生物科技公司、合同外包组织、政府监管部门等不同机构之间通过知识共享系统实现组织间知识的交互和学习。创新平台的知识共享系统为生物医药产业创新链上不同主体实施知识共享提供支撑。

知识共享包括显性知识的共享和隐性知识的共享（芮明杰，2009）。随着计算机和网络技术的迅猛发展，对于可以清晰地用编码化语言描述的显性知识，产业创新平台可以以局域网或互联网为基础，利用数据仓库、文件管理系统等实现平台内的共享(见图 4-2)。在知识共享系统中,生物医药产业创新平台成员根据统一的知识上传规则向知识仓库上传自身的个体知识,知识上传规则包括平台成员在知识仓库中同其他伙伴分享的个体知识的知识产权的界定、上传知识的分类标准、成员机会主义行为的惩罚等。同时,平台成员可以根据统一的知识获取规则从知识共享系统的知识仓库中获取具有价值的知识,知识获取规则包括成员获取知识的权限和费用标准、成员使用知识的权限和费用标准等。此外,平台外部的机构也可以根据知识共享系统制定的知识获取规则获取和使用知识仓库中的知识,但通常外部机构获取和使用此类知识的权限和费用将明显异于平台成员。

而对于不能清晰地用编码化语言进行描述的隐性知识,生物医药产业创新平台的知识共享系统还需要借助于其他工具才能实现共享,最常见的方式是不同创新主体通过创新平台进行员工定期交流、高层定期会晤和各种论坛等,从而创造各种机会促进平台成员之间的交流和沟通(见图 4-2)。

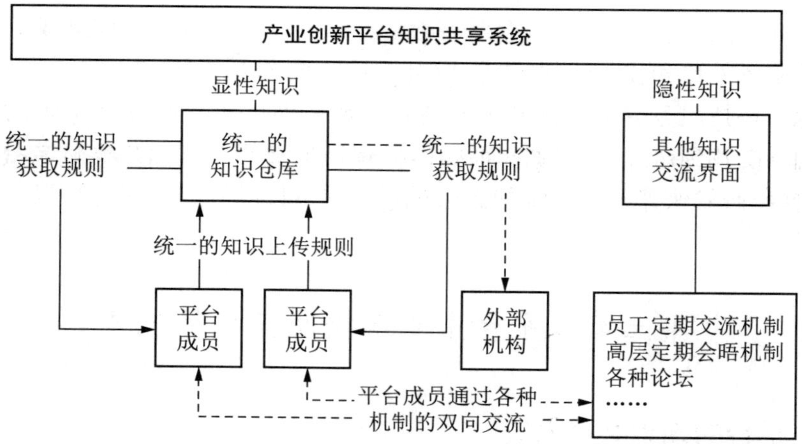


图 4-2 产业创新平台知识共享系统的运行

生物医药产业创新平台知识共享系统运行的有效性取决于平台成员的知识共享意愿及其分布和知识共享的成本,而两者在很大程度上又依赖于平台知识共享系统的规则设计。

1. 平台成员的知识共享意愿及其分布

知识共享包含通过生物医药产业创新平台的知识共享系统获取其他成员的个体知识或多个成员的共同知识,也包括通过产业创新平台的知识共享系统同其他成员共享自身的个体知识。

对于一个希望不断创新获得、保持和强化竞争优势的企业而言，总是愿意从其他企业或机构获得知识，因而这里的知识共享意愿主要是指平台成员愿意同其他成员分享自身个体知识的意愿。平台成员的知识共享意愿水平直接决定了成员将自身知识通过共享系统向其他成员开放的水平，从而决定了知识共享系统中的知识容量。当生物医药产业创新平台内的所有成员同其他成员共享自身个体知识的意愿越高，则意味着知识共享系统中的知识容量越大，越有利于提高知识共享系统的有效运行。反之，当平台内许多成员出于各种原因不愿意通过知识共享系统同其他成员分享自身的个体知识，则意味着知识共享系统中的知识容量越小，产业创新平台的知识共享系统运行的有效性就会大打折扣。同时，愿意通过知识共享系统与其他成员分享自身知识的成员越多，则成员可通过知识共享系统获得的外部知识就越多，因而越有利于产业创新平台知识创新系统的有效运转，反之则成员可通过知识共享系统获取的外部知识就越少，因而有碍于产业创新平台知识共享系统的有效运转。

2. 知识共享的成本

知识共享的成本包括成员通过生物医药产业创新平台知识共享系统获取外部知识的成本和同其他成员分享自身个体知识的成本。前者主要从利用产业创新平台知识共享系统的经济性的角度考虑，而后者主要从通过产业创新平台知识共享系统分享知识的风险性的角度考虑。

建立知识共享技术系统需要大量的初始成本，知识共享过程需要进行技术培训，并花费学习成本(骆品亮，2006)，在知识共享过程中，知识共享系统的便利性也将显著影响知识共享的成本。更为重要的是成员通过知识共享系统分享自身个体知识所面临的风险，如知识产权被恶意侵权等。因此，利用知识共享系统获取外部知识的成本越低，分享自身个体知识导致知识产权被恶意侵权的风险成本越低，则越有利于提高生物医药产业创新平台知识共享系统运行的有效性。反之，则将不利于产业创新平台知识共享系统的有效运行。

3. 知识共享系统的规则设计

平台成员的知识共享意愿及其分布和知识共享的成本尤其是分享自身个体知识的风险成本在很大程度都取决于生物医药产业创新平台知识共享系统的规则设计。平台对知识共享系统设计了较好的激励规则，包括能有效应对成员故意隐瞒知识的激励规则、共享仓库中知识的知识产权保护规则等，则将有利于提高成员的知识共享意愿，降低知识产权被恶意侵犯的风险成本，从而提高知识共享系统中的知识容量和质量，促进平台知识共享系统的有效运行。反之，则将降低成员的知识共享意愿，提高知识产权被恶意侵犯的风险成本，从而降低知识共享系统中的知识容量和质量，不利于生物医药产业创新平台知识共享系统的有效运行。

## 二、平台的科技服务成果转让系统

知识转移是产业创新主体之间实施开放创新和网络创新的基本途径。生物医药产业创新平台的科技服务成果转让系统的主要功能包括为产业创新链上的创新供给方实施由内而外的开放创新和创新需求方的由外而内的开放创新搭建桥梁，主要包括两个方面：其一是促成创新需求方和创新供给方之间就现有的技术成果达成技术成果转让交易，其二是加强创新需求方和创新供给方相互之间的了解，促成供需双方间研发服务外包的实施。

在开放创新背景下，一方面是产业链中大量的创新需求方限于自身知识与能力，无法获得与自身商业模式和竞争战略相关的技术成果，另一方面则是许多创新供给方已经研发成功的技术成果因为种种原因无法通过自身实现商业化来产生价值而被束之高阁，因而亟须创新平台盘活产业创新链中各种“无用”的技术研究成果。生物医药产业创新平台科技服务成果转让系统促进成员间科技成果转让的最典型方式就是促使创新需求方和供给方之间达成专利许可协议。

对于产业创新链上的创新需求方而言，在研发特定项目时往往遇到自身技术基础和能力无法克服的困难，从而阻碍其创新的最终成功，或者自己研发需要付出高额的研发费用、承担极高的研发失败风险，因而越来越多的企业出于经济和技术上考虑，希望通过研发外包实施开放创新。研发外包(R&D Outsourcing)是指一方提供资金、以契约方式委托另一方如外部研究机构提供“技术”成果，包括新产品、新工艺或新思路(Chiesa & Manzini, 1998)。然而，研发外包的最大困难就是缺乏一个特殊的系统，将产业链上的创新需求方与能提供解决方案的创新供给方联系起来，生物医药产业创新平台的科技服务成果转让系统正好可以实现这一功能。

生物医药产业创新平台科技服务成果转让系统通过创新供需信息系统和创新(包括科技成果或技术研发服务)交易系统实现平台内创新主体之间的科技成果转让和撮合创新供需双方研发外包合约的达成(见图 4-3)。

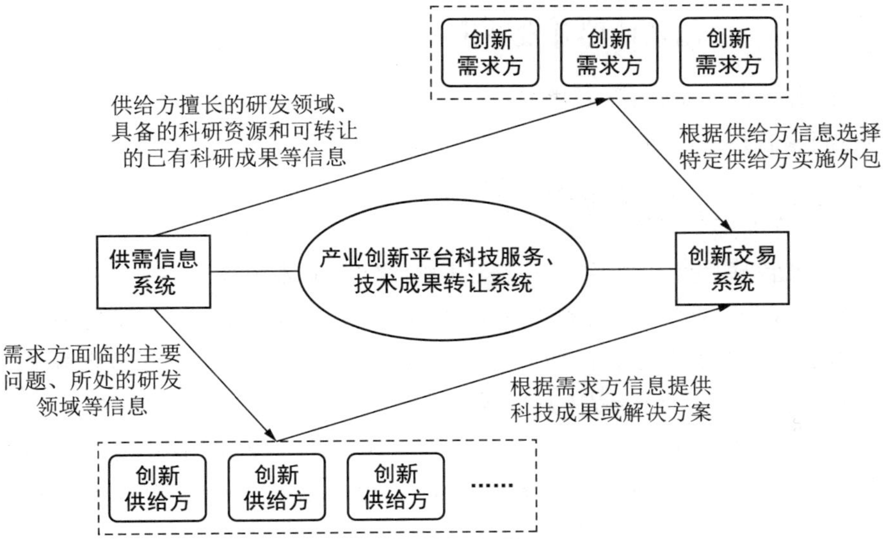


图 4-3　产业创新平台科技服务、技术成果转让系统

创新供需信息系统主要向创新需求方提供产业创新链中不同供给方擅长的研发领域、具备的科研资源和可转让的现有科研技术成果等信息，向创新供给方提供产业创新链中不同需求方面临的主要问题、所处问题的研究领域、希望获得的科研技术成果等信息，从而使可能成为交易伙伴的供需双方增进了解，降低供需双方的信息搜集成本。

创新交易系统主要为能配对的供需双方的科研技术成果转让和研发服务外包提供支撑。创新供给方根据特定需求方的有关需求信息确定的技术解决方案和技术转让成果等，可以通过创新交易系统向创新需求方提供；创新需求方可以根据创新信息系统中提供的特定供给方的有关供给信息，通过创新交易系统向符合自身要求的特定供给方提供技术成果购买和研发服务外包的机会。

生物医药产业创新平台科技服务成果转让系统运行的有效性除受委托方和代理方达成的契约规则的影响外，还会受平台中具有良好声誉和能力的创新需求方和供给方的数量的影响。受交叉网络外部性影响，科技服务成果转让系统中的创新需求方越多，则会吸引更多创新供给方加入该系统；反之，科技服务成果转让系统中的创新供给方越多，则会吸引更多创新需求方加入该系统。创新需求方和供给方数量的增加，有助于增加系统中的潜在交易机会，提高系统中的技术成果转让和科研服务外包的交易量。

## 三、平台合作创新伙伴开发系统

合作创新是指创新的需求方与供给方各自作为独立的经济行为主体，相互间签署相应的技术合同，并以此为基础共同进行技术创新活动的合作过程。在合作中，各方依照各自优势分担技术创新不同阶段所需投入的资源，按照合同确定的方式分摊创新风险并分配创新收益（李永峰、司春林，2007）。由于研发活动具有公共产品特性，企业单独研发时的研发支出会倾向于不足（Arrow，1962），合作研发作为一种有利于消除这种外部性的机制，有利于扩大产业创新的研发投入。同时，通过合作研发，产业创新主体可以从与伙伴的合作过程中获取异质性资源，从而提高研发成功率。

合作研发的组织形式包括合作研发组织（Co-operative R&D Organization）、合资研究型企业（Research Joint Venture）和虚拟研发组织（Virtual R&D Organization）。在合作研发中，合作伙伴将在创新链中的各个环节贡献不同的资源和能力，形成规模效应，从而创造新的知识和能力。然而，无论采用何种组织形式进行合作创新，创新主体面临的首要问题就是寻找合适的合作伙伴。生物医药产业创新平台为产业创新主体寻找和甄别合作研发伙伴提供了新的渠道，即利用平台中的创新网络，把大型制药企业、中小型生物科技公司、合同外包组织、大学、研究院所或其他中介组织等各种创新主体结合起来，使希望进行合作研发的机构可以在更广泛的网络内找到与自身具有共同创新课题，并拥有互补性资源或能力的合作伙伴。通过在生物医药产业创新平台中的知识共享，技术成果、研发服务外包及其他交流沟通机制的长期接触，成员可以对其他成员具备的科研资源和能力、面临的主要创新困难、声誉等信息进行较为充分的了解，从而更容易锁定合作伙伴，结成联盟进行长期研发合作。

通过产业创新平台，具有合作研发意向的创新主体可以让其他潜在伙伴了解自身在独立研发中面临的问题、该问题所处的研发领域、自身已具备的科研资源和能力、自身的合作意愿和相关的合作要求等，也可以了解其他潜在伙伴的上述信息。产业创新平台合作研发伙伴开发系统主要为这些潜在合作伙伴结成研发联盟提供支撑，一旦明确自身与潜在伙伴能相互满足对方要求，即有可能结为合作研发联盟。在此类研发联盟中，各方伙伴分别贡献各自的优势资源和能力，促成联盟研发目标的达成，而合作研究成果可供各伙伴方按照各自的商业模式和战略进行使用（见图 4-4）。

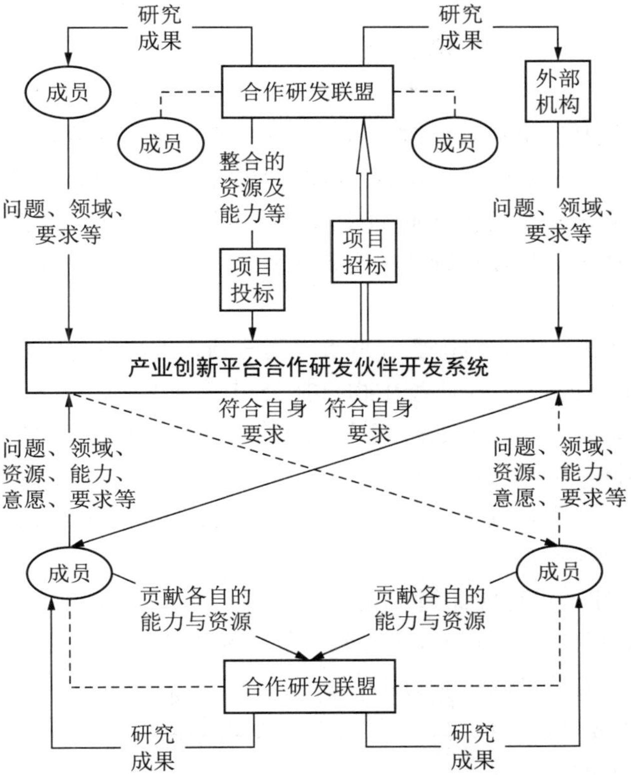


图 4-4　产业创新平台合作研发伙伴开发系统

生物医药产业创新平台的另一重要功能是发起合作研发项目。产业创新平台合作研发伙伴开发系统可以根据平台内的创新需求方或平台外部机构所提出的问题和要求，或根据平台的共同利益确定研究方向和问题，向平台内的创新供给方发起研发项目招标。很多情况下，创新平台发起的研发项目，仅靠平台上的一家成员往往无法完成研发目标，因而需要多家创新供给方对各自的资源进行有效整合方可满足招标项目的要求，这种需要多家创新供给方联合申请方可满足招标项目要求的研发项目即为合作研发项目。产业创新平台合作研发伙伴开发系统发起的这类合作研发项目，不仅直接促使了平台内的多家创新供给方就第三方项目形成合作研发联盟，而且有利于增加平台内不同成员之间的了解，为以后合作奠定基础。

## 第四节 本章小结

本章首先基于第三章生物医药产业的创新特征及生物医药产业创新的"范式转变",从知识共享、科技服务(成果)转让及研发合作等角度阐述了生物医药产业创新平台促进开放创新的基本运行原理,并以此为基础讨论了生物医药产业创新平台运行的主要支撑系统及各子系统的运行机理。本章研究发现:

(1) 生物医药产业创新平台是指生物医药产业创新链上的不同创新主体,包括大型制药企业、中小型生物科技公司、科研院所、大学、医院、中介组织甚至政府监管部门之间通过形成动态稳定的创新网络,对分散在生物医药产业链不同环节和不同主体中的各种创新资源进行有效集成和整合,并促进他们之间实现资源共享、合作创新和科研技术服务及成果转让的契约机制及其支撑体系;

(2) 生物医药产业创新平台运行的基本原理就是在生物医药产业的创新出现"范式转变"的背景下,通过平台在创新网络中的桥梁作用,整合产业链上创新需求方和创新需求方的各种创新资源,促进产业链成员通过知识共享、科技服务(成果)转让及研发合作等方式实施开放创新,从而提高整个生物医药产业的创新效率;

(3) 生物医药产业创新平台服务和支撑成员实施开放创新的基础主要是合作研发伙伴开发系统、科技成果(服务)转让系统和知识共享系统,但并非所有的生物医药产业创新平台都必须同时运用三大系统。

本章研究结论的启示在于:生物医药产业创新平台的运行主要是利用平台在创新网络中的地位和作用,促使成员通过开放创新提高创新效率;提出了平台支撑生物医药产业链成员实行开放创新的三大工具系统,以及三大工具系统运行的基本原理;生物医药产业创新平台应根据平台成员面临的主要问题,选择最合适的工具系统。

# 第五章　我国生物医药产业创新平台运行绩效的实证研究

现有文献很少对生物医药产业创新平台的运行绩效进行真正的研究。为有效反映生物医药产业创新平台的运行绩效，本章将首先回顾我国生物医药产业创新平台的构建和运行实践，并首先采用数据包络分析方法对我国部分具有代表性的生物产业创新平台的运行绩效进行直接评价。此外，由于前文在讨论生物医药产业创新平台的基本功能和运行机理时已经指出，生物医药产业创新平台对生物医药产业相关创新主体而言具有准公共产品的性质，其主要功能是为生物医药产业链上下游各创新主体搭建和拓展合作研发的网络并为成员间的知识共享和科技成果及技术转让提供相关服务。因此，生物医药产业创新平台的运行绩效评价还需要从平台的服务绩效以及由此衍生的网络（扩展）绩效方面进行间接评价。为此，本章还将从平台服务和网络效应两个角度构建生物医药产业创新平台的运行绩效指标体系，接着采用层次分析方法确定运行绩效指标体系的权重。最后，本章将基于问卷调查数据，采用模糊评价方法对我国生物医药产业创新平台的运行绩效进行综合评估。

## 第一节　我国生物医药产业创新平台的实践

### 一、我国政府搭建产业创新平台的实践

我国中央政府早在20世纪90年代就开始了新药研发平台建设的构想和探索。“九五”期间，我国启动了应急专项行动医药技术创新（1035）工程，开始筹建新药筛选中心、新药临床前安全性评价（GLP）中心、新药临床试验研究（GCP）中心；“十五”期间，在国家高技术研究发展计划（“863计划”）的支持下，我国政府又启动了创新药物和中药现代化专项，开展生物技术医药领域中心基地平台的建设，其中在新药研发领域建设了包含新药研发整个流程的多类平台；到“十一五”期间，我国在重大新药创制科技重大专项中

重点部署了新药研发专业性高技术平台和综合性技术大平台。

北京、上海、辽宁、广东、山东等地方政府也纷纷搭建符合本地区生物医药产业发展特色的创新平台，以整合区域内生物医药产业的创新资源，提高本地区生物医药产业的创新效率，推动本地区生物医药产业创新发展。

以上海为例，为整合集成上海生物医药产业链上的专业技术服务资源，提升上海生物医药产业技术创新能力，上海市成立了生物医药产业技术创新服务平台，向全社会提供新药开发的专业服务，服务范围涵盖从基因到药物、从小试、中试到委托生产加工、从生物制药、化学制药到中药，基本涵盖了新药创制的靶点发现、药物设计、合成筛选、动物实验、药理安评、工艺创新、药物制剂、质量控制、中试与工程化研究、临床CRO服务等各个环节。

上海市生物医药产业技术创新服务平台成立于2009年，发起方包括上海市生物医药科技产业促进中心和国家新药筛选中心等12家单位。上海市生物医药产业技术创新服务平台的主要目的是为提升药物发现等方面的专业技术服务水平、药物创新技术水平和装备水平，促进创新成果的市场转化和产业共性技术的发展。

上海市生物医药产业创新平台成立后，形成了覆盖新药研发、共性关键技术研究、成果转化、信息咨询和专业培训等各个环节的服务子平台，为生物医药产业的发展提供一体化的技术支撑。目前，该平台提供的主要服务领域包括：

1. 生物医药的创新研发服务

向全社会提供新药开发的专业服务，涵盖从基因到药物、从小试、中试到委托生产加工、从生物制药、化学制药到中药，基本涵盖了新药创制的靶点发现、药物设计、合成筛选、动物实验、药理安评、工艺创新、药物制剂、质量控制、中试与工程化研究、临床CRO服务等各个环节。

2. 生物医药行业共性、关键技术研发

围绕生物医药领域大规模细胞培育、药物制剂缓控释新技术、中药现代化等关键、共性技术开展攻关，为我国生物医药产业发展与技术提升提供保障。

3. 生物医药成果转化和中介服务

面向企业提供生物医药产业和科技信息咨询、成果中介和转化服务、包装材料检测、药品标准制订等公共服务。开展国内外生物医药技术交流和专业培训，促进成果转化和产业化。

在运行过程中，上海市生物医药产业创新服务平台取得了突出成效。在国家重大新药创制专项中，上海获得的专项临床研究课题约占30%，而且有近20%的新药开发项目进入重大专项的临床前研究，这些项目大多得到过上海生物医药产业公共服务平台的孵化服务。此外，平台也为上海、江苏、浙江等长三角地区，乃至全国的制药企业提供专业服务，推动了成果转化和行业共性技术的发展。药物制剂分平台通过技术服务与成果转化，推动了15个新药上市，形成产值3亿多元。生物药物工艺开发与中试研究分平台大力推广大规模发酵新技术，几年来为全国50多家企业提供专业服务，使得关系国计民生的两个大宗生物医药产品——青霉素、红霉素等抗生素和广东星湖生物科技公司鸟苷的发酵单位大大提高，实现间接经济效益超过30亿元。

## 二、我国企业和科院所搭建产业创新平台的实践

为充分利用外部创新资源及实现生物医药技术的快速产业化，我国生物医药企业及相关的科研院所也在积极探索构建生物医药产业创新平台。

早在2001年1月，紫光生物、浙江医药和百科药业等3家上市公司就共同发起成立了我国生物医药产业中的第一个生物医药联盟，三家公司利用联盟这一平台整合各自分散的人才、技术和资本，利用各自优势进行互补性合作，推动生物医药产业的升级。此后，我国生物医药产业出现了一大批由生物医药企业、大学和科院所联合成立的具有产业创新平台性质的研发联盟，如中关村CRO联盟、北京肿瘤研究联盟、中国生物技术创新服务联盟、北京新药创制产学研联盟、南方基因等，对促进生物医药产业链上不同创新主体之间的科技成果(服务)转让、合作研发和知识共享起到了极大推动作用。

以北京地区的中国生物技术创新服务联盟(ABO联盟)为例，该联盟成立于2005年9月，发起方包括企业、北京生物技术和新药产业促进中心等8家单位。中国生物技术创新服务联盟是我国第一家致力于生物技术外包服务的非营利性产业技术联盟。当时，北京市一大批合作研发组织(CRO)急切希望获得国际市场订单，但对大多数CRO企业来说，都没有实力独自提供整合服务的能力，中国生物技术创新服务联盟成立的初衷正是为了整合北京地区的生物医药研发资源、集成关键技术，提高北京地区生物医药产业新药研发的效率和水平。

ABO联盟对外采用市场化的运作机制，向国内外生物医药企业提供研发外包服务。联盟内部采用企业化管理模式，设有联盟会员大会作为联盟最高决策机构，联盟会员大会下面又设立了监督委员会、顾问咨询委员会和

执行委员会，其中执行委员会是联盟的执行机构。

自成立以来，通过资源整合与共享，ABO 联盟吸引了一批科研院所和科技型企业的参与：目前 ABO 联盟的成员已扩大到 34 家，其中生物医药企业 24 家、科研机构与高等院校 9 家、第三方服务机构 1 家，形成了一支人数超过 3 000 人、掌握产业技术链条中关键技术的人才队伍；整合了军事医学科学院、中国药品生物制品检定所、北京师范大学、北京生物制品研究所、国家生物医学分析中心、国家北京药物安全评价研究中心等 9 所科研院所的科技资源，实行创新资源共享，目前共享资源的价值已接近 7 亿元人民币；围绕“生物”和“化学”两条技术链，集成了基因组学、蛋白与抗体、化学合成与制剂研发、药物临床前评估等相关关键技术，形成了 5 套技术解决方案，成为国际知名的研发服务品牌。

## 三、我国政府对生物医药产业创新平台的扶持

除直接搭建各类生物医药产业创新平台外，我国相关政府部门还对企业自主成立或企业与科研院所联合成立的生物医药产业创新平台进行积极扶持。2008 年 12 月 30 日，我国科技部、财政部、教育部、国资委、中华全国总工会和国家开发银行在联合发布的《关于推动产业技术创新战略联盟构建的指导意见》（以下简称“《指导意见》”）中明确提出，要在国家战略产业或区域支柱产业中建立技术创新联盟，共同突破这些产业在发展中面临的技术瓶颈，从而满足产业技术创新需求，形成产业核心竞争能力。

根据《指导意见》的规定，我国政府鼓励企业运用市场机制积聚和整合产业创新资源，围绕产业技术创新链，实现以企业为主体、产学研有效结合的产业创新平台的构建；鼓励行业协会发挥积极作用，围绕本产业内的重大技术创新问题，对协会成员进行组织协调并向它们提供相关咨询服务等方式，推动本产业重点技术领域的平台构建。

《指导意见》要求技术创新联盟：组织企业、大学和科研机构等相关成员就产业内的关键技术创新问题开展合作，从而在与产业发展息息相关的核心技术领域取得突破，并共同建立产业内的重要技术标准；建立公共技术平台，实现产业内相关创新资源的有效整合，实现成员之间的分工与各创新环节的合理衔接，促进成员之间的知识产权共享；促进成员之间实施技术转移，加速重大技术成果的产业化进程，从而提升产业整体竞争力；加强成员之间的人员交流和互动，鼓励成员之间联合培养技术创新人才，从而为本产业的持续创新提供人才保障。

对符合《指导意见》相关规定的产业技术创新联盟，我国政府部门给予相应的扶持。我国科技部 2009 年 12 月发布的《关于印发〈关于推动产业技术创新战略联盟构建与发展的实施办法（试行）〉的通知》规定，我国政府部门给予的支持主要包括以下方面：

1. 财政支持

在产业技术创新联盟先行投入的基础上，我国政府可通过多种渠道对其提供财政支持，包括通过国家科技计划对其提供无偿资助和贷款贴息，鼓励银行、创业投资基金等相关金融机构向联盟企业提供多样化的融资支持和金融服务，并由科技型中小企业创业投资引导基金对符合条件的创业投资基金的投资进行支持。对创新平台开展的符合条件的技术攻关和技术成果产业化，政府通过科技贷款和担保等方式进行资金扶持。

2. 优先参与国家科技项目

符合相关规定并取得试点资格的产业技术创新平台，可作为项目组织单位参与国家科技项目的组织和实施，依托产业技术创新平台制定的产业技术路线图，可以在经相关政府部门认可后成为国家科技计划的重要依据，鼓励和支持试点的产业技术创新平台承担重大产业技术创新任务，支持产业技术创新平台开展国际合作，组织平台成员单位承担国际科技合作计划的相关项目研究。

3. 知识产权

对参与国家科技计划项目的产业技术创新平台，如果在项目实施中取得了重大的知识产权成果，可以由项目承担单位依法取得。

生物医药产业作为战略性新兴产业，也是我国重点扶持的产业之一。为鼓励国内生物医药产业的发展，我国中央政府和许多地方政府都在生物医药产业创新平台地构建和运行中给予了大量扶持。在生物医药产业中，抗生素产业技术创新战略联盟、传染病诊断试剂产业创新战略联盟、流感疫苗技术创新战略联盟等一大批具有产业创新平台性质的战略联盟已经获得了试点资格，得到了我国中央政府层面的大力支持。

## 四、案例研究：张江药谷平台

1. 张江药谷平台简介

上海张江药谷公共服务平台有限公司（以下简称“张江药谷平台”）是一家国家级生物医药专业孵化器，于 2004 年 9 月在上海市浦东新区张江高科技园区正式成立，注册资本 200 万元，发起单位包括上海市科委、浦东新区科委、张江园区管委会和上海张江生物医药基地开发有限公司。2010年，张江药谷平台成功改制，上海市科委、浦东新区科委和张江园区管委会三家单位正式从张江药谷平台退出，仅在公共政策和资金层面对药谷平台予以支持，而不再直接对张江药谷平台拥有控制权。张江药谷平台成为张江生物医药基地开发有限公司下属的全资子公司，同时，张江生物医药基地开发有限公司对张江药谷平台进行增资，注册资金达到500万元。

经过近八年的发展，张江药谷平台目前已具备了孵化服务、专业检测和新药研究技术服务、投融资服务和培训交流等四大服务模块，服务对象包括药谷平台内外的企业。

八年来，张江药谷平台坚持探索和深化两个加孵化器创新发展模式，为创新企业提供生物医药专业领域创业苗圃、孵化育成、公共实验室、CRO咨询和投融资等专业服务。张江药谷平台现有面积44 925.5平方米，并在2012年度新增平台二期孵化场地、公共服务场地面积共计33 465.4平方米，其中企业孵化面积达到30 610.16平方米，新增90个可用作生物和化学专用实验室的孵化单元，孵化单元总数近150个。每个孵化单元均配有标准实验台、通风柜、洁净操作台等基本实验设施，企业入驻即可启动研发工作，并可享受公共秘书、会议室等共享商务服务，以及工商注册、税务代理等中介平台服务。苗圃场地面积488.57平方米，包括办公区域、共享实验场地和共享商务中心会议室三部分，对创业项目在成立公司之前实施最长为期一年的预孵化，优秀创业团队可零租金入驻，并享受平台的各项专业服务。

张江药谷平台现有公共检测服务平台场地面积2 746.94平方米，拥有核磁共振仪、气相色谱质谱联用仪、高效液相色谱仪等近80台(套)实验检测仪器，利用率均超过80%。除提供纯水、干冰、液氮等基本保障外，已累计为张江园区550家客户完成超过20万余份样品的检测，检测量居上海市研发公共服务平台共享设备首位，为企业节约研发成本超过2亿元，连续四年获得上海市“共享服务先进集体”称号。2011年，张江药谷平台继续提升专业技术服务能级，在严格按照“检测和校准实验室能力认可准则”管理运行实验室的基础上，顺利通过CNAS监督评审，进一步提高了实验室在药物制剂分析方面的检测能力。2011年内，其获得上海市科委认定的“上海市药物结构和成分分析专业技术服务平台”资质。

在检测平台的基础上，张江药谷平台通过CRO业务咨询服务为入孵企业提供从临床试验方案设计、数据统计分析、新药注册到医院临床试验GCP认证咨询等系列化专业化服务，帮助中小企业解决新药临床试验中的关键问题。为使研究数据能与国际接轨，张江药谷平台CRO工作完成了中英文版临床研究标准操作规程（SOP）的系统性建设，并且一次通过芬兰合作方Medikalla公司的稽查。2011年度，张江药谷平台在新药临床前质量研究、新药（化合物）结构确证与鉴定及方法学验证等方面总共完成了33个项目的合作研究。

张江药谷平台同时也通过投融资服务进一步提升和拓展创新服务能力，受托管理"朝阳基金"，对具备成长潜力的初创企业进行引导性投资，并与多家国际投资机构合作，帮助创业企业申请政府项目补贴及配比资金，吸引社会风险投资，解决投融资方面的困难。2011年，张江药谷平台重点推进投融资工作，不断发掘新项目储备资源，同时也与行业内投融资机构的对接为优秀项目寻求资源。2011年度，张江药谷平台成功帮助两家企业对接风投公司并获得共计2 100万元的风险投资。

孵化服务团队方面，张江药谷平台已建立了一支专业技术服务团队，现有管理人员37人，从事专业技术服务的人员占到70%，大学本科及以上学历的人员达90%以上，并聘请了40余位各行业专家组成的创业导师和辅导员队伍，为企业提供产业政策、基金申报、市场拓展、管理咨询等一对一的创业辅导，还通过手牵手活动、"张江药谷论坛"、Science Corner、创业者沙龙等系列活动，增强企业的互动交流并为企业提供专业技术、行政管理、知识产权、人力资源、基金申报等各方面的培训。

2. 张江药谷平台的发展历程

(1) 起步阶段2004—2006年。

张江药谷平台成立后，投资了2 000多万用于孵化单元内的设备采购和安装，并斥资1 000万元搭建了1 600平方米的公共技术服务平台，成功吸引了一批优秀的海外人才回国创业，包括欣凯公司（2005年入驻）、之江生物（2005年入驻）、先导化学（2005年入驻）、美迪西（2005年入驻）、百奇生物（2005年入驻）、力智生化（2006年入驻）、美东生物（2006年入驻）等。

2006年9月，张江药谷平台成功协助上海浦东科技投资公司出资200万美元投资上海凯赛生物公司。2006年12月，在凯赛生物吸引7 800万美元社会资本的情况下，浦东科技投资公司以400万美元溢价退出。凯赛生物已于2011年7月提交了纳斯达克交易所上市申请。凯赛项目成为当时政府引导基金投资高科技领域的首个成功案例，提供了政府资金引导社会资本进入高科技产业，扶持高科技产业成长的新思路。

张江药谷平台成立后，还在浦东新区投资引导基金的支持下，设立了一个规模为 2 000 万元的种子基金——生物医药孵化创新基金。围绕创新基金的设立，张江药谷平台计划与更多的风险投资机构进行合作：拓展优质项目的推荐通道；组织创业企业参加各类生物医药研讨会议和展览，提升在孵企业形象；开展可行性投资分析、财务咨询等活动，提高企业的融资意识；开展潜在项目的市场调查和预测分析；开展融资项目对接会，为创业企业寻求投资伙伴。

(2) 成长阶段 2007—2010 年。

2007 年，张江药谷平台获得科技部"国家高新技术创业服务中心"及"合格评定实验室国家认可" CNAS 认定；2008 年，张江药谷平台被认定为浦东新区科技公共服务平台，并举行了首批创业辅导员聘任仪式并颁发聘书；2009 年，药谷平台成为上海市"创业导师＋专业孵化＋风险投资"两个加孵育模式首批试点单位，获得上海市科技创业中心的批准，成为首批市级科技创业苗圃的八家试点机构之一；2010 年，在市科技创业中心 2009 年度的孵化器考核中，张江药谷平台被评定为优秀，同年获得"上海市药物结构和成分分析专业技术服务平台"的资质认定。

(3) 稳定发展阶段(2011 年至今)。

伴随着平台专业化服务水平的不断提升，特别是平台在为欣凯公司研制治疗红斑狼疮一类新药时所提供的药学结构确证服务的成功案例①，吸引了越来越多的生物医药研发主题成为平台用户，包括艾力斯医药、君实生物、维亚生物等。2011 年，张江药谷平台被上海市科委认定为上海市药物结构与成分分析专业技术服务平台，成为首批市级专业技术服务平台之一。

为进一步提高服务水平，张江药谷平台还进一步创新了合作方式，包括与中科院上海药物所、复旦大学药学院、上海中医药大学、上海市计量测试研究院等机构合作，共建区域内大型设备共享服务模式②。同时，与上海市新药安全评价中心、上海市动物实验中心、药明康德、美迪西、大赛璐、吉凯基因等机构共建联合实验室，共同开展项目研究与检测方面的合作，为小微企业提供一站式集成化技术服务③。2017 年药谷平台还率先与美国强生公司共建创新孵化器，成立两年，孵化了 55 家涵盖制药、医疗器材和消费品等领域的企业。迄今为止，这些企业中有 43 家进行了交易，其中 11 家企业至

①②③　王春：《"老牌"孵化器的蝶变　上海张江药谷公共服务平台助力打造生物医药产业高地》，《中国中小企业》，2022 年第 4 期。

少和强生进行过一次合作，通过融资和战略合作获得了总计21亿美元的资金①。2020年吸引了西门子医疗上海创新中心成功落地并于2021年7月对外运营②，2021年罗氏张江开放式创新中心正式成立。

3. 张江药谷平台的服务体系

张江药谷平台已经形成了孵化服务、投融资服务、专业技术服务和培训交流等四大服务体系。

孵化服务中包括了创业苗圃、孵化场地、市场拓展、创业辅导、政策咨询、人才招聘、补贴受理、人才资质申报等；专业技术服务包括了样品分析检测服务、项目研发服务、CRO合作业务等；投融资服务包括利用“朝阳基金”“孵化器基金”投资初创企业，为企业申请信用贷款和开展投贷联动服务，定期举办投资洽谈会、项目推介会等；培训交流方面主要包括张江药谷论坛、创业导师活动、手牵手活动。

截至2020年底，张江药谷平台累计引进生物医药企业450余家，成功毕业迁出企业380多家，如君实生物、华领医药、美迪西生物、之江生物等。其中赴港上市4家，科创板4家，新三板挂牌10家，估值10亿元以上项目超过50家，在孵企业获风险投资比例超过33%。入孵企业申请国内外专利超过1 200项，获得国家重大新药创制等专项课题15项，获得上海市中小企业技术创新基金项目等约130项；获得上海市高新技术成果转化项目18项；累计培育上海市高新技术企业52家；近4年有31个新药获准进入临床试验阶段，8项获得生产批文③。

4. 张江药谷平台的发展瓶颈

目前，张江药谷平台的发展主要在三个方面面临较大的障碍：

其一是在“十二五”政策方面，对孵化器、孵化企业以及苗圃项目如何扶持尚未明确规定，此外，专业孵化器的考核标准、专业加速器的认定标准等方面仍对药谷张江药谷平台的发展形成了较大的压力。

---

① 由研发中心到开放式创新中心，这些外资企业为何都选择这里？ http://stcsm.sh.gov.cn/xwzx/mtjj/20210624/c1ea8cfad1d643e1bb7e8a6a32b8246b.html。

② https://baike.baidu.com/item/%E4%B8%8A%E6%B5%B7%E8%A5%BF%E9%97%A8%E5%AD%90%E5%8C%BB%E7%96%97%E5%99%A8%E6%A2%B0%E6%9C%89%E9%99%90%E5%85%AC%E5%8F%B8%E5%BC%80%E6%94%BE%E5%88%9B%E6%96%B0%E4%B8%AD%E5%BF%83/51318087?fr=aladdin.

③ 王春：《“老牌”孵化器的蝶变　上海张江药谷公共服务平台助力打造生物医药产业高地》，《中国中小企业》，2022年第4期。

其二是专业技术平台的运营维护成本在不断上升。公共实验设备老化，维修成本和重置成本需要考虑如何安排；同时，随着上海市商务成本的上升，张江药谷平台的人员成本也在不断高企。张江药谷平台虽然采用的是公司制的运作模式，但对服务项目收取的费用一般都低于成本水平，更多的承担的是公共服务，因而对政府扶持的依赖程度较高，浦东新区科委的政策调整也对张江药谷平台的发展形成了不利影响。

其三是如何分享孵化和技术成果，张江药谷平台投入了大量租金和服务，但如何分享被孵企业及服务企业的发展成果，却一直没有解决，张江药谷平台因其国有背景，无法在这些企业中投资占股。

从张江药谷平台的运行情况来看，其主要服务仍然停留在生物医药创新企业的孵化阶段，为平台成员及外部机构服务的层次也明显不高，主要是检测服务、实验设备共享等，而且因为其成立主要以行政力量为枢纽，其后续发展很难摆脱政府在资金方面的进一步支持。

## 第二节　我国生物医药产业创新平台的运行绩效——基于DEA方法的直接评价

本节内容将基于我国部分生物医药产业创新平台的投入产出数据，采用数据包络分析(DEA)方法对其运行效率进行实证检验。

### 一、DEA方法简介

数据包络分析(DEA)是一种采用线性规划技术对非参数前沿效率进行分析的常用方法，它可以用于衡量多决策主体在多种投入、多种产出情况下的相对效率。数据包络分析常用的模型主要有规模报酬不变(CCR模型)(Charnes & Cooper, 1978)和规模报酬可变(VRC模型)(Banker et al., 1984)两种。

CCR模型假定有 $t$ 个待评估决策单元(DUM)，每个决策单元都有 $m$ 个投入变量和 $s$ 个产出变量，$x_{ij}>0$ 表示第 $j$ 个待评估决策单元对第 $i$ 种投入的数量，$y_{rj}>0$ 表示第 $j$ 个待评估决策单元对第 $r$ 种产出的数量，则对第 $j$ 个决策单元进行绩效评价时可以构建如下模型：

$$\begin{cases} \min\left[\theta - \varepsilon\left(\sum_{i=1}^{m} s_i^- + \sum_{r=1}^{s} s_r^+\right)\right] \\ \text{s.t.} \sum_{j=1}^{t} x_{ij}\lambda_j + s_i^- = \theta x_{ij0} \quad i \in (1,\ 2,\ \cdots,\ m) \\ \sum_{j=1}^{t} y_{rj}\lambda_j - s_r^+ = y_{rj0} \quad r \in (1,\ 2,\ \cdots,\ s) \\ \lambda_j \geqslant 0 \\ s_i^- \geqslant 0,\ s_r^+ \geqslant 0,\ j = 1,\ 2,\ \cdots,\ t \end{cases}$$

其中，$\varepsilon$ 为阿基米德无穷小量，$s_i^-$ 和 $s_r^+$ 为各项投入和产出指标的松弛变量，$\theta$ 为被评价决策单元的效率值。当 $\theta=1$ 时表示被评价决策单元为DEA弱有效，如果 $s_i^-$ 和 $s_r^+$ 还同时为零，则表明被评价决策单元为DEA有效；当 $\theta<1$ 时表示被评价决策单元为DEA无效。

考虑到规模变化的影响，VRS模型在CCR模型基础上进行了改进，通过增加一个凸性假设 $\sum \lambda_j = 1$，从而将CCR模型修正为：

$$\begin{cases} \min\left[\theta - \varepsilon\left(\sum_{i=1}^{m} s_i^- + \sum_{r=1}^{s} s_r^+\right)\right] \\ \text{s.t.} \sum_{j=1}^{t} x_{ij}\lambda_j + s_i^- = \theta x_{ij0} \quad i \in (1,\ 2,\ \cdots,\ m) \\ \sum_{j=1}^{t} y_{rj}\lambda_j - s_r^+ = y_{rj0} \quad r \in (1,\ 2,\ \cdots,\ s) \\ \sum \lambda_j = 1,\ \lambda_j \geqslant 0 \\ s_i^- \geqslant 0,\ s_r^+ \geqslant 0 \end{cases}$$

运用VRS模型可以分别计算出被评估决策单元的纯技术效率和规模效率。根据研究人员的关注侧重点，DEA模型在用于效率评价时还可以分为投入导向型和产出导向型两类。投入导向模型通常是将产出固定作为约束条件进而求解投入最小化的线性规划，而产出导向模型则是将投入固定视作约束条件进而求解产出最大化的线性规划。

运用DEA模型评价决策单元的效率时无需投入指标与产出指标之间的具体函数关系，也无需要求不同的决策单元具有同样的生产函数，因而该模型在经济管理问题的研究中得到了广泛运用。

## 二、指标选取与解释

1. 指标选取

生物医药创新平台的创新活动是一项多投入和多产出的复杂活动，因而对其投入产出的效率评价是一个复杂的系统工程。选择生物医药产业创新平台的输入输出指标既要服从评价目的，又要考虑到输入向量、输出向量之间的联系，即尽可能避免输入输出内部指标间的强线性关系。同时，在进行 DEA 分析时，决策单元 DMU 的数量 $n$ 和评价指标数量 $m$ 之间一般应保持 $2m \leqslant n \leqslant 3m$ 的关系。鉴于 DEA 分析对指标选取的两个标准及数据的可获得性，本文对我国生物医药产业创新平台进行 DEA 分析时选取的指标为：投入指标分别是人力资源和经费投入额，产出指标分别是带来的经济利益和节约的成本（详见表 5-1）。

**表 5-1　上海生物医药行业投入产出效率评价的指标体系**

| | 项　目 | 解　　释 |
|---|---|---|
| 投入指标 | 人力资源 | 主要指员工人数 |
| | 经费投入 | 包括员工薪金支出总额/万元、专职管理技术人员的工资支出总额/万元、外部科研技术人员支出的服务费用/万元、专业技术设备价值/万元、当年折旧金额/万元、外部专业技术设备的服务支出/万元、获得的政府研发项目经费总额/万元 |
| 产出指标 | 带来的经济利益 | 从企业或其他机构获得的服务收入总额/万元、为服务对象带来的直接经济利益/万元 |
| | 节约的成本 | 节约的研发成本/万元 |

2. 数据收集

为获取我国具有代表性的生物医药产业创新平台的投入产出数据，本研究在上海市浦东新区科学技术委员会和上市浦东新区知识产权局的帮助下，于 2013 年 8 月—2013 年 11 月期间对上海市地区具有代表性的 34 家生物医药产业创新平台的运行绩效进行了调查，共有上海人类基因组研究中心、新药临床前药效学与安全性评价专业服务平台、上海市药物制剂与工程化技术平台等 11 家平台提供了完整的投入产出数据。尽管本研究的决策单元个数为 11 家，但仍然满足 DEA 分析时，决策单元 DMU 的数量 $n$ 和评价指标数量 $m$ 之间（$2m \leqslant n \leqslant 3m$）的关系，因此可以采用 DEA 方法进行实证研究（数据参见附录 1）。

3. 模型选取

由于CCR模型隐含着规模效率不变的前提假设，即意味着部分生物医药产业创新平台等比例的扩大创新投入时，其获得的创新产出也会得到等比例的增加。换句话说，该生物医药产业创新平台的整体投入规模不会影响其创新效率。这显然与我国当前生物医药产业创新平台运行绩效参差不齐的现状及生物医药产业研发的现实情况不符。为此，本书选取了规模报酬可变的VRS模型。由于该模型的最终评价结果包含了纯技术效率和规模效率，更能符合实际情况。

在模型的导向方面，本书选取了产出导向的模型。原因在于，我国生物医药产业创新平台的运行时间普遍较短，其运行的整体产出规模还远远落后于"创新药物计划"(IMI)、Innocentive.com等发达国家的生物医药产业创新平台，因而更需要考虑在既有投入的前提下如何通过提高效率来促进创新产出规模的扩张。

## 三、实证结果与分析

根据本书选取的投入产出指标，采用DEA的可变规模报酬(VRS)模型，运用澳大利亚新英格兰大学Coelli教授开发的DEA分析软件——DEAP Version 2.1，求得各样本2012年中的相对效率(见表5-2)。

**表5-2　技术效率DEA模型求解结果**

| | 纯技术效率 | 综合效率 |
|---|---|---|
| 上海基康生物技术有限公司 | 1.000 | 0.549 |
| 上海人类基因组研究中心 | 0.329 | 0.321 |
| 上海市新药临床前药效学与安全性评价专业服务平台 | 0.509 | 0.245 |
| 上海市新药安全评价专业技术服务平台 | 1.000 | 0.871 |
| 上海市模式生物技术专业技术服务平台 | 1.000 | 1.000 |
| 新药筛选技术服务平台 | 0.000 | 0.000 |
| 药物制剂国家工程研究中心(上海市药物制剂与工程化技术平台) | 1.000 | 1.000 |
| 上海中药创新研究公共服务平台 | 0.084 | 0.059 |
| 上海市生物医药产业技术创新服务平台 | 1.000 | 0.291 |

（续表）

| | 纯技术效率 | 综合效率 |
|---|---|---|
| 上海市生物医药特种合成工艺专业技术服务平台 | 1.000 | 0.347 |
| 上海张江药谷公共服务平台有限公司 | 1.000 | 1.000 |
| 均值 | 0.720 | 0.517 |

从表5-2可以看出，本研究调查的11家生物医药产业创新平台相对效率的平均值为0.517。其中：有三家平台的投入产出效率达到了相对有效，这三家平台分别是上海市模式生物技术专业技术服务平台、药物制剂国家工程研究中心（上海市药物制剂与工程化技术平台）、上海张江药谷公共服务平台有限公司；另外8家生物医药产业创新平台的投入产出效率为非DEA有效。从总体上来看，我国生物医药产业创新平台的投入产出效率是偏低的。

从技术效率的角度看，有七家平台的纯技术效率达到了1.000，也就是说这七家平台纯技术效率为DEA有效，这七家平台分别是上海市模式生物技术专业技术服务平台、药物制剂国家工程研究中心（上海市药物制剂与工程化技术平台）、上海张江药谷公共服务平台有限公司、上海基康生物技术有限公司、上海市新药安全评价专业技术服务平台、上海市生物医药产业技术创新服务平台和上海市生物医药特种合成工艺专业技术服务平台，但其中只有前三家的技术效率是DEA相对有效的。

从规模效率的角度看，这11家生物医药产业创新平台之间也存在较大差异，其中规模效率不变的有4家公司，分别是上海市模式生物技术专业技术服务平台、药物制剂国家工程研究中心（上海市药物制剂与工程化技术平台）、上海张江药谷公共服务平台有限公司和新药筛选技术服务平台。

**表5-3　上海生物医药公司规模效率的分布**

| | 递增 | 不变 | 递减 |
|---|---|---|---|
| 上海基康生物技术有限公司 | √ | | |
| 上海人类基因组研究中心 | √ | | |
| 上海市新药临床前药效学与安全性评价专业服务平台 | | | √ |
| 上海市新药安全评价专业技术服务平台 | | | √ |
| 上海市模式生物技术专业技术服务平台（上海市生物医药产业技术创新服务平台加盟单位） | | √ | |

（续表）

| | 递增 | 不变 | 递减 |
| --- | --- | --- | --- |
| 新药筛选技术服务平台 | | √ | |
| 药物制剂国家工程研究中心（上海市药物制剂与工程化技术平台） | | √ | |
| 上海中药创新研究公共服务平台 | √ | | |
| 上海市生物医药产业技术创新服务平台 | | | √ |
| 上海市生物医药特种合成工艺专业技术服务平台 | √ | | |
| 上海张江药谷公共服务平台有限公司 | | √ | |

其中规模报酬递增的平台有4家，分别是上海基康生物技术有限公司、上海人类基因组研究中心、上海中药创新研究公共服务平台和上海市生物医药特种合成工艺专业技术服务平台，也就是说，这4家生物医药产业创新平台存在投入规模不足，应加大其投入规模，从而实现其规模经济。规模报酬递减的有3家，分别是上海市新药临床前药效学与安全性评价专业服务平台、上海市新药安全评价专业技术服务平台和上海市生物医药产业技术创新服务平台，表明这3家平台的投入过多，应减少并合理利用投入资源，从而提高产出效率，使其更为合理有效。

对于非DEA有效的生物医药产业创新平台如上海人类基因组研究中心和上海市新药临床前药效学与安全性评价专业服务平台，要想达到DEA有效，需考虑适度减少资金投入水平，对于新药筛选技术服务平台和上海中药创新研究公共服务平台，要达到DEA有效则应考虑适度减少员工人数投入。

## 第三节　我国生物医药产业创新平台的运行绩效——基于模糊评价方法的间接评价

### 一、模糊评价方法简介

模糊评价方法是指一种应用模糊关系合成对那些边界难以划分或难以量化测度的变量进行定量分析，从而对其进行综合评价的方法，其理论基础来自模糊数学。模糊评价方法可以对影响评价对象的众多因素进行综合考虑，根据各因素的重要程度把原来的定性评价定量化，并运用模糊变换原理对各指标进行综合，从而可以较好地处理评价对象的多因素、模糊型及主观判断等问题。

模糊评价方法的基本步骤可以划分为六个主要阶段：

首先是确定评价对象的因素论域，即评价对象的评价指标集合。假设评价对象有 $P$ 个评价指标，则其因素论域可表示为 $u=\{u_1,\ u_2,\ \cdots,\ u_p\}$。

其次是确定评语等级论域，即评价对象的等级集合。假设待评价对象可以划分为 $m$ 个等级，则待评价对象的等级集合可表示为 $v=\{v_1,\ v_2,\ \cdots,\ v_m\}$。其中，每一个评语等级都是一个模糊子集。

第三步是建立待评价对象的模糊关系矩阵，从待评价对象的每一个因素 $u_i(i=1,\ 2,\ \cdots,\ p)$逐步对其进行量化，即从每一个因素来看待评价对象对等级模糊自己的隶属度$(R\,|\,u_i)$，从而得到模糊关系矩阵 $R$。模糊关系矩阵一般表示为

$$R=\begin{bmatrix} R\,| & & u_1 \\ R\,| & & u_2 \\ & \cdots & \\ R\,| & & u_P \end{bmatrix}=\begin{bmatrix} r_{11} & r_{12} & \cdots & r_{1m} \\ r_{21} & r_{21} & \cdots & r_{2m} \\ \cdots & \cdots & \cdots & \cdots \\ r_{p1} & r_{p2} & \cdots & r_{pm} \end{bmatrix}$$

模糊关系矩阵中元素 $r_{ij}$ 表示从第 $i$ 个因素来看，带待评价对象对 $v_j$ 等级模糊子集的隶属度，即模糊向量$(R\,|\,u_i)=(r_{i1},\ r_{i2},\ \cdots,\ r_{im})$可以刻画待评价对象在因素 $u_i(i=1,\ 2,\ \cdots,\ p)$方面的绩效表现。

第四步是确定评价因素的权重向量，评价因素的权重向量一般用 $A=(a_1,\ a_2,\ \cdots,\ a_p)$表示，对待评价对象而言，有 $\sum_{j=1}^{p} a_i=1$。

第五步是合成模糊综合评价结果向量，即利用第三步确定的模糊关系矩阵 $R$ 和第四步确定的权重向量 $A$，合成得到待评价对象的模糊综合评价结果向量 $B$。即：

$$B=(b_1,\ b_2,\ \cdots,\ b_m)=A\times R=(a_1,\ a_2,\ \cdots,\ a_p)\times\begin{bmatrix} r_{11} & r_{12} & \cdots & r_{1m} \\ r_{21} & r_{21} & \cdots & r_{2m} \\ \cdots & \cdots & \cdots & \cdots \\ r_{p1} & r_{p2} & \cdots & r_{pm} \end{bmatrix}$$

模糊综合评价结果向量 $B$ 表示待评价对象从整体上判断对 $v_j$ 等级模糊子集的隶属程度。

最后，对模糊综合评价结果向量进行分析。在对模糊综合评价结果进

行判断时，通常采用最大隶属度原则。

在生物医药产业创新平台运行绩效的综合评价中，由于二手数据收集方面存在的困难及不同类型平台运行方式的差异等原因，往往难以直接进行测量和评估。采用模糊综合评价的方法进行定量化处理，可以有效克服上述困难。

## 二、模糊评价的指标体系设计

现有研究组织内知识管理绩效、组织间知识学习绩效（Ahuja & Katila，2001；Inkpen，2006）、企业创新绩效（马宁，官建成，2000；张仲英等，2000；Vinding，2006；李平，2007）及合作研发联盟创新绩效（Chung & Kim，2003；Faems et al.，2005；Knudsen，2007；孙笑明等，2011）的评价较多，但对创新平台运行绩效的关注却远远不够，截至目前，学术界还没有对生物医药产业创新平台运行绩效进行评估的统一标准。生物医药产业创新平台运行绩效的评价不同于企业的研发绩效评价，由于许多生物医药产业创新平台的运行往往涉及多个主体，所以要直接对平台运行的成本和收益进行定量分析还面临着诸多困难，只能更多使用主观评价等定性方法来评价生物医药产业创新平台的运行绩效。基于此，本章将采用定性方法来对生物医药产业创新平台运行绩效的评价指标进行设计。

### （一）评价指标设计的基本原则

本书在设计生物医药产业创新平台运行绩效评价指标的过程中，将主要遵循以下基本原则。

1. 系统性原则

指标设计的系统性原则是指评价指标的设计应从不同侧面展开，设计的评价指标能从不同的角度对平台的运行绩效进行评价（王琼辉、刘杰，2009）。生物医药产业创新平台的运行绩效不仅受平台资源结构、契约治理机制、政策环境等多种因素的影响，而且由于生物医药产业创新链条长、平台运行涉及主体多，基于平台进行的药物研究与开发，往往需要多个成员共享相关的知识、能力、技术、设备等资源。因此，评价生物医药产业创新平台运行绩效的指标设计应当具有系统性，只有系统地设计评价指标，才能对平台的运行绩效进行尽量全面、客观和合理的评价。

2. 可比性原则

本书研究生物医药产业创新平台运行绩效主要采用主观评价等定性方法，因而评价指标的设计必须能够体现出指标的可比性，即不同的评价指标应当能有很好的区分，不对受访者造成理解上的困扰。此外，评价指标的设计还应当考虑测度方面的便利性，使评价指标所需要的数据易于采集，数据的计算和评估规范、简便。因此，要求本书在设计生物医药产业创新平台的运行绩效评价指标时，必须与生物医药产业创新平台运行活动的实际情况相吻合，科学反映生物医药产业创新平台的功能全貌。产业创新平台强调的是平台对成员服务的内容、效率及效果，对生物医药产业平台而言，其运行绩效指标的设计必须考虑到对其服务内容、效率及效果的比较和评估。

3. 全面性原则

生物医药产业创新平台运营绩效评价指标应当全面反映平台运行的服务活动。本文研究中对生物医药产业创新平台运行绩效评价指标的设计主要依据两个维度：

一是生物医药产业创新平台的服务绩效。本书第四章有关生物医药产业创新平台运行机理的分析已经提到，生物医药产业创新平台主要通过其内部的合作研发伙伴开发系统、知识共享系统及科技成果服务转让系统为成员实施开放创新提供服务。因此，平台服务绩效将是生物医药产业创新平台运行绩效的重要维度之一。

二是生物医药产业创新平台的网络绩效。生物医药产业创新平台通过资源整合、知识共享及其他服务的提供，提高平台服务提供能力和资源整合及知识共享水平，可以进一步吸引生物医药产业链上更多高质量的创新主体加入平台，并促进平台成员之间展开更多的研发合作，从而扩大平台内创新网络的规模及网络内的合作频率。因此，生物医药产业创新平台的网络绩效构成了平台运行绩效的另一重要维度。

**（二）绩效评价指标的设计过程**

产业创新平台的绩效评价是以特定指标体系为基础，运用相关的数理统计方法及经济管理模型，并按照相应的标准和程序，通过横向或纵向的比较分析，对某一特定期间不同平台或某一特定平台在不同运行期间的效果和效益进行客观、公正和综合评判的过程。层次分析法、数据包络分析法、主成分分析法等综合评价方法是经济管理研究中最常用的绩效评价方法。显然，生物医药产业创新平台的运行绩效是一个较为抽象的概念，而通常考察对象的概念越抽象，研究中对其进行测量也就越困难。因此，采用上述的综合评价方法对生物医药产业创新平台的运行绩效进行直接测量和评价时，可能并不一定完全适合，相反，应当尽量用一组可观察的其他变量来反映。

在现有的方法论中，主要有推理法和归纳法两种方法来设计评价指标或量表的测度题目。前者要求研究人员必须对所要研究的现象有足够的了解，并对相关文献进行全面回顾后再建立理论定义。后者适合于研究的相关概念缺乏充足的辨识纬度。考虑到生物医药产业创新平台运行绩效的概念较为抽象，现有文献也缺乏直接的评价指标，因此本文在开发生物医药产业创新平台运行绩效的测量量表时将采用归纳法。

为更好设计我国生物医药产业创新平台运行绩效的评价指标体系，本书在量表开发过程中，首先通过理论分析将生物医药产业创新平台运行绩效评价指标划分为服务绩效与网络绩效两个维度；为更好对生物医药产业创新平台运行绩效两个维度进行测量，本书进而通过深度访谈设计了测度服务绩效和网络绩效的若干问项，并进行初步评估筛选测量题项；最后，为验证量表的合理性，本书对筛选的测量题项进行了小样本试验并修订量表。

1. 平台绩效评价指标的理论分析

根据本书第四章有关生物医药产业创新平台运行机理的分析，生物医药产业创新平台主要是为生物医药产业链上的创新主体实施开放创新提供服务，吸引更多高质量的创新需求者和创新提供者加入平台，并促进成员之间的创新合作。因此，本书认为，生物医药产业创新平台的运行绩效主要体现在以下两个方面：

(1) 生物医药产业创新平台在运行过程中，对成员的服务水平得到了提升，即前文提到的服务绩效；

(2) 生物医药产业创新平台在运行过程中，吸引了生物医药产业链上更多高质量的创新需求者和创新提供者加入平台，即前文提到的网络绩效。

由此，本书将从平台服务绩效和平台网络绩效两个方面来度量生物医药产业创新平台的运行绩效。生物医药产业创新平台的服务绩效主要包括服务范围、服务能力、服务成本、服务的响应速度四个方面；生物医药产业创新平台的网络绩效主要包括平台成员数量、成员间的合作频率(合作机会)、成员合作对象的数量以及成员间合作的成功率等四个方面。

2. 平台绩效评价指标的深度访谈

为获得生物医药产业创新平台运行绩效的具体评价指标，在文本研究时分别对与生物医药产业创新平台有关的政府管理部门、生物医药企业、风险投资、部分生物医药产业创新平台的管理人员等 7 位人士进行了深度访谈。访谈对象的年龄范围在 35～52 岁之间，教育程度在大学本科至博士研究生之间。在访谈中，受访对象就以下几个问题提出了建议：

（1）生物医药产业创新平台的运行绩效主要体现在哪些方面？

（2）生物医药产业创新平台运行的服务绩效怎样体现？

（3）生物医药产业创新平台运行的网络绩效怎样体现？

3. 平台绩效指标的初步评估

根据理论分析和深度访谈初步制定的生物医药产业创新平台运行绩效的评价指标，以上海张江高科技园区内的部分生物医药企业和平台的15名管理和研发人员为样本，按照“重要—不重要”的标准对这些评价指标进行两极分类。为提高绩效评估效率，收到两极分类结果后，本书对5人以上表示“不重要”的绩效评价指标予以排除，最后共保留的用于评价生物医药产业创新平台运行绩效的评估指标共8项。其中，生物医药产业创新平台运行的服务绩效4项，分别是：

在生物医药产业创新平台的运行中，平台对成员提供的服务范围得到扩展；

在生物医药产业创新平台的运行中，平台对成员提供服务的能力得到提高；

在生物医药产业创新平台的运行中，平台向成员提供服务的成本出现下降；

在生物医药产业创新平台的运行中，平台向成员提供服务的响应速度明显加快。

生物医药产业创新平台运行的网络绩效4项，分别是：

在生物医药产业创新平台的运行中，加入平台的成员数量明显增加；

在生物医药产业创新平台的运行中，成员间的合作机会明显增加；

在生物医药产业创新平台的运行中，平台成员获取外部资源的渠道明显增加；

在生物医药产业创新平台的运行中，平台成员之间的合作成功率明显提高。

4. 平台绩效指标的预测试

在对生物医药产业创新平台运行绩效指标进行初步评估后，本书先以上海地区的部分生物医药产业创新平台及参与生物医药产业创新平台的企业和科研机构为调查对象，共发放问卷50份，最后回收问卷45份，回收率为90%，剔除无效问卷3份，最终回收有效问卷42份，有效问卷回收率为84%。

以 42 份有效问卷为样本数据，对生物医药产业创新平台运行绩效的评价指标进行因子分析。分析结果表明，KMO(Kaiser-Meyer-Olkin Measure of Sample Adequacy)值为 0.910，大于因子分析的最低标准值 0.5；巴特利特(Bartlett)球体检验小于 0.001，拒绝相关矩阵为单位矩阵的原假设，表明数据可以进行因子分析。

因子分析表明，生物医药产业创新平台运行绩效评价指标的特征值最低为 0.681，最高为 0.874(见表 5-4)，均大于 0.5，表明各问项较好地测度了平台运行绩效。

**表 5-4　生物医药产业创新平台运行绩效指标特征值**

| | Initial | Extraction |
|---|---|---|
| A1 | 1.000 | 0.864 |
| A2 | 1.000 | 0.835 |
| A3 | 1.000 | 0.866 |
| A4 | 1.000 | 0.798 |
| B1 | 1.000 | 0.786 |
| B2 | 1.000 | 0.681 |
| B3 | 1.000 | 0.779 |
| B4 | 1.000 | 0.874 |

采用主成分分析方法对生物医药产业创新平台绩效评价指标进行因子提取，舍弃低于 0.5 的因子载荷值，并作因子旋转后得到了生物医药产业创新平台运行绩效的两因子结构，各因子载荷如表 5-5 所示。

**表 5-5　生物医药产业创新平台运行绩效因子载荷矩阵**

| 运行绩效 | | Component | |
|---|---|---|---|
| | | 1 | 2 |
| 服务绩效 | A1 在平台运行中，平台对成员提供的服务范围得到扩展 | 0.853 | |
| | A2 在平台运行中，平台对成员提供服务的能力得到提高 | 0.816 | |
| | A3 在平台运行中，平台向成员提供服务的成本出现下降 | 0.855 | |
| | A4 在平台的运行中，平台向成员提供服务的响应速度明显加快 | 0.691 | |

（续表）

| 运行绩效 | | Component | |
|---|---|---|---|
| | | 1 | 2 |
| 网络绩效 | B1 在平台运行中，加入平台的成员数量明显增加 | | 0.755 |
| | B2 在平台运行中，平台成员之间的合作成功率明显提高 | 0.706 | |
| | B3 在生平台运行中，成员间的合作机会明显增加 | | 0.768 |
| | B4 在平台运行中，平台成员获取外部资源的渠道明显增加 | | 0.875 |

基于预测试问卷的量表效度分析发现（量表效度的具体分析将在本章后续内容中介绍），问卷中题项 B2 进入了生物医药产业创新平台运行的服务绩效这一维度中，因此本研究决定删除生物医药产业创新平台网络绩效量表中的题项 B2 以确保量表的整体可靠性。

**（三）模糊评价的指标体系**

经过上述理论分析、深度访谈、初步评估和问卷的预测试等过程，本书得到了生物医药产业创新平台运行绩效的评价指标体系及其测量题项，共包括两个二级指标 7 个测量问项（见图 5-1）。

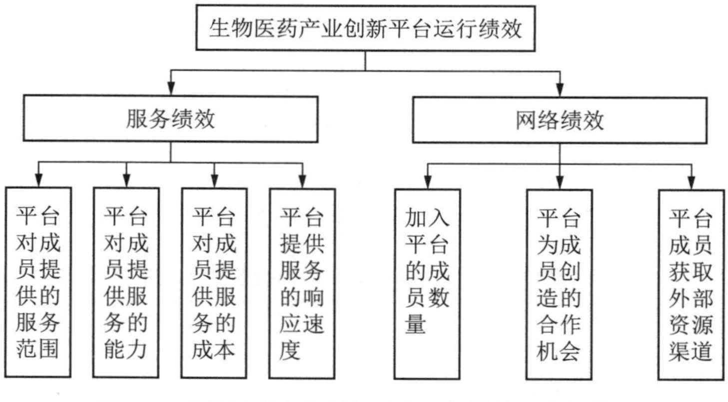


图 5-1　生物医药产业创新平台运行绩效的指标体系

其中，生物医药产业创新平台运行服务绩效的测量题项及二级指标有 4 个：在生物医药产业创新平台的运行中，平台对成员提供的服务范围得到扩展；在生物医药产业创新平台的运行中，平台对成员提供服务的能力得到提高；在生物医药产业创新平台的运行中，平台向成员提供服务的成本出现下降；在生物医药产业创新平台的运行中，平台向成员提供服务的响应速度明显加快。生物医药产业创新平台运行网络绩效的测量题项及二级指标有3个：在生物医药产业创新平台的运行中，加入平台的成员数量明显增加；在生物医药产业创新平台的运行中，平台成员间的合作机会明显增加；在生物医药产业创新平台的运行中，平台成员获取外部资源的渠道明显增加。

本书研究采用李克特（Likert-type Scale）5分量表（陈正昌等，2005；Daniel & McInerney，2005）来测量生物医药产业创新平台运行绩效的7个题项。对问卷数据录入时采用如下方式："完全同意"赋值5、"同意"赋值4、"中间立场"赋值3、"反对"赋值2、"完全反对"赋值1。

## 三、我国生物医药产业创新平台运行绩效的模糊评价

### （一）评价指标权重

本书采用问卷调查的方式收集数据，通过将之前构建的生物医药产业创新平台运行绩效指标体系设计为调查问卷，以参与生物医药产业创新平台的企业、科研院所、政府部门等机构的管理人员及部分平台的管理人员为调查对象，共发放问卷489份，回收412份，其中，有效问卷381份，有效回收率为77.9%。对生物医药产业创新平台运行绩效的指标体系，本书一律采用李克特（Likert-type Scale）5点量表来测量。

本书采用层次分析法（AHP）确定各级指标权重。根据层次分析法，本书研究确定的评价对象集为

$P$＝我国生物医药产业创新平台的运行绩效；

评价因子集为

$u=\{u_1, u_2\}$＝{服务绩效，网络绩效}；

评语等级论域即评价集 $v=\{v_1, v_2, v_3, v_4, v_5\}$＝{好，较好，一般，较差，差}，评语等级对应的分级标准见表5-6。

**表5-6　评价定量分级标准**

| 评价值 | 评语 | 定级 |
|---|---|---|
| $x_i \geqslant 4.5$ | 好 | E1 |
| $3.5 \leqslant x_i < 4.5$ | 较好 | E2 |
| $2.5 \leqslant x_i < 3.5$ | 一般 | E3 |
| $1.5 \leqslant x_i < 2.5$ | 较差 | E4 |
| $x_i < 1.5$ | 差 | E5 |

本书先求解二级评价指标的权重，再求解一级指标的权重。

为求解服务绩效下属的4个二级指标的权重，本书构建一致性判断矩阵 $S$ 如下：

$$S=\begin{bmatrix} 1 & \frac{4}{3} & \frac{5}{4} & 1 \\ \frac{3}{4} & 1 & \frac{9}{10} & \frac{8}{9} \\ \frac{4}{5} & \frac{10}{9} & 1 & \frac{4}{5} \\ 1 & \frac{9}{8} & \frac{5}{4} & 1 \end{bmatrix}$$

用R软件计算判断矩阵 $S$ 的最大特征根 $\lambda_{max}=4.004\,687$，对应的特征向量为[0.561 081 5　0.435 236 6　0.453 695 5　0.538 439 4]；一致性指标 $CI=\frac{\lambda_{1max}-n}{n-1}=\frac{4.004\,687-4}{4-1}=0.001\,562$，平均随机一致性指标 $RI=1.16$，则随机一致性比率 $CR=\frac{CI_1}{RI}=\frac{0.001\,562}{1.16}=0.001\,347<0.1$，即判断矩阵通过了一致性检验，表明层次分析的排序具有很强一致性，权重分配非常合理。对对应的特征向量进行归一化处理，得到了服务绩效下属四个二级指标的最终权重向量 $A_1$=[0.282 17　0.218 882　0.228 165　0.270 783]。

采用同样的方法，可以求得网络绩效下属的三个二级指标的最终权重向量 $A_2$=[0.398 281　0.377 771　0.223 949]，平台运行绩效下属的两个一级指标的最终权向量 $A_0$=[0.555 555 571　0.444 444 429]。

综合以上分析，得到我国生物医药产业创新平台运行绩效评价指标体系的权重体系（见表5-7）

**表5-7　生物医药产业创新平台运行绩效指标体系权重**

| 一级评价指标 | 二级评价指标 | 权重 |
|---|---|---|
| 服务绩效A（0.556） | A1 服务范围 | 0.282 |
| | A2 服务能力 | 0.219 |
| | A3 服务成本 | 0.228 |
| | A4 服务的响应速度 | 0.271 |

（续表）

| 一级评价指标 | 二级评价指标 | 权重 |
| --- | --- | --- |
| 网络绩效 B（0.444） | B1 成员数量 | 0.398 |
| | B2 合作机会 | 0.378 |
| | B3 获取外部资源的渠道 | 0.224 |

### （二）模糊评价结果

在模糊综合评价中通常采用的是取大取小算法，因而在运算过程中会丢失很多有价值的信息，从而导致模型实效的情况。针对这一问题，本文将采用加权平均的模糊合成算子来合成我国生物医药产业创新平台运行绩效的模糊评价结果。

1. 模糊评价结果向量

（1）平台服务绩效的评价结果向量。

首先建立我国生物医药产业创新平台服务绩效的模糊关系矩阵：

$$R_1=\begin{bmatrix} R| & u_1 \\ R| & u_2 \\ R| & u_3 \\ R| & u_4 \end{bmatrix}=\begin{bmatrix} 0.102\,362 & 0.317\,585 & 0.425\,197 & 0.125\,984 & 0.028\,871 \\ 0.081\,365 & 0.278\,215 & 0.430\,446 & 0.170\,604 & 0.039\,37 \\ 0.060\,367 & 0.293\,963 & 0.433\,071 & 0.165\,354 & 0.047\,244 \\ 0.083\,99 & 0.328\,084 & 0.414\,698 & 0.136\,483 & 0.036\,745 \end{bmatrix}$$

利用层次分析所得到的服务绩效下属二级指标的权重矩阵$A_1$与服务绩效的模糊关系矩阵$R_1$进行合成，可得到服务绩效的模糊综合评价结果向量$B_1=A_1\times R_1$，则：

$$B_1=\begin{bmatrix} 0.282\,17 \\ 0.218\,882 \\ 0.228\,165 \\ 0.270\,783 \end{bmatrix}'\begin{bmatrix} 0.102\,362 & 0.317\,585 & 0.425\,197 & 0.125\,984 & 0.028\,871 \\ 0.081\,365 & 0.278\,215 & 0.430\,446 & 0.170\,604 & 0.039\,37 \\ 0.060\,367 & 0.293\,963 & 0.433\,071 & 0.165\,354 & 0.047\,244 \\ 0.083\,99 & 0.328\,084 & 0.414\,698 & 0.136\,483 & 0.036\,745 \end{bmatrix}$$

$$=[0.083\,21 \quad 0.306\,421 \quad 0.425\,3 \quad 0.147\,576 \quad 0.037\,494]$$

经归一化处理后，平台服务绩效的模糊综合评价结果向量为

$$B_1=[0.083\,21 \quad 0.306\,421 \quad 0.425\,3 \quad 0.147\,576 \quad 0.037\,494]$$

（2）平台网络绩效的评价结果向量。

首先建立我国生物医药产业创新平台网络绩效的模糊关系矩阵：

$$R_2=\begin{bmatrix} R| & u_1 \\ R| & u_2 \\ R| & u_3 \end{bmatrix}=\begin{bmatrix} 0.133\,858 & 0.330\,709 & 0.349\,081 & 0.157\,48 & 0.028\,871 \\ 0.097\,113 & 0.270\,341 & 0.435\,696 & 0.152\,231 & 0.044\,619 \\ 0.128\,609 & 0.267\,717 & 0.312\,336 & 0.236\,22 & 0.055\,118 \end{bmatrix}$$

利用层次分析所得到的服务绩效下属二级指标的权重矩阵$A_2$与网络绩效的模糊关系矩阵$R_1$进行合成，可得到服务绩效的模糊综合评价结果向量$B_2=A_2\times R_1$，则：

$$B_2=\begin{bmatrix} 0.398\,281 \\ 0.377\,771 \\ 0.223\,949 \end{bmatrix}'\begin{bmatrix} 0.133\,858 & 0.330\,709 & 0.349\,081 & 0.157\,48 & 0.028\,871 \\ 0.097\,113 & 0.270\,341 & 0.435\,696 & 0.152\,231 & 0.044\,619 \\ 0.128\,609 & 0.267\,717 & 0.312\,336 & 0.236\,22 & 0.055\,118 \end{bmatrix}$$
$$=[0.118\,801 \quad 0.293\,797 \quad 0.373\,573 \quad 0.173\,131 \quad 0.040\,698]$$

经归一化处理后，网络绩效的模糊综合评价结果向量为：

$$B_2=[0.118\,801 \quad 0.293\,797 \quad 0.373\,573 \quad 0.173\,131 \quad 0.040\,698]$$

2. 综合评分值等级评定

根据每个指标的划分等级和对应的模糊综合评价结果向量，可以加权合成我国生物医药产业创新平台综合评分值。其中，生物医药产业创新平台整体运行绩效的综合评分值

我国生物医药产业创新平台服务绩效的综合评分值：

$$V_1=0.083\times5+0.306\times4+0.425\times3+0.148\times2+0.037\times1=3.250$$

我国生物医药产业创新平台网络绩效的综合评分值：

$$V_2=0.119\times5+0.294\times4+0.374\times3+0.173\times2+0.041\times1=3.277$$

对照表 5.3 所确定的评价定量分级标准可知，我国生物医药产业创新平台服务绩效和网络绩效的综合评价结果均为“一般”，属于 E3 级。从二者的评分等级大小可以看出，与“网络绩效”相比，“服务绩效”的评价更低。根据“服务绩效”和“网络绩效”的权重，可以合成我国生物医药产业创新平台运行绩效的综合评价分值，即：

$$V=3.250\times0.556+3.277\times0.444=3.262$$

结合表 5-3 所确定的评价定量分级标准，说明我国生物医药产业创新平台运行绩效的综合评价结果为“一般”，属于 E3 级。

## 第四节　本章小结

本章首先结合案例对我国生物医药产业创新平台的实践进行了简要论述，并分别运用数据包络分析方法和模糊评价方法对我国生物医药产业创新平台的运行绩效进行了直接和间接评价。在采用数据包络分析方法对国内具有代表性的生物医药产业创新平台的运行绩效进行直接评价时发现，达到 DEA 相对有效的创新平台不足三层，其运行效率的平均值明显偏低。在采用模糊评价方法对我国生物医药产业创新平台的运行绩效进行间接评价时，本章采用深度访谈、半开放式问卷调查和初步评估等方法获得具体的评价量表，构建了评价我国生物医药产业创新平台运行绩效的综合评价指标体系，该指标体系包括“服务绩效”和“网络绩效”两个一级指标，“服务绩效”包含了“服务范围”“服务能力”“服务成本”和“服务的响应速度”四个二级指标，“网络绩效”包含了“成员数量”“合作机会”和“获取外部资源的渠道”三个二级指标。在此基础上，本章还运用层次分析方法确定了运行绩效评价指标体系的权重。模糊评价的结果表明，我国生物医药产业创新平台运行绩效均一般，而且相对于“网络绩效”而言，“服务绩效”的水平更低。

# 第六章　生物医药产业创新平台运行绩效的影响因素

本章将在第五章研究的基础上，构建影响我国生物医药产业创新平台运行绩效主要因素的理论模型，分析平台资源结构、平台运行的政策环境、平台的开放程度、平台及成员间的信任水平及平台的契约治理机制对生物医药产业创新平台运行绩效的影响，并提出相关研究假设。接着，本章将介绍本书的实证研究设计，包括研究方法、各影响因素的测量、问卷发放和回收情况，最后基于问卷数据对各测量量表进行信度和效度检验。本章研究的主要目的是为后文的实证研究奠定理论、技术和数据基础。

## 第一节　平台运行绩效影响因素的理论模型

生物医药产业创新平台的基本功能是在生物医药产业链创新主体之间形成动态稳定的创新网络并进行有效治理、整合创新网络内的各种创新资源、促进网络内各创新主体之间通过合作创新、资源共享和科研技术服务及成果转让等方式实施开放创新，其根本目的在于降低生物医药业的创新成本和风险、提高药物开放效率。在对合作研发、资源共享尤其是知识共享以及创新网络的研究中，学者们已经提出了许多富有建设性的思路：

1. 平台资源结构

平台通过自身及其成员汇聚的创新资源及其结构对产业创新平台的运行绩效具有重要影响。产业创新平台中参与成员的质量水平对产业创新平台参与成员实现自身目标具有重要意义，其参与成员整体质量的高低，直接决定了其合作研发伙伴开发系统、科技成果（服务）转让系统和知识共享系统的价值，从而影响创新平台的运行绩效。

有关战略联盟的研究文献表明，取得更多合作的基础是对合作伙伴进行合理选择（Rajiv et al.，2006），其背后的意义是战略联盟的成功有赖于合作伙伴的资源质量。赵岑和姜彦福的研究发现，企业建立战略联盟或展开合作的主要目的是获取分享或交换稀缺资源，因此对合作伙伴提出了很高的要求。合作各方通过资源聚集所创造的价值超过分散在各自企业中所创造的价值，即产生了资源联合优势（赵岑、姜彦福，2010）。易朝晖和夏清华（2007）明确提出，合作伙伴的选择应当考虑其资源状况，并认为伙伴的资源潜力对合作的绩效具有重要影响。对于生物医药产业而言，如何在新药开发和商业化过程中有效获取知识和互补性资源是其主要挑战之一（Owen & Powell, 2004），这也是生物医药产业链创新主体加入和运用创新平台的主要动机。因此，研究生物医药产业创新平台运行绩效的影响因素，必须要将平台的资源结构纳入考量范围之内。

2. 平台及成员间的信任水平

信任是指一种基于对他人的积极预期进而愿意接受某种脆弱性（Vulnerability）的状态（Mayer et al., 1995; Rousseau et al., 1998）。大多数研究认为，成员间的信任程度是研发联盟等产业创新平台成功的一个关键因素（Krishnan et al., 2006; DeJong & Woolthuis, 2008）。

信任可让成员更容易达成合作的共识，即合作各方都相信合作的成果会明显大于独自开发的收获，提高对合作成功的预期，进而促使伙伴之间产生长期合作的意愿，并最终有利于合作伙伴之间的资源传递、资源交换和资源共享。朗弗雷德等人（Langfred, 2004; Arino et al., 2001）认为，相互信任有利于降低成员对其他伙伴机会主义行为的担忧，增加平台成员间的合作概率，提高合作质量；还有研究表明，信任还有利于减少成员间的冲突（Zaheer et al., 1998），降低成员间合作的管理成本（Dyer & Chu, 2003）；信任还有利于伙伴之间相互协调应对外部环境的变化，从而降低创新活动的风险，提高了相互间合作的灵活性和应变能力（Hill, 1990）；Inkpen（2000）在研究联盟的知识共享时发现，信任还是联盟知识共享的重要基础和决定因素。潘镇和李晏墅（2008）在运用结构方程模型对信任与战略联盟绩效的影响进行实证研究的时候也证实了成员之间的信任程度对战略联盟的绩效具有明显影响。

3. 平台开放度

平台开放度主要是指产业链上的相关主体谁有权利利用平台的资源和服务，以及谁可以加入产业创新平台（Petrusson et al., 2010）。

受制于信息、资源和能力等各方面的限制，生物医药产业链创新主体已不能只在其组织内部获取创新所需的信息、知识和能力，因而不得不在生物医药创新链的各个环节寻求合作。切斯布洛（Chesbrough, 2003）提出的开放式创新为生物医药产业内的创新主体突破创新瓶颈提供了一种全新的创新管理模式。生物医药产业创新主体加入创新平台，正是希望利用创新平台搭建的创新网络及提供的相关服务，与潜在创新合作伙伴建立更广泛的联系，从而更多地从外部获取药物创新所必须的知识、能力及其他创新资源。佩尼拉等人(Pernilla & Jonsson, 2010)在研究生物科技产业创新平台时明确提出，生物科技产业创新平台的开放程度对生物产业内成员加入创新平台、利用创新平台具有显著影响。

4. 政策环境

正如前文所述，生物医药产业是一个受到政府高度规制的创新驱动型行业，政府的监管政策、医疗保险政策及知识产权保护政策等对生物医药产业的发展具有重要影响。骆夔龙(2009)在研究我国生物医药产业创新的政策环境时认为，我国的生物医药产业正处在一个巨大的政策变革期，而对我国生物医药产业发展影响最大的正是医疗体制改革、医药市场准入政策、医药市场监管政策和医药创新扶持政策等。生物医药产业创新平台通过搭建和拓展生物医药产业创新网络，为产业创新主体提供合作伙伴开发、知识共享和科技服务成果转让等服务，从而加快药物研发进程、降低药物开发成本，而周德胜(2008)在研究生物制药产业化影响及其作用机理时发现，政策环境对生物医药产业的创新及其产业化进程具有重要影响。

5. 平台契约治理机制

在产业创新平台的运行过程中，平台及其成员需要根据其目标，选择适当的契约治理机制来引导合作各方的行为，并降低相互间的合作风险。卢希等人(Lusch & Brown, 1996)在研究战略联盟的知识共享时发现，契约控制可以有效地降低联盟的关系风险，从而有利于联盟内的知识共享。

根据交易成本理论，完备性高的契约治理机制可以有效地促进生物医药产业创新平台内的知识共享。完备性高的契约治理机制可以减少平台制度漏洞，从而减少各方的机会主义行为，有利于引导平台成员间的合作。契约治理机制还可以有效减少可能危及合作的各种冲突，因为明确的契约可以为各方当事人的权利、义务及解决双方冲突的基本原则和主要程序提供一个明确的制度框架(Williamson, 1999)。通过帮助各方明确自身的职责、利益和需要，契约治理机制还能够协调合作各方的共同目标，并降低合作管理的复杂性(赵阳等,2009)。代尔等人(Dyer 和 Singh, 1998)在研究战略联盟之间的知识共享时提出，完备的契约不仅有利于明确合作伙伴的各自利益，并且各方还可根据合同规定对其他伙伴在知识共享中采取的机会主义行为进行相应的惩罚，从而有助于打消合作各方对实施知识共享的顾虑，促进知识共享的顺利进行。波波等人(Poppo & Zenger, 2002)在研究正式的契约机制与关系治理作用时指出,对合作的相应规则、合作的主要方式及相应的合作流程等主要事项,正式的契约机制可以通过事先在合同条款中进行明确规定,从而有利于促使合作各方据此进行知识交换与共享。对合作各方的权利义务进行明晰界定的正式契约机制不但能够显著地降低各方在合作中的协调成本,而且有利于提高成员间进行知识共享的效率。

更重要的是,平台在硬件条件方面的优势需要平台治理机制的整合,才能对生物医药产业创新平台的运行绩效产生更好的化学作用,即完善的治理机制还将对其他因素与平台运行绩效的关系形成调节作用。

综上所述,平台资源结构、平台及成员间的信任水平、平台开放性、平台治理机制的完备性及平台运行的政策环境对生物医药产业创新平台的运行绩效具有重要影响。因此,本书认为平台的资源结构直接决定了平台的资源状况和服务能力,平台及其成员间的信任机制对平台提供合作创新伙伴开发、知识共享及科技服务成果转让等服务的过程构成了影响,平台开放程度对平台创新网络的扩展具有重要影响。政府的税收、监管及知识产权保护等相关政策是生物医药产业创新平台运行的重要环境因素,会对平台运行绩效产生影响。平台治理机制是调节平台与成员及平台成员之间利益关系的主要工具,因而它不仅会直接影响生物医药产业创新平台的运行绩效,而且还会通过影响平台的资源结构、平台开放程度等其他因素对生物医药产业创新平台运行绩效产生间接影响。为此,本文建立了如图 6-1 所述的生

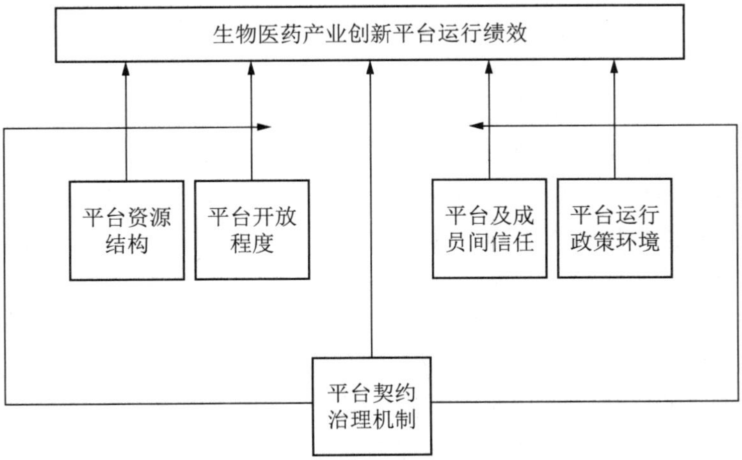


图 6-1　生物医药产业创新平台运行绩效的影响因素模型

物医药产业创新平台运行绩效影响因素的理论模型。从图 6-1 可以看出，平台的资源结构、平台开放程度、平台契约治理机制、平台及其成员间的信任水平及平台运行的政策环境会对生物医药产业创新平台的运行绩效产生直接影响。另外，平台的治理机制还会通过影响平台资源结构、平台开放度、平台及成员间信任水平从而间接影响平台运行绩效。

## 一、平台资源结构对运行绩效的影响

前文指出，生物医药产业的研究开发活动需要综合运用多学科技术，成员加入生物医药产业创新平台的主要动机之一就在于利用平台及平台内其他成员的资源、能力、知识和服务等，从而通过合作研究、知识共享、研发外包或技术交易等开放创新方式提高医药开发的效率、降低药物研发成本和风险。

为更好利用开放创新方式推动药物开发，默克、葛兰素史克、诺华、礼来、辉瑞等跨国制药公司无不重视其伙伴的选择，以便于更好获得高质量的创新资源。比如，默克公司在决定对其研制的癌症治疗药物实施流入式开放创新时，便对其合作伙伴进行了精心选择，最终在 2010 年 6 月确定了巴西国家癌症研究所、加拿大马格瑞特公主医院及安大略癌症研究所、法国古斯塔夫鲁西研究所、以色列夏巴医学中心、首尔国立医学院、荷兰癌症研究所、奥斯陆大学医院、中国台湾大学医院、梅约医院癌症中心、得克萨斯大学 MD 安德森癌症中心等具有更强资源优势的共计 15 家机构作为合作伙伴，为其开发的癌症候选药物进行早期临床和Ⅰ、Ⅱ期临床试验。这些机构无不在癌症及其治疗药物的研究领域具有突出的研究能力和丰富的合作研究经验。

生物医药产业创新平台汇聚的各种创新资源主要来自其成员，其主要成员一般包括传统大型制药企业、合同外包组织、中小型制药公司、生物科技公司、医院以及大学及科研机构等，这些主体通常都具备自身独有的资源和能力。这些机构加入生物医药产业创新平台，正是希望从平台及其他成员获得创意或其他创新资源，从而加强自身的创新能力。具有更多独特资源、能力和知识的成员对可能的潜在伙伴而言更具吸引力，更容易满足其潜在伙伴的创新需要。平台汇聚和集成的创新资源结构的优化程度越高，则平台通过资源整合后的服务能力就越强，为成员间创造的合作机会也就越多，生物医药产业创新平台成员从平台获取稀缺资源的可能就越大。

综合以上分析，本书可以提出以下假设：

假设 1　平台资源结构的优化程度越高，生物医药产业创新平台的运行绩效越好。

假设 1a　平台资源结构的优化程度越高，生物医药产业创新平台的服务绩效越好。

假设 1b　平台资源结构的优化程度越高，生物医药产业创新平台的网络绩效越好。

## 二、平台及其成员间的信任水平对运行绩效的影响

生物医药产业创新平台与其成员之间及其成员与成员之间首先是一种合作关系，而信任则是不同主体之间成功合作的前提和基础。在研究战略联盟和合作研发的相关文献中，信任一直被看作是影响绩效和合作稳定性的重要影响因素（周杰，2009；Inkpen & Currall，2004；姚小涛、席酉民，2008）。

信任表明合作伙伴之间愿意向合作伙伴开放并与其共享自身拥有的有价值的创新资源，包括那些秘密信息和隐性知识，并愿意承担由此带来的相应风险。信任也意味着成员在不进行监督的情况下，合作伙伴不会利用其弱点来谋取其他利益。

生物医药产业创新平台的主要运行机理在于通过合作研发伙伴开发、科技服务成果转让及资源共享等方式为成员提供服务，成员在加入平台后也为平台和其他成员提供合作研发和资源共享等服务。成员在接受平台及平台其他成员提供的服务时，必须相信对方的服务能力和服务水平，即对对方产生信赖。本书在对上海张江药谷平台进行调研时发现，成员加入张江药谷平台并接受其服务的一个重要原因就在于他们相信药谷平台的资源整合能力和服务提供能力。一方面，药谷平台是一家政府投资建设并扶持发展的生物医药研发服务平台，另一方面，药谷平台已经促成了包括上海之江生物等成员在内的许多企业的创新成功，从而使平台与成员之间具备了信任的历史基础。

所以，在加入生物医药产业创新平台，从而通过平台与其他成员共享创新资源，或者利用平台及其他成员的相关资源和服务时，很大程度都是取决于成员对平台的信任。成员对平台的信赖程度更高，则更愿意将自身拥有的知识、信息及其他创新资源用于共享，更愿意接受平台提供的其他相关服务，更愿意相信和接纳其他成员提供的信息、知识和服务。

综合以上分析，本文可以提出如下假设：

假设2 平台及其成员的信任水平越高，生物医药产业创新平台的运行绩效越好。

假设2a 平台及其成员的信任水平越高，生物医药产业创新平台的服务绩效越好。

假设2b 平台及其成员的信任水平越高，生物医药产业创新平台的网络绩效越好。

## 三、平台开放度对运行绩效的影响

根据佩特鲁森等人(2010)的定义，生物医药产业创新平台的开放度主要是指生物医药产业链上的创新主体加入平台或使用平台资源或服务的条件。国内外现有的生物医药产业创新平台一般都对成员加入规定了一定的条件，比如以知识产权、知识和技术共享为主要目的的生物开放源平台(Biological Open Source，缩写"BiOS")就对成员加入平台及成员在研发和创新中使用平台汇聚的具有知识产权的知识和技术采取了一定的限制措施，而以促成合作研发联盟为主要目的的欧盟创新药物计划(The Innovative Medicines Initiative，缩写"IMI")则没有对成员的加入设置任何限制。任何企业或科研机构都可申请加入平台，平台汇聚的各种资源也对所有成员开放。本书在对上海公共研发平台进行调研时发现，平台汇聚的大多数数据和文献资源，任何人通过网上注册均可使用，但对成员加盟平台却设置了一定条件，包括成员单位的注册地和经营地必须在上海、必须拥有一定的科技资源并同意对外提供共享服务等。

平台开放度通过设置一定的条件，一方面可以对成员的加入形成限制，另一方面也对成员利用平台提供的创新资源和服务构成了限制，其最终结果必然对平台的吸引力构成影响，从而影响生物医药产业创新平台的运行绩效。

综合以上分析，本书可以提出如下假设：

假设3 平台开放度越高，生物医药产业创新平台的运行绩效越好。

假设3a 平台开放度越高，生物医药产业创新平台的服务绩效越好。

假设3b 平台开放度越高，生物医药产业创新平台的网络绩效越好。

## 四、政策环境对运行绩效的影响

政策环境尤其是一国的相关法律框架是生物医药产业创新平台建立并确保其实现自身目标的基础。考察生物医药产业创新平台的运行绩效，绝对不能回避平台建立和运行的政策环境(Petrusson et al.，2010)。对生物医药产业创新平台运行绩效构成直接影响的政策环境主要包括知识产权保护政策、税收政策、研发扶持政策等。

正如本书第三章分析，生物医药产业是一个典型的创新驱动型产业，完善的知识产权保护政策对其创新和发展具有重要影响。生物医药产业创新平台的根本目的在于整合生物医药产业链上的各种创新资源，促进生物医药产业创新，因而必然受到知识产权保护政策的影响。一方面，完善的知识产权保护政策可以确保专利持有人在专利有效期内的法定市场独占权，从而刺激平台成员加大研发投入、增强自身的研发能力；另一方面，完善的知识产权保护政策可以提高对知识产权侵权行为的防范力度，打消成员对知识产权遭到恶意侵犯的担忧，鼓励成员通过生物医药产业创新平台实现知识共享。此外，完善的知识产权保护政策还有利于降低平台成员在技术外包、成果转让及合作研发过程中的交易成本，减少成员间合作的冲突，提高生物医药产业创新平台的运行效率。

研究战略联盟的学者们认为，相互独立的法人实体之间进行知识、创新资源的整合，其实质在于成员之间进行资源交换，从而在价值链上发挥不同的作用(Lee et al.，2010)。生物医药产业创新平台正是通过其合作伙伴开发系统、知识共享系统和科技服务成果转让系统，促进成员之间进行研发合作和技术交易，而交易环节的各种税费必然对生物医药产业创新平台的运行构成影响。我国是一个以流转税为主要税收来源的国家，不同主体之间发生的每一笔法定交易，都必须依法缴纳增值税或营业税，特别是在服务外包包括研发服务外包及技术交易时所缴纳的营业税，企业通常无法进行抵扣，也无法计入企业无形资产进行年度这就，而必须计入当年成本。交易环节产生的这些税费尤其是以营业税为代表的不可抵扣税费，将阻碍企业之间的分工深化，从而降低平台成员之间的合作机会，不利于生物医药产业创新平台运行绩效的提高。

基于以上分析，本书可以提出以下假设：

假设4　政策环境越完善，生物医药产业创新平台的运行绩效越好。

假设4a 政策环境越完善，生物医药产业创新平台的服务绩效越好。

假设4b 政策环境越完善，生物医药产业创新平台的网络绩效越好。

## 五、平台契约治理机制对运行绩效的影响

在生物医药产业创新平台向其成员提供服务的过程中，或者在平台成员相互之间进行合作研发、资源共享或者科技服务成果交易的过程中，各方的利益关系必须选择合理的治理机制进行约束、激励和制衡，以确保生物医药产业创新平台及其成员各自的利益和平台的有效运转。生物医药产业创新平台的契约治理机制是指由一系列针对平台及其成员的规则契约体系构成，这些规则契约概括了平台及其成员可以采取哪些行为、不能采取哪些行为，以及由此带来的后果等。

在生物医药产业创新平台的运行过程中，平台成员间往往存在不同的目标和利益，部分成员的目标和利益在一定程度上还存在较大的冲突，如果产业创新平台不能公平合理地协调成员之间的利益，则会使产业创新平台的运行效果和效率大打折扣。前文提到，生物医药产业是一个研发投入大、失败风险高的创新驱动型产业，生物医药产业创新主体通过平台进行合作的基本出发点之一就是为了降低研发投入和失败的风险，但这种合作本身又面临着合作伙伴采取机会主义行为的风险。比如，创新供给方可以利用信息不对称的优势，将自身努力不足或能力不够所导致的失败归因于其他不可控因素，而创新需求方又无法识别，从而导致创新需求方的利益受到损失。交易成本理论认为，为控制合作过程中的各种风险，包括因信息不对称带来的机会主义行为等，管理人员必须设计适当的契约机制，详细说明应对各种风险的方法和程序(Williamson, 1991)。

卢希等人(Lusch & Brown, 1996)在研究战略联盟的知识共享时发现，完善的治理机制可以有效地降低企业间合作的风险，提高知识共享的绩效。平台的契约治理机制决定和影响了生物医药产业创新平台的运行过程，它可以详细地规定平台及成员各方的角色、义务和合作的相关程序，并对那些无法保证平台有效运行的不合作行为进行监督和惩罚。完备性高的契约治理机制将有利于合作各方识别未来合作中的潜在威胁，并采取相应的防范威胁的对策，提高合作的可能，从而实现合作各方的目标；完备性高的治理机制可以有效降低合作各方违反各自义务的风险、降低危及合作的各种冲

突;完备性高的治理机制也可以降低平台及其成员相互之间的协调成本;完备性高的治理机制还有利于降低生物医药产业创新平台运行和管理的复杂性、提高平台运行效率等。

综合以上分析,本书可以提出以下假设:

假设5 平台契约治理机制的完备程度越高,生物医药产业创新平台的运行绩效越好。

假设5a 平台契约治理机制的完备程度越高,生物医药产业创新平台的服务绩效越好。

假设5b 平台契约治理机制的完备程度越高,生物医药产业创新平台的网络绩效越好。

之前所述理论模型还提到,除对生物医药产业创新平台运行绩效构成直接效用外,完善的契约治理机制还将调节其他因素与生物医药产业创新平台运行绩效的关系。

前文提到,生物医药产业创新平台的资源结构对平台运行绩效具有重大影响,成员尤其是创新供给方加入生物医药产业创新平台,可以为平台内的创新网络汇聚更多的创新资源,包括各种信息、知识、技术、设备和能力。生物医药产业创新平台的契约治理机制可以对平台的资源结构起到调节作用,一方面,完备的治理机制可以提高平台运行的透明度,并对那些违反自身义务或采取机会主义行为的成员进行惩罚,从而淘汰那些声誉差、能力低的成员,另一方面完备的治理机制可以进一步打消生物医药产业链上优质创新主体的疑虑,吸引更多的高质量成员加入生物医药产业创新平台,并鼓励它们将更多的优质创新资源用于平台共享,从而进一步优化平台的资源结构,提高整个平台的服务能力和服务水平。

综合以上分析,本书可以提出以下假设:

假设6 完善的平台契约治理机制可以增强资源结构与生物医药产业创新平台运行绩效之间的正向关系。

假设6a 完善的平台契约治理机制可以增强资源结构与生物医药产业创新平台服务绩效之间的正向关系。

假设6b 完善的平台契约治理机制可以增强资源结构与生物医药产业创新平台网络绩效之间的正向关系。

本章假设2认为,平台及其成员之间的信任水平对生物医药产业创新平台运行绩效具有正面效应,而完善的平台治理机制可以为平台及其成员之间这种基于声誉和主观意愿的信任提供更强的制度保障。有关博弈论的许多文章已经在理论上讨论过信息透明和交易频次对信任的影响，而完善的治理机制还可以促使成员之间的信息交流和资源共享，并促成平台与成员及成员之间的重复合作，从而进一步提高生物医药产业创新平台及其成员之间的信任水平，最终有利于提高平台运行绩效。

综合以上分析，本书可以提出以下假设：

假设 7　完善的平台契约治理机制可以增强平台及其成员间信任水平与生物医药产业创新平台运行绩效之间的正向关系。

假设 7a　完善的平台契约治理机制可以增强平台及其成员间信任水平与生物医药产业创新平台服务绩效之间的正向关系。

假设 7b　完善的平台契约治理机制可以增强平台及其成员间信任水平与生物医药产业创新平台网络绩效之间的正向关系。

有关平台开放程度对生物医药产业创新平台运行绩效的正面效应，前文已在理论上进行了论述，而有关生物医药产业创新平台开放程度与治理机制的关系，彼特鲁森等人(2010)也在理论上有所阐述。彼特鲁森等人认为，生物医药产业创新平台的开放程度往往与平台治理机制紧密相关，平台在成员加入及接受服务等方面设置的条件，都需要相应的治理机制相配合(Petrusson et al., 2010)。平台开放程度越高，越需要完善的制度保障平台及其成员的利益，因而对生物医药产业创新平台治理机制的完善程度要求越高，而完善的契约治理机制又可以在更广范围内吸引更多生物医药产业链成员加入平台，在更广范围内实现资源共享、研发的分工合作，以及从制度上解决生物科技成果及服务交易所面临的障碍和困难，并最终提高平台开放程度对生物医药产业创新平台运行绩效的影响。

综合以上分析，本书可以提出以下假设：

假设 8　完善的平台契约治理机制可以增强平台开放程度与生物医药产业创新平台运行绩效之间的正向关系。

假设 8a　完善的平台契约治理机制可以增强平台开放程度与生物医药产业创新平台服务绩效之间的正向关系。

假设 8b　完善的平台契约治理机制可以增强平台开放程度与生物医药产业创新平台网络绩效之间的正向关系。

前文在提出假设 4 时已经讨论到平台运行的政策环境因素对生物医药产业创新平台的运行绩效存在较强的正面影响，在提出假设 5 时也对平台契约治理机制与生物医药产业创新平台运行绩效之间的正面效应进行了理论分析。生物医药产业创新平台在制定有关契约治理机制时，必须充分考虑现有的政策环境，比如在制定有关知识共享机制时必须充分考虑现有的知识产权保护政策，在制定有关合作研发机制及科技成果和服务交易机制时必须考虑税收和科研扶持政策等政策因素。更重要的是，在既定的政策条件下，完善的契约治理机制可以让平台及其成员更好利用政府相关政策，包括税收政策、知识产权政策和科研扶持政策等。

通过以上分析，本书可以提出以下假设：

假设 9　完善的平台契约治理机制可以增强平台政策环境与生物医药产业创新平台运行绩效之间的正向关系。

假设 9a　完善的平台契约治理机制可以增强平台政策环境与生物医药产业创新平台服务绩效之间的正向关系。

假设 9b　完善的平台契约治理机制可以增强平台政策环境与生物医药产业创新平台网络绩效之间的正向关系。

综合以上分析，本书得到生物医药产业创新平台运行绩效影响因素模型的主要假设(如表 6-1 所示)。

**表 6-1　生物医药产业创新平台运行绩效影响因素模型假设汇总表**

| 序　号 | 假　　设 |
|---|---|
| 假设 1 | 平台的资源结构越优化，生物医药产业创新平台的运行绩效越好 |
| 假设 1a | 平台的资源结构越优化，生物医药产业创新平台的服务绩效越好 |
| 假设 1b | 平台的资源结构越优化，生物医药产业创新平台的网络绩效越好 |
| 假设 2 | 平台及其成员的信任水平越高，生物医药产业创新平台的运行绩效越好 |
| 假设 2a | 平台及其成员的信任水平越高，生物医药产业创新平台的服务绩效越好 |
| 假设 2b | 平台及其成员的信任水平越高，生物医药产业创新平台的网络绩效越好 |
| 假设 3 | 平台开放度越高，生物医药产业创新平台的运行绩效越好 |
| 假设 3a | 平台开放度越高，生物医药产业创新平台的服务绩效越好 |
| 假设 3b | 平台开放度越高，生物医药产业创新平台的网络绩效越好 |
| 假设 4 | 政策环境越完善，生物医药产业创新平台的运行绩效越好 |
| 假设 4a | 政策环境越完善，生物医药产业创新平台的服务绩效越好 |
| 假设 4b | 政策环境越完善，生物医药产业创新平台的网络绩效越好 |
| 假设 5 | 平台契约治理机制的完备程度越高，生物医药产业创新平台的运行绩效越好 |
| 假设 5a | 平台契约治理机制的完备程度越高，生物医药产业创新平台的服务绩效越好 |

（续表）

| 序　号 | 假　　设 |
|---|---|
| 假设 5b | 平台契约治理机制的完备程度越高，生物医药产业创新平台的网络绩效越好 |
| 假设 6 | 契约治理机制增强了平台资源结构与生物医药产业创新平台运行绩效的正向关系 |
| 假设 6a | 契约治理机制增强了平台资源结构与生物医药产业创新平台服务绩效的正向关系 |
| 假设 6b | 契约治理机制增强了平台资源结构与生物医药产业创新平台网络绩效的正向关系 |
| 假设 7 | 契约治理机制增强了平台开放程度与生物医药产业创新平台运行绩效的正向关系 |
| 假设 7a | 契约治理机制增强了平台开放程度与生物医药产业创新平台服务绩效的正向关系 |
| 假设 7b | 契约治理机制增强了平台开放程度与生物医药产业创新平台网络绩效的正向关系 |
| 假设 8 | 契约治理机制增强了平台及其成员的信任水平与生物医药产业创新平台运行绩效的正向关系 |
| 假设 8a | 契约治理机制增强了平台及其成员的信任水平与生物医药产业创新平台服务绩效的正向关系 |
| 假设 8b | 契约治理机制增强了平台及其成员的信任水平与生物医药产业创新平台网络绩效的正向关系 |
| 假设 9 | 契约治理机制增强了平台运行政策环境与生物医药产业创新平台运行绩效的正向关系 |
| 假设 9a | 契约治理机制增强了平台运行政策环境与生物医药产业创新平台服务绩效的正向关系 |
| 假设 9b | 契约治理机制增强了平台运行政策环境与生物医药产业创新平台网络绩效的正向关系 |

## 第二节　实证研究设计

### 一、测量工具的开发

由于生物医药产业创新平台运行绩效及其影响因素缺乏直接可用的统计数据，因而本书研究只能通过向生物医药产业创新平台及其成员、生物医药企业、科研机构及医院等生物医药产业创新链条上的相关主体进行问卷调查，收集生物医药产业创新平台运行绩效及其影响因素的一手数据。

在量表开发方面，由于目前生物医药产业创新平台运行绩效还没有成熟的测量量表，本书通过理论分析归纳了平台运行绩效的变量维度、并通过访谈等方式确定了测量的题项，从而设计开发了生物医药产业创新平台运行绩效的测量量表(详见第五章第三节)。考虑到二次发放问卷存在的有效样本不足、回收率低等问题，本书在研究中对其他量表均采用一次性发放问卷的方式进行直接测试。在问卷回收后，本研究将对各题项进行探索性因素分析和主成分分析来检验测量工具的结构效度(construct validity)，剔除因素载荷分散、意义不明显的题项(平台资源结构、平台开放度、平台运行的政策环境、平台及成员之间的信任程度和平台治理机制的完善程度等相关量表的分析将在本章 6.3 节进行说明)。本书中的所有变量都采用李克特(Likert-type Scale) 5 点量表来测量，最后运用 SPSS 软件对数据进行统计分析。

## 二、数据收集

受制于研究人力、物力、研究时间及样本总体规模的限制，本书在研究时选取了非随机抽样方法来确定调查样本。在评估生物医药产业创新平台运行绩效时，往往涉及多个主体，包括政府部门(如政府科技管理部门、生物医药监管部门)、平台管理机构(如上海市公共服务平台、张江药谷平台等生物医药产业创新平台等)、平台成员(包括部分加入生物医药产业创新平台的生物医药企业、科研院所和医院等)以及生物医药产业创新平台的使用方(包括生物医药企业、CRO 组织等)。

为获得生物医药产业创新平台运行绩效及其影响因素的相关数据，本书于 2011 年 7 月至 2011 年 10 月期间及 2012 年 4 月至 2012 年 7 月期间分两次向我国生物医药产业创新链条上的相关主体，包括生物医药企业、学术机构、医院、生物医药产业创新平台管理机构等发放调查问卷，调查对象为相关主题的中高层管理人员和技术研究人员。

调查期间内前后共发放电子问卷、纸质问卷共 489 份，回收问卷 412 份，问卷回收率 82.2%。除去无效问卷 31 份，无效问卷产生的原因主要是题目遗漏及所有题目都选择同一选项等，最终获得有效问卷 381 份，有效回收率为 77.9%。

## 第三节 自变量的度量

### 一、生物医药产业创新平台资源结构

生物医药产业创新平台的资源结构主要取决于平台的成员质量。成员质量是指生物医药产业创新平台成员在生物医药研发领域具备的能力、创新资源、合作经验及声誉等方面的多少或好坏。

产业创新平台中参与成员的质量水平对产业创新平台参与成员实现自身目标具有重要影响，其参与成员整体质量的高低，直接决定了其合作研发伙伴开发系统、科技成果（服务）转让系统和知识共享系统的价值，从而对平台运行绩效的高低构成影响。对于生物医药产业而言，如何在新药开发和商业化过程中有效获取知识和互补性资源是其主要挑战之一。显然，具有更多独特资源和知识的成员对可能的潜在伙伴而言更具吸引力，更容易满足其潜在伙伴的创新需要（Baum et al.，2000；Powell et al.，2005；Rothaermel & Boeker，2007）；过去的合作经验也有助于企业处理好与伙伴的关系，从而促进与伙伴间的相互学习和合作（Medema，2011）。此外，伙伴具有较高声誉，也意味着其成员质量较高。

因此，本书综合多位学者（Owen-Smith & Powell，2004；Baum et al.，2000；Powell et al.，2005；Rothaermel & Boeker，2007；Medema，2011）的研究，从成员质量的角度选用了以下四个题项来测量平台的资源结构：

（1）平台成员在生物医药领域具有良好声誉；

（2）平台成员在生物医药领域具有较强的研发能力；

（3）平台成员在生物医药研发方面具备丰富的创新资源；

（4）平台成员在生物医药研发领域具有丰富的合作经验。

### 二、平台及成员之间的信任水平

成员间的信任程度是研发联盟等产业创新平台成功的一个关键因素（Krishnan et al.，2006；DeJong & Woolthuis，2008）。综合多位学者（Sternthal & Dholakia，1977；Zaheer et al.，1998；Arino et al.，2001；Dyer & Chu，2003；Langfred，2004；Krishnan et al.，2006；DeJong & Woolthuis，2008；周青等，2011）现有文献对不同主体之间信任水平的研究，

本书主要采用以下四个题项来测量平台及成员间的信任水平：

(1) 平台及成员之间维持了长久友好的合作关系；

(2) 平台及成员之间相信对方提供的信息；

(3) 平台及成员之间相信对方提供的服务；

(4) 平台及成员之间保持了良好沟通。

## 三、平台开放度

综合佩尼拉等人(Pernilla & Emelie, 2010; Petrusson et al., 2010)对生物医药产业创新平台开放度的研究，本书采用以下三个题项来测量平台的开放度：

(1) 平台对成员加入设置了的限制条件非常宽松；

(2) 平台对成员利用平台资源设置的限制条件非常宽松；

(3) 平台对成员提供的服务设置的限制条件非常宽松。

## 四、平台治理机制

综合鲍威尔等人(Powell et al., 2005；骆品亮，2006; Graddy & Chen, 2006; Van, 2006；江旭等，2008；芮明杰、张琰，2009)的研究，本书采用以下四个题项来测量平台治理机制的完善程度：

(1) 平台具有完备的资源共享机制；

(2) 平台具有完备的收益分配机制；

(3) 平台具有完备的成本分摊机制；

(4) 平台治理具有完备的执行机制。

## 五、政策环境

综合周德胜等人(周德胜，2008；骆燮龙，2009；Petrusson et al., 2010)的研究，本书采用以下四个题项来测量生物医药产业创新平台运行的政策环境：

(1) 完善的知识产权保护体制；

(2) 完善的药品注册流程；

(3) 完善的税收体制；

(4) 完善的科研扶持政策。

## 第四节　数据分析

利用问卷调查数据进行实证分析之前，必须对样本数据进行信度和效度检验，以确保样本数据的代表性，从而为后续的实证研究奠定基础。

### 一、信度与效度分析方法

1. 信度分析

问卷调查已成为经济管理、社会学等学科收集一手数据的重要研究工具，但在对调查数据进行模型分析之前，必须对其衡量结果的一致性或稳定性，量表结构上的合理性及指标的可信程度等进行分析，即信度分析。调查数据信度的数学定义为 $r_{xx}=\sigma_{x,T}^2=\frac{\sigma_T^2}{\sigma_x^2}$，其中，$x$ 表示指标的测量分数，$T$ 为真实分数，误差分数为 $E=T-x$，$\sigma_T^2$ 为指标真实分数的方差，$\sigma_x^2$ 为指标测量分数的方差，$\sigma_{x,T}^2$ 是指标真实分数与测量分数的相关系数的平方（林震岩，2007）。

信度指标一般分为稳定系数（跨时间一致性）、等值系数（跨形式一致性）和内在一致性系数（跨项目一致性）三种，其分析方法一般有折半信度法、重测信度法、复本信度法和 Cronbach α 信度（克隆巴赫信度）系数法四种。其中，Cronbach α 信度系数法是目前使用最为普遍的一种方法，其主要通过以下公式来计算量表的 Cronbach α 系数：

$$\alpha=\frac{K}{K-1}\times\frac{\sum S_x^2-\sum S_i^2}{\sum S_x^2} \tag{6.1}$$

6.1 式中的 $K$ 代表的是测量量表中的题项数量，$S_i^2$ 代表的是量表中第 $i$ 题得分的方差，$S_x^2$ 代表的是测量量表中全部题项的总得分方差。由 6.1 式可知，Cronbach α 系数属于内在一致性系数，因为其所评价的是测量量表中所有题项得分间的一致性。

本书将采用 Cronbach α 信度系数法来对问卷数据进行信度分析，利用 SPSS16.0 来计算总量表和各分量表的 Cronbach α 系数。

2. 效度分析

效度又称正确性，它是指测量工具或手段在多大程度上测量出了所需变量的真实含义，是指设计的题项能否代表所要测量的内容或主题。效度可以分为内容效度、准则效度和结构效度三种，通常采用的效度分析方法主要包括包括相关效度分析方法、准则效度分析方法和结构效度分析方法三种。本书将采用结构效度分析方法。

结构效度分析方法主要是采用因子分析法对测量数据进行分析。该方法主要从测量量表的所有题项中提取一些公因子，由于提取出来的这些公因子分别代表了某一组高度关联的特定变量，因而可以认为这些公因子基本代表了测量量表的大致结构。通过因子分析，可以检验量表的数据是否有效测量出了研究人员在设计问卷时所假设的某种结构。在因子分析中，用于判断量表结构效度的指标主要包括因子载荷、共同度和累积贡献率。其中，因子载荷代表的是原变量与所提取的某个公因子的相关系数，共同度反映的则是提取的公因子对变量进行解释的有效程度，累积贡献率则说明了提取的公因子对测量量表的累积有效程度。

本书主要利用 SPSS16.0 统计软件来分析正式问卷中各量表的结构效度。

## 二、各分量表的信度和效度分析

1. 创新平台运行绩效的信度与效度

(1) 信度检验。

根据本书第五章第二节所开发的创新平台运行绩效量表共 7 个题项，分别测度平台运行的服务绩效(4 个题项)和网络绩效两个维度(3 个题项)。

尽管目前学者对利用 Cronbach α 信度系数判断量表信度高低的标准持有不同意见(Nunnally, 1978; Kline, 2003、2005；李怀祖，2004)，但按照持最严格标准要求的 Nunnally 的观点来看，$\alpha>0.9$ 表示信度非常好，$0.7<\alpha<0.9$ 为高信度，$0.35<\alpha<0.7$ 代表中等信度，$\alpha<0.35$ 代表低信度。利用 SPSS16.0 统计软件进行 Cronbach α 信度系数分析，发现平台运行的服务绩效和网络绩效的 Cronbach α 信度系数分别为 0.904 和 0.772，生物医药创新平台运行绩效总量表的 Cronbach α 信度系数为 0.900，均在 0.7 以上。因此可以认为，本书测量平台绩效所使用的量表具有较高的信度(如表 6-2 所示)。

**表 6-2　生物医药产业创新平台运行绩效信度检验**

| 量　表 | Cronbach's α 系数 | 题　项 | 处理方式 |
|---|---|---|---|
| 运行绩效量表 | 0.900 | 7 | 接受 |
| 服务绩效 | 0.904 | 4 | 接受 |
| 网络绩效 | 0.772 | 3 | 接受 |

（2）效度检验。

首先对生物医药产业创新平台运行绩效各变量进行巴特利特球体检验（Bartlett test of sphericity）。利用SPSS16.0统计软件对平台运行绩效各变量的相关性进行检验发现，平台运行绩效的KMO值为0.910，巴特利特球体检验小于0.001（见表6-3）。

**表6-3 生物医药产业创新平台运行绩效KMO和巴特利特球体检验**

| | | |
|---|---|---|
| Kaiser-Meyer-Olkin Measure of Sampling Adequacy. | | 0.910 |
| Bartlett's Test of Sphericity | Approx. Chi-Square | 1.54E+03 |
| | df | 21 |
| | Sig. | 0.000 |

已知 $KMO=\dfrac{\sum\sum_{i\neq j}r_{ij}^{2}}{\sum\sum_{i\neq j}r_{ij}^{2}+\sum\sum_{i\neq j}p_{ij}^{2}}$，其中 $\sum\sum_{i\neq j}r_{ij}^{2}$ 为所有原变量简单相关系数的平方和，$\sum\sum_{i\neq j}p_{ij}^{2}$ 所有原变量偏相关系数的平方和，即KMO检验是对简单相关系数与偏相关系数进行比较，KMO值越大，越适合进行因子分析，反之，KMO值较小就不适合于做因子分析。巴特利特球体检验则主要从整个相关矩阵出发，通过对相关矩阵为单位矩阵进行假设检验来判断是否可以进行因子分析，如果检验不能拒绝相关矩阵为单位矩阵的话，则表示测量量表的结构效度不高，需要对量表的因子分析进行重新考虑。

通常认为，当KMO在0.9以上，表明量表数据非常适合进行因子分析，当0.8＜KMO＜0.9时，表明量表数据很适合进行因子分析，当0.7＜KMO＜0.8时，表明量表数据适合进行因子分析，当0.6＜KMO＜0.7时，表明量表数据不太适合但仍可以进行因子分析，当0.5＜KMO＜0.6时，则表明量表数据进行因子分析非常勉强，如果KMO小于0.5，则表明量表数据不能接受因子分析（马庆国，2002）。根据这一判断标准，表6-3中所列的生物医药产业平台运行绩效量表的KMO值为0.910，大于0.9，表明量表非常适合进行因子分析，同时由于生物医药产业平台运行绩效量表的巴特利特球体检验值为0.000，小于0.001，拒绝相关矩阵为单位矩阵的原假设，可以进行因子分析。

在量表通过KMO和巴特利特（Bartlett）球体检验后，本文运用主成分分析法对生物医药产业创新平台运行绩效的量表进行因子提取，得到生物医药产业创新平台运行绩效的双因子结构，其因子载荷、共同度及方差解释比例见表 6-4。

**表 6-4　生物医药产业创新平台运行绩效结构效度检验**

| 平台运行绩效 | 共同度 | 服务绩效因子载荷 | 网络绩效因子载荷 |
|---|---|---|---|
| A1 在平台运行中，平台对成员提供的服务范围得到扩展 | 0.712 | 0.727 | |
| A2 在平台运行中，平台对成员提供服务的能力得到提高 | 0.815 | 0.839 | |
| A3 在平台运行中，平台向成员提供服务的成本出现下降 | 0.834 | 0.866 | |
| A4 在平台运行中，平台向成员提供服务的响应速度明显加快 | 0.764 | 0.813 | |
| 方差解释比例(%) | | 41.899 | |
| B1 在平台运行中，加入平台的成员数量明显增加 | 0.637 | | 0.723 |
| B2 在生平台运行中，成员间的合作机会明显增加 | 0.693 | | 0.782 |
| B3 在平台运行中，平台成员获取外部资源的渠道明显增加 | 0.727 | | 0.793 |
| 方差解释比例(%) | | 32.110 | |
| 累积方差解释比例(%) | | 74.009 | |
| Extraction Method: Principal Component Analysis.　2 components extracted. | | | |

由表 6-4 可知，提取公因子后，生物医药产业创新平台运行绩效量表各题项的共同度最低为 0.637>0.5，表明各问项较好测度了平台运行绩效。戴刚书(2005)认为因子提取个数的累积方差解释比例应达到 50%，而平台运行绩效的两个公共因子服务绩效和网络绩效的方差解释变量分别为 41.899%和 32.110%，累积方差解释比例达到了 74.009%，因而生物医药产业创新平台运行绩效分为服务绩效和网络绩效是适合的。各变量因子载荷都在 0.7 以上，完全符合结构效度检验要求。因此，可以认为生物医药产业创新平台运行绩效量表具有较好的结构效度，生物医药产业创新平台运行绩效量表的设计可以通过结构效度检验。

2. 平台资源结构的信度与效度

(1) 信度检验。

根据本章第三节对平台资源结构指标的初步设计，生物医药产业创新平台资源结构主要考虑了成员声誉、能力、资源和合作经验四个测量题项。利用 SPSS16.0 统计软件进行 Cronbach α 信度系数分析，发现平台资源结构的 Cronbach α 系数为 0.862＞0.8，按照农纳利等人(Nunnally，1978；Kline，2003、2005)和李怀祖(2004)等人的判断标准，本书测量生物医药产业创新平台资源结构的量表具有较高信度(如表 6-5 所示)。

**表 6-5　生物医药产业创新平台资源结构的信度检验**

| 量　表 | Cronbach's α 系数 | 题　项 | 处理方式 |
|---|---|---|---|
| 平台资源结构 | 0.862 | 4 | 接受 |

(2) 效度检验。

首先利用 SPSS16.0 统计软件对生物医药产业创新平台资源结构各变量的相关性进行检验发现：平台资源结构的 KMO 值为 0 .814＞0.8，根据马庆国(2002)的判断标准，说明平台资源结构指标的量表适合进行因子分析；量表的巴特利特球体检验小于 0.001，拒绝相关矩阵为单位矩阵的原假设，说明平台资源结构指标的量表可以进行因子分析。生物医药产业创新平台资源结构量表的 KMO 和巴特利特球体检验指标见表 6-6。

**表 6-6　生物医药产业创新平台资源结构 KMO 和巴特利特球体检验**

| | | |
|---|---|---|
| Kaiser-Meyer-Olkin Measure of Sampling Adequacy. | | 0.814 |
| Bartlett's Test of Sphericity | Approx. Chi-Square | 700.86 |
| | df | 6 |
| | Sig. | 0.000 |

综合量表的 KMO 和巴特利特球体检验，本书利用 SPSS16.0 统计软件的主成分分析方法对量表进行因子提取，得到了生物医药产业创新平台资源结构的单因子结构。因子分析发现，生物医药产业创新平台资源结构量表四个问项的共同度均在 0.6 以上，说明四个问项较好测度了平台资源结构这一变量；提取一个公因子后的累积方差解释比例为 70.832%，各测量题项的因子载荷都大于 0.8，符合结构效度检验要求(见表 6-7)。

表 6-7　生物医药产业创新平台资源结构效度检验

| 平台资源结构 | 共同度 | 因子载荷 |
|---|---|---|
| C1 平台成员在生物医药领域具有良好声誉 | 0.722 | 0.850 |
| C2 平台成员在生物医药领域具有较强的研发能力 | 0.769 | 0.877 |
| C3 平台成员在生物医药研发方面具备丰富的创新资源 | 0.701 | 0.837 |
| C4 平台成员在生物医药研发领域具有丰富的合作经验 | 0.640 | 0.800 |
| 方差解释比例(%) | | 70.832 |
| 累积方差解释比例(%) | | 70.832 |
| Extraction Method: Principal Component Analysis.　1 components extracted. | | |

因此,可以认为本书设计的生物医药产业创新平台资源结构量表的结构效度较好,生物医药产业创新平台资源结构量表的设计可以通过结构效度检验。

3. 平台开放度的信度与效度

(1) 信度检验。

本章第三节在综合了佩尼拉等人(Pernilla & Emelie, 2010; Petrusson et al., 2010)的研究后,初步设计了一个包含 3 个测度题项的平台开放度量表。

利用 SPSS16.0 统计软件进行 Cronbach α 信度系数分析,发现平台成开放度的 Cronbach α 系数为 0.720>0.7。根据农纳利等人(Nunnally, 1978; Kline, 2003、2005;李怀祖,2004)的判断标准,包含"平台对成员提供服务设置的限制条件非常宽松"这一问项的平台开放度量表仍具较高信度,因此暂可接受量表的信度检验。

但在对量表进行 Cronbach α 信度系数分析还发现,剔除"平台对成员提供服务设置的限制条件非常宽松"这一问项后,生物医药产业创新平台开放度量表的 Cronbach α 系数将进一步提高,达到 0.856,这说明"平台对成员提供的服务设置了严格限制条件"这一问项对平台开放度量表的信度构成了不利影响。

(2) 效度检验。

利用 SPSS16.0 统计软件对生物医药产业创新平台开放度各变量的相关性进行检验时发现,平台开放度的 KMO 值为 0.593>0.5,量表的巴特利特球体检验小于 0.001,拒绝相关矩阵为单位矩阵的原假设。马庆国

(2002)的判断标准,包含“平台对成员提供的服务设置了严格限制条件”问项的平台开放度量表勉强适合因子分析。然而,因子分析发现,“平台对成员加入设置的限制条件非常宽松”和“平台对成员利用平台资源设置的限制条件非常宽松”两个变量的共同度分别为 0.817 和 0.784,但“平台对成员提供服务设置的限制条件非常宽松”变量的共同度却仅为 0.402<0.5。

在对量表进行因子分析时,量表变量的共同度最好在 0.7 以上(戴刚书,2005),再结合信度检验时发现“平台对成员提供服务设置的限制条件非常宽松”变量对平台开放度量表信度的不利影响,需要对量表进行修正后再做进一步分析。

(3) 量表修正后的信度与效度检验。

为提高生物医药产业创新平台开放度量表的信度和效度,本书剔除了共同度低于 0.5 的“平台对成员提供服务设置的限制条件非常宽松”这一变量,对平台开放度量表进行修正。

修正后,再利用 SPSS16.0 统计软件进行 Cronbach α 信度系数分析,发现平台成开放度的 Cronbach α 系数为 0.856>0.8(见表 6-8),说明量表修订后的信度检验指标进一步提高。根据农纳利等人(Nunnally, 1978; Kline, 2003、2005;李怀祖,2004)的判断标准,此时,平台开放度量表已高度可信。

**表 6-8 量表修正后生物医药产业创新平台开放度的信度检验**

| 量　表 | Cronbach's α 系数 | 题　项 | 处理方式 |
|---|---|---|---|
| 平台开放度 | 0.856 | 2 | 接受 |

再利用 SPSS16.0 统计软件对修订后的平台开放度量表各变量的进行相关性检验,发现此时生物医药产业创新平台开放度量表的 KMO 值为 0.812>0.8,说明修订后的平台开放度量表已非常适合进行因子分析。同时,量表的巴特利特球体检验小于 0.001,拒绝相关矩阵为单位矩阵的原假设,说明平台开放度指标的量表可以进行因子分析。

运用 SPSS16.0 统计软件主成分分析法进行因子分析和因子提取,得到生物医药产业创新平台开放度的单因子结构。其中,平台开放度两个变量的共同度分别为 0.874 和 0.845,因子提取后的两个变量的因子载荷分别为 0.915 和 0.879,累积方差贡献率为 87.437%(见表 6-9)。

**表 6-9　量表修正后生物医药产业创新平台开放度的结构效度检验**

| 平台开放度 | 共同度 | 因子载荷 |
|---|---|---|
| D1 平台对成员加入设置的限制条件非常宽松 | 0.874 | 0.915 |
| D2 平台对成员利用平台资源设置的限制条件非常宽松 | 0.845 | 0.879 |
| 方差解释比例(%) | | 84.437 |
| 累积方差解释比例(%) | | 84.437 |
| Extraction Method: Principal Component Analysis.　1 components extracted. | | |

综合以上分析，修正后的生物医药产业创新平台开放度量表的信度和效度很好，修订后的量表可以通过 Cronbach α 信度检验和结构效度检验。

4. 平台契约治理机制的信度与效度

(1) 信度检验。

本章第三节在综合鲍威尔等人(Powell et al., 2005；骆品亮，2006；Graddy & Chen, 2006；Van, 2006；江旭等，2008；芮明杰、张琰，2009)的研究之后，设计了一个包括"平台具有完备的资源共享机制""平台具有完备的收益分配机制""平台具有完备的成本分摊机制"及"平台治理具有完备的执行机制"等四个问项的平台治理机制量表。

利用 SPSS16.0 统计软件对生物医药产业创新平台契约治理机制量表进行信度分析，发现平台治理机制量表的 Cronbach α 系数为 0.834>0.7(见表 6-10)，并且删除任何一个问项后的 Cronbach α 系数都低于 0.834，说明上述四个变量对平台治理机制的测度具有很高可信度。根据农纳利等人(Nunnally, 1978；Kline, 2003、2005；李怀祖，2004)的判断标准，生物医药产业创新平台契约治理机制量表完全通过信度检验。

**表 6-10　生物医药产业创新平台治理机制量表的信度检验**

| 量　表 | Cronbach's α 系数 | 题　项 | 处理方式 |
|---|---|---|---|
| 治理机制 | 0.834 | 4 | 接受 |

(2) 效度检验。

利用 SPSS16.0 统计软件对生物医药产业创新平台治理机制量表进行相关性检验，量表 KMO 值为 0.782>0.7，根据马庆国(2002)的判断标准，说明生物医药产业创新平台治理机制量表适合进行因子分析。量表的巴特利特球体检验小于 0.001，拒绝相关矩阵为单位矩阵的原假设，说明平台契约治理机制量表可以进行因子分析。生物医药产业创新平台契约治理机制量表的 KMO 和巴特利特球体检验指标见表 6-11。

**表 6-11 生物医药产业创新平台契约治理治理机制量表的 KMO 和巴特利特球体检验**

| | | |
|---|---|---|
| Kaiser-Meyer-Olkin Measure of Sampling Adequacy. | | 0. 782 |
| Bartlett's Test of Sphericity | Approx. Chi-Square | 582.654 |
| | df | 6 |
| | Sig. | 0.000 |

本书利用 SPSS16.0 统计软件的主成分分析方法对量表进行因子提取，得到了生物医药产业创新平台契约治理机制量表的单因子结构。因子分析发现，平台契约治理机制量表四个问项的共同度均在 0.6 以上，说明四个问项较好测度了平台治理机制这一变量；提取一个公因子后的累积方差解释比例为 66.776%，各测量题项的因子载荷都大于 0.7，符合结构效度检验要求（见表 6-12）。因此，可以认为本书设计的生物医药产业创新平台契约治理机制量表结构效度较好，平台契约治理机制量表的设计可以通过效度检验。

**表 6-12 生物医药产业创新平台契约治理机制量表结构效度检验**

| 平台治理机制 | 共同度 | 因子载荷 |
|---|---|---|
| E1 平台具有完备的资源共享机制 | 0.712 | 0.844 |
| E2 平台具有完备的收益分配机制 | 0.693 | 0.832 |
| E3 平台具有完备的成本分摊机制 | 0.626 | 0.791 |
| E4 平台治理具有完备的执行机制 | 0.639 | 0.800 |
| 方差解释比例（%） | | 66.776 |
| 累积方差解释比例（%） | | 66.776 |
| Extraction Method: Principal Component Analysis. 1 components extracted. | | |

5. 信任水平的信度与效度

（1）信度检验。

综合多位学者（Sternthal & Dholakia, 1977; Zaheer et al., 1998; Arino et al., 2001; Dyer & Chu, 2003; Langfred, 2004; Krishnan et al., 2006; DeJong & Woolthuis, 2008；周青等，2011）对信任水平的研究，本章第三节采用了“平台及成员之间维持了长久友好的合作关系”；“平台及成员

之间相信对方提供的信息”;“平台及成员之间相信对方提供的服务”及“平台及成员之间保持了良好沟通”四个问项来测量生物医药产业创新平台及其成员之间的信任水平。

利用SPSS16.0统计软件对生物医药产业创新平台信任水平量表进行信度分析,发现平台及其成员之间的信任水平量表的Cronbach α系数为0.757>0.7,说明上述四个变量对平台信任水平的测度具有很高可信度。

(2) 效度检验。

对量表进行KMO和巴特利特球体检验,发现KMO值为0.660,巴特利特球体检验小于0.001,表明量表可以进行因子分析。利用SPSS16.0统计软件的主成分分析方法对量表进行因子提取,得到了生物医药产业创新平台信任水平量表的单因子结构,发现量表中“平台及成员之间保持了良好沟通”这一测量题项的共同度低于0.494<0.5,根据戴刚书(2005)的标准,该题项对量表的测量效果并不明显。因此,需要对生物医药产业创新平台信任水平量表进行修正。

(3) 量表修正后的信度与效度检验。

本书通过剔除特征值低于0.5的“平台及成员之间保持了良好沟通”这一变量来对平台信任水平量表进行修正。利用SPSS16.0统计软件进行Cronbach α信度系数分析,发现修正后量表的Cronbach α系数为0.710>0.7(见表6-13),说明量表修订后量表可以通过信度检验。

**表6-13　量表修订后平台信任水平的信度检验**

| 量　表 | Cronbach's α系数 | 题　项 | 处理方式 |
|---|---|---|---|
| 平台及成员间信任水平 | 0.710 | 3 | 接受 |

修订后量表的KMO和巴特利特球体检验结果见表6-14,其中KMO值为0.765,巴特利特球体检验小于0.001,说明修订后量表适合进行因子分析。

**表6-14　量表修订后平台信任水平的KMO和巴特利特球体检验**

| | | |
|---|---|---|
| Kaiser-Meyer-Olkin Measure of Sampling Adequacy. | | 0.765 |
| Bartlett's Test of Sphericity | Approx. Chi-Square. | 221.227 |
| | df | 3 |
| | Sig. | 0.000 |

运用 SPSS16.0 统计软件主成分分析法进行因子分析和因子提取，得到生物医药产业创新平台信任水平的单因子结构。其中，平台信任水平三个变量的共同度分别位 0.661、0.692 和 0.550，因子载荷分别为 0.813、0.832和 0.742，累积方差贡献率为 63.471%（见表 6-15）。

**表 6-15 量表修正后生物医药产业创新平台信任水平结构效度检验**

| 平台信任水平 | 共同度 | 因子载荷 |
| --- | --- | --- |
| F1 平台及成员之间维持了长久友好的合作关系 | 0.661 | 0.813 |
| F2 平台及成员之间相信对方提供的信息 | 0.692 | 0.832 |
| F3 平台及成员之间相信对方提供的服务 | 0.550 | 0.742 |
| 方差解释比例（%） | | 63.471 |
| 累积方差解释比例（%） | | 63.471 |
| Extraction Method：Principal Component Analysis. 1 components extracted. | | |

综合以上分析，修正后的生物医药产业创新平台信任水平量表的信度和效度很好，修订后的量表可以通过检验。

6. 政策环境的信度与效度

（1）信度检验。

综合周德胜等人（周德胜，2008；骆燮龙，2009；Petrusson et al.，2010）的研究，本章第三节采用了“完善的知识产权保护体制”“完善的药品注册流程”“完善的税收体制”及“完善的科研扶持政策”四个题项来测量生物医药产业创新平台运行的政策环境。

利用 SPSS16.0 统计软件对生物医药产业创新平台政策环境量表进行信度分析，发现政策环境量表的 Cronbach α 系数为 0.887＞0.7（见表 6-18），并且删除任何一个问项后的 Cronbach α 系数都低于 0.887，说明上述四个变量对平台运行政策环境的测度具有很高可信度。根据农纳利等人（Nunnally，1978；Kline，2003、2005；李怀祖，2004）的判断标准，生物医药产业创新平台运行的政策环境量表完全通过信度检验。

（2）效度检验。

利用 SPSS16.0 统计软件对生物医药产业创新平台运行政策环境量表进行相关性检验，量表 KMO 值为 0.789＞0.7；量表的巴特利特球体检验小于 0.001，拒绝相关矩阵为单位矩阵的原假设（见表 6-16）。根据马庆国（2002）的判断标准，说明平台运行政策环境量表通过了 KMO 和巴特利球体检验，可以进行因子分析。

**表 6-16 平台运行政策环境量表的 KMO 和巴特利特球体检验**

| | | |
|---|---|---|
| Kaiser-Meyer-Olkin Measure of Sampling Adequacy. | | 0.789 |
| Bartlett's Test of Sphericity | Approx. Chi-Square. | 859.948 |
| | df | 6 |
| | Sig. | 0.000 |

利用 SPSS16.0 统计软件的主成分分析方法对量表进行因子提取，得到了生物医药产业创新平台运行政策环境量表的单因子结构。因子分析发现，平台政策环境量表四个问项的共同度均在 0.7 以上，说明四个问项较好测度了平台运行的政策环境这一变量；提取一个公因子后的累积方差解释比例为 74.639%，各测量题项的因子载荷都大于 0.7，符合结构效度检验要求(见表 6-17)。因此，可以认为本书设计的生物医药产业创新平台运行的政策环境量表结构效度较好，量表的设计可以通过检验。

**表 6-17 生物医药产业创新平台运行政策环境量表的结构效度检验**

| 政策环境 | 共同度 | 因子载荷 |
|---|---|---|
| G1 完善的知识产权保护体制 | 0.722 | 0.850 |
| G2 完善的药品注册流程 | 0.768 | 0.876 |
| G3 完善的税收体制 | 0.767 | 0.876 |
| G4 完善的科研扶持政策 | 0.729 | 0.854 |
| 方差解释比例(%) | | 74.639 |
| 累积方差解释比例(%) | | 74.639 |
| Extraction Method: Principal Component Analysis. 1 components extracted. | | |

## 三、总量表的信度和效度分析

本书基于问卷调查数据对各分量表的信度和效度进行了检验，接下来将把各分量表(平台开放度和平台及成员间信任两个自变量采用上文修正后的量表)的题项作为生物医药创新平台运行绩效及其影响因素的总量表，从而进行总量表的信度和效度分析。

1. 总量表的信度分析

总量表的信度检验仍然采用 Cronbach α 系数分析法。

利用 SPSS16.0 统计软件对生物医药创新平台运行绩效及其影响因素的总量表进行信度分析，发现总量表的 Cronbach α 系数为 0.942>0.9，且删除任何总量表中任何一个题项后的 Cronbach α 系数都低于 0.942（见表 6-18），说明上述 22 个题项对生物医药创新平台运行绩效及其影响因素的测度具有很高可信度。根据农纳利等人（Nunnally，1978；Kline，2003、2005；李怀祖，2004）的判断标准，本书认为总量表通过信度检验。

**表 6-18　总量表及各分量表的信度检验**

| 量　表 | Cronbach's α 系数 | 题项数目 | 处理方式 |
|---|---|---|---|
| 总量表 | 0.942 | 24 | 接受 |
| 服务绩效 | 0.904 | 4 | 接受 |
| 网络绩效 | 0.772 | 3 | 接受 |
| 资源结构 | 0.862 | 4 | 接受 |
| 开放度 | 0.856 | 2 | 接受 |
| 治理机制 | 0.834 | 4 | 接受 |
| 信任水平 | 0.710 | 3 | 接受 |
| 政策环境 | 0.887 | 4 | 接受 |

2. 总量表的效度分析

利用 SPSS16.0 统计软件对生物医药产业创新平台运行绩效及其影响因素各分量表的题项（经过修正的分量表仅采用保留题项）进行因子分析。总量表 KMO 值为 0.942>0.9；量表的巴特利特球体检验小于 0.001，拒绝相关矩阵为单位矩阵的原假设（见表 6-19）。根据马庆国（2002）的判断标准，说明生物医药产业创新平台运行绩效及其影响因素总量表通过了 KMO 和巴特利球体检验，可以进行因子分析。

**表 6-19　总量表的 KMO 和巴特利特球体检验**

| | | |
|---|---|---|
| Kaiser-Meyer-Olkin Measure of Sampling Adequacy. | | 0. 942 |
| Bartlett's Test of Sphericity | Approx. Chi-Square. | 5.547E3 |
| | df | 276 |
| | Sig. | 0.000 |

运用主成分分析法进行因子提取，因子提取个数为 7，得到生物医药产

业创新平台及其影响因素总量表的因子结构。

因子提取后发现,总量表中所有问项的共同度均在 0.5 以上,说明各问项对总量表进行了较好测度;7 个公因子对总量表的累积方差贡献率达到了 73.899%;做因子旋转后,所有测度项的因子载荷均在 0.5 以上(见表 6-20)。根据农纳利等人(Nunnally, 1978; Kline, 2003、2005;李怀祖,2004)的判断标准,生物医药产业创新平台运行绩效及其影响因素总量表具备了较好的结构效度,通过量表结构检验。

**表 6-20　总量表的结构效度检验**

| | | 共同度 | Component | | | | | | |
|---|---|---|---|---|---|---|---|---|---|
| | | | 1 | 2 | 3 | 4 | 5 | 6 | 7 |
| 服务绩效 | A1 | 0.714 | 0.569 | | | | | | |
| | A2 | 0.810 | 0.720 | | | | | | |
| | A3 | 0.828 | 0.746 | | | | | | |
| | A4 | 0.783 | 0.723 | | | | | | |
| 网络绩效 | B1 | 0.598 | | 0.545 | | | | | |
| | B2 | 0.627 | | 0.575 | | | | | |
| | B3 | 0.656 | | 0.539 | | | | | |
| 资源结构 | C1 | 0.763 | | | 0.809 | | | | |
| | C2 | 0.777 | | | 0.795 | | | | |
| | C3 | 0.715 | | | 0.785 | | | | |
| | C4 | 0.682 | | | 0.766 | | | | |
| 开放水平 | D1 | 0.795 | | | | 0.738 | | | |
| | D2 | 0.807 | | | | 0.760 | | | |
| 信任水平 | E1 | 0.736 | | | | | 0.724 | | |
| | E2 | 0.714 | | | | | 0.701 | | |
| | E3 | 0.811 | | | | | 0.788 | | |
| 契约治理 | F1 | 0.780 | | | | | | 0.782 | |
| | F2 | 0.748 | | | | | | 0.752 | |
| | F3 | 0.640 | | | | | | 0.608 | |
| | F4 | 0.741 | | | | | | 0.698 | |

(续表)

| | | 共同度 | Component | | | | | | |
|---|---|---|---|---|---|---|---|---|---|
| | | | 1 | 2 | 3 | 4 | 5 | 6 | 7 |
| 政策环境 | G1 | 0.724 | | | | | | | 0.767 |
| | G2 | 0.767 | | | | | | | 0.814 |
| | G3 | 0.771 | | | | | | | 0.824 |
| 方差贡献率(%) | | | 13.690 | 12.766 | 11.973 | 11.314 | 11.503 | 5.255 | 7.398 |
| 累计方差贡献率(%) | | | 73.899 | | | | | | |
| Extraction Method: Principal Component Analysis. 7 components extracted. | | | | | | | | | |
| Rotation Method: Varimax with Kaiser Normalization. Rotation converged in 6 iterations. | | | | | | | | | |

综合以上分析发现,总量表分为7个公共因子,结构效度较好,表明本书整个量表的设计可以通过结构效度检验。

## 第五节　本章小结

本章首先提出了影响生物医药产业创新平台运行绩效的理论模型,分析了平台资源结构、平台及成员间的信任水平、平台开放程度、平台运行的政策环境因素及平台契约治理机制对生物医药产业创新平台的影响机理,并提出了相应的研究假设,从而为本书第七章的实证检验奠定了理论基础。在此基础上,本章还介绍了实证分析的研究设计,并对数据进行了初步分析。在实证研究设计部分,本章首先介绍了本书实证研究的量表设计及问卷调查的方法和问卷回收的基本情况。在此基础上,本章还利用问卷调查数据对平台资源结构、平台及成员间的信任水平、平台开放程度、平台治理机制及平台运行的政策环境因素等影响生物医药产业创新平台运行绩效的各分量表进行了信度和效度检验,从而为本书第七章的实证检验奠定了技术和数据基础。

# 第七章　平台运行绩效影响因素的实证检验

本书第六章有关生物医药产业创新平台运行绩效的理论模型已经对平台绩效的评价指标及其影响因素进行了讨论，并提出了影响生物医药产业创新平台运行绩效的相关假设，介绍了甄别影响我国生物医药产业创新平台运行绩效的关键因素的实证研究设计，并对各测量量表进行了初步分析。本章将在此基础上利用问卷调查数据，运用回归分析方法对我国生物医药产业创新平台运行绩效及其影响因素的相关假设进行实证检验，并讨论其对生物医药产业创新平台构建、运行和治理的意义。

## 第一节　平台运行绩效及其影响因素的实证检验

本书第六章在对各变量进行因子分析时，已经得到了各变量的因子得分，本章将用各变量的因子得分进行回归分析，分别检验生物医药产业创新平台资源结构、平台开放程度、平台治理机制的完善程度、平台及其成员之间的信任水平及生物医药产业创新平台运行的政策环境等因素对平台运行的服务绩效和网络绩效的影响。

### 一、资源结构对平台运行绩效的实证检验

本书第六章假设生物医药产业创新平台资源结构的优化程度越高，平台运行绩效越好。本章运用 SPSS16.0 对生物医药产业创新平台资源结构与运行绩效的回归分析结果见表 7-1。

从表 7-1 可知：生物医药产业创新平台资源结构与平台服务绩效之间的回归系数为 0.577($P<0.01$)，表明二者之间存在显著的正相关关系；生物医药产业创新平台资源结构与平台网络绩效之间的回归系数为 0.511($P<0.01$)，表明二者之间也存在显著的正相关关系。

**表 7-1 生物医药产业创新平台资源结构与运行绩效回归结果**

| 自变量 | 因变量 | | | |
|---|---|---|---|---|
| | 模型 I(平台服务绩效) | | 模型 II(平台网络绩效) | |
| | B | t | B | t |
| 资源结构 | 0.577*** | 13.76 | 0.511*** | 11.595 |
| $R^2$ | 0.333 | | 0.261 | |
| Adj $R^2$ | 0.331 | | 0.259 | |
| F | 189.416 | | 134.441 | |

注：*** 表示 $p<0.01$

## 二、平台开放程度对平台运行绩效的实证检验

本书第六章假设平台开放程度越高，生物医药产业创新平台运行绩效越好。本章运用 SPSS16.0 对生物医药产业创新平台开放程度与平台运行绩效的回归分析结果见表 7-2。

**表 7-2 生物医药产业创新平台开放程度与运行绩效的回归结果**

| 自变量 | 因变量 | | | |
|---|---|---|---|---|
| | 模型 I(平台服务绩效) | | 模型 II(平台网络绩效) | |
| | B | t | B | t |
| 平台开放程度 | 0.587*** | 14.123 | 0.646*** | 16.497 |
| $R^2$ | 0.344 | | 0.417 | |
| Adj $R^2$ | 0.342 | | 0.416 | |
| F | 199.446 | | 272.154 | |

注：*** 表示 $p<0.01$

由表 7-2 可知：生物医药产业创新平台的开放程度与平台运行的服务绩效之间存在显著的正相关关系，相关系数为 0.587($p<0.01$)；平台开放程度与生物医药产业创新平台运行的网络绩效之间存在显著的正相关关系，相关系数为 0.646($p<0.01$)。

## 三、平台治理机制对平台运行绩效的实证检验

本书第六章假设生物医药产业创新平台治理机制越完善，则平台运行

绩效越好。本章运用 SPSS16.0 对生物医药产业创新平台治理机制与运行绩效的回归分析结果见表 7-3。

**表 7-3　生物医药产业创新平台治理机制与运行绩效的回归结果**

| 自变量 | 因变量 | | | |
|---|---|---|---|---|
| | 模型 I(平台服务绩效) | | 模型 II(平台网络绩效) | |
| | B | t | B | t |
| 平台治理机制 | 0.637*** | 16.087 | 0.649*** | 16.647 |
| $R^2$ | 0.405 | | 0.422 | |
| Adj $R^2$ | 0.404 | | 0.420 | |
| F | 258.801 | | 277.130 | |

注：*** 表示 $p<0.01$

由表 7-3 可知：生物医药产业创新平台治理机制的完善程度与平台运行的服务绩效存在显著的正相关关系，相关系数为 0.637($p<0.01$)；平台治理机制的完善程度与生物医药产业创新平台的网络绩效存在显著的正相关关系，相关系数为 0.649($p<0.01$)。

## 四、平台信任水平对平台运行绩效的实证检验

本书第六章假设生物医药产业创新平台及其成员之间的信任水平越高，平台运行绩效越好。本章运用 SPSS16.0 对生物医药产业创新平台及其成员之间的信任水平与运行绩效的回归分析结果见表 7-4。

**表 7-4　生物医药产业创新平台信任水平与运行绩效的回归结果**

| 自变量 | 因变量 | | | |
|---|---|---|---|---|
| | 模型 I(平台服务绩效) | | 模型 II(平台网络绩效) | |
| | B | t | B | t |
| 平台及其成员间信任水平 | 0.629*** | 15.776 | 0.592*** | 14.314 |
| $R^2$ | 0.396 | | 0.350 | |
| Adj $R^2$ | 0.394 | | 0.349 | |
| F | 248.892 | | 204.896 | |

注：*** 表示 $p<0.01$

由表 7-4 可知：生物医药产业创新平台及其成员之间的信任水平与平台

运行的服务绩效存在显著的正相关关系，相关系数为 0.629（$p<0.01$）；平台及其成员间的信任水平与生物医药产业创新平台的网络绩效存在显著的正相关关系，相关系数为 0.592（$p<0.01$）。

## 五、平台的政策环境对运行绩效的实证检验

本书第六章假设生物医药产业创新平台运行的政策环境越好，则平台运行的绩效越好。本章运用 SPSS16.0 对生物医药产业创新运行的政策环境与运行绩效的回归分析结果见表 7-5。

**表 7-5　生物医药产业创新平台运行政策环境与绩效的回归结果**

| 自变量 | 因变量 | | | |
|---|---|---|---|---|
| | 模型 I（平台服务绩效） | | 模型 II（平台网络绩效） | |
| | B | t | B | t |
| 政策环境因素 | 0.520*** | 11.866 | 0.512*** | 11.627 |
| $R^2$ | 0.270 | | 0.262 | |
| Adj $R^2$ | 0.268 | | 0.260 | |
| F | 140.802 | | 135.199 | |

注：*** 表示 $p<0.01$

由表 7-5 可知：生物医药产业创新平台运行的政策环境因素与平台运行的服务绩效存在显著的正相关关系，相关系数为 0.520（$p<0.01$）；平台运行的政策环境因素与生物医药产业创新平台的网络绩效存在显著的正相关关系，相关系数为 0.512（$p<0.01$）。

# 第二节　平台治理机制的调节效应检验

本书第六章假设提出，生物医药产业创新平台的契约治理机制在资源结构与运行绩效、平台开放程度与运行绩效、平台及成员之间的信任水平及运行绩效以及平台政策环境与平台绩效之间的正向关系起调节作用。由于生物医药产业创新平台治理机制的完善程度在本文中是连续变量，因此，运用较为普遍的层次回归分析方法并不适用于本书平台治理机制的调节效应检验，而应当通过生成自变量与调节变量之间的乘积项，并将乘积项加入自变量和调节变量与因变量的回归方程中进行检验。根据温忠麟等人

(2012)对潜变量调节效应检验的讨论，应当使用自变量的各测量指标与调节变量的各测量指标交叉相乘，从而得到潜变量的乘积项的测量指标。

本书采用温忠麟等人(2003、2008)推荐的方法，先利用平台治理机制的4个测量指标分别与平台资源结构的4个测量指标、平台开放程度的2个测量指标、平台及其成员之间的信任水平的3个测量指标及平台运行的政策环境因素的4个测量指标交叉相乘，分别得到平台治理机制与平台资源结构、平台开放程度、平台及其成员之间的信任水平及平台运行的政策环境因素之间的乘积项所对应的测量指标，并对四个乘积项对应的测量指标分别进行因子分析，从而得到各乘积项的因子得分，再运用回归分析方法对乘积项对平台运行绩效的影响效应的显著性进行检验。

## 一、治理机制在资源结构与运行绩效之间的调节效应检验

1. 治理机制在成员质量与平台服务绩效之间的调节效应检验

根据本书第六章假设，生物医药产业创新平台治理机制的完善程度对平台资源结构与平台运行服务绩效的正向关系起调节作用。本章运用SPSS16.0进行回归分析，对该假设进行实证检验。首先让调节变量“平台治理机制的完善程度”进入生物医药产业创新平台资源结构与平台运行服务绩效的回归方程，检验二者对生物医药产业创新平台运行服务绩效的主效应；再让二者乘积项“资源结构 * 治理机制”进入回归方程，检验乘积项“资源结构 * 治理机制”对生物医药产业创新平台运行服务绩效影响的显著性。回归分析的统计结果见表7-6。

**表7-6　治理机制在资源结构与平台运行服务绩效间的调节作用**

| | | 平台运行的服务绩效 | | | |
|---|---|---|---|---|---|
| | | 模型 I | | 模型 II | |
| | | B | t | B | t |
| 主效应 | 资源结构 | 0.370*** | 9.319 | 0.171*** | 2.823 |
| | 治理机制 | 0.470*** | 11.984 | 0.180** | 2.284 |
| 交互效应 | 资源结构 * 治理机制 | | | 0.448*** | 4.291 |
| $R^2$ | | 0.516 | | 0.539 | |
| Adj $R^2$ | | 0.513 | | 0.535 | |
| F | | 202.059 | | 147.035 | |

注：*** 表示 $p<0.01$， ** 表示 $p<0.05$

由表 7-6 可知：加入乘积项“资源结构 * 治理机制”后，生物医药产业创新平台资源结构及治理机制对平台运行的服务绩效的关系仍然显著，且乘积项“资源结构 * 治理机制”对生物医药产业创新平台运行的服务绩效也存在显著的正向关系，相关系数为 0.448($p<0.01$)。同时，加入乘积项“资源结构 * 治理机制”后，回归方程的 $R^2$ 由 0.516 提高 0.539，提高了 2.3%。因此，对生物医药产业创新平台治理机制与平台资源结构的交互作用的回归分析发现，治理机制的完善程度可以增强资源结构对生物医药产业创新平台服务绩效的正向关系，因而对资源结构与平台服务绩效之间的正向关系存在显著的调节作用。

2. 治理机制在资源结构与平台网络绩效之间的调节效应检验

根据本书第六章假设，生物医药产业创新平台治理机制的完善程度对平台资源结构与平台运行网络绩效的正向关系起调节作用。本章运用 SPSS16.0 进行回归分析，对该假设进行实证检验。首先让调节变量“平台治理机制的完善程度”进入生物医药产业创新平台资源结构与平台运行网络绩效的回归方程，检验二者对生物医药产业创新平台运行网络绩效的主效应；再让二者乘积项“资源结构 * 治理机制”进入回归方程，检验乘积项“资源结构 * 治理机制”对生物医药产业创新平台运行网络绩效影响的显著性。回归分析的统计结果见表 7-7。

**表 7-7　治理机制在资源结构与平台运行网络绩效间的调节作用**

| | | 平台运行的网络绩效 | | | |
|---|---|---|---|---|---|
| | | 模型 I | | 模型 II | |
| | | B | t | B | t |
| 主效应 | 资源结构 | 0.282*** | 9.319 | 0.156** | 2.823 |
| | 治理机制 | 0.527*** | 11.984 | 0.339*** | 2.284 |
| 交互效应 | 资源结构 * 治理机制 | | | 0.284*** | 4.291 |
| $R^2$ | | 0.486 | | 0.495 | |
| Adj $R^2$ | | 0.484 | | 0.491 | |
| F | | 179.345 | | 123.660 | |

注：*** 表示 $p<0.01$，** 表示 $p<0.05$

由表 7-7 可知：加入乘积项“资源结构 * 治理机制”后，生物医药产业创新平台资源结构及治理机制对平台运行网络绩效的关系仍然显著，且乘积项“资源结构＊治理机制”对生物医药产业创新平台运行的网络绩效也存在显著的正向关系，相关系数为0.284（p＜0.01）。同时，加入乘积项“资源结构＊治理机制”后，回归方程的$R^2$由0.486提高0.495，提高了0.9％。因此，对生物医药产业创新平台治理机制与平台资源结构的交互作用的回归分析发现，治理机制的完善程度可以增强资源结构对生物医药产业创新平台网络绩效的正向关系，因而对资源结构与平台网络绩效之间的正向关系存在显著的调节作用。

## 二、治理机制在平台开放度与运行绩效间的调节效应检验

1. 治理机制在平台开放度与平台服务绩效之间的调节效应检验

根据本书第六章假设，生物医药产业创新平台治理机制的完善程度对平台开放度与平台运行服务绩效的正向关系起调节作用。本章运用SPSS16.0进行回归分析，对该假设进行实证检验。首先让调节变量“平台治理机制的完善程度”进入生物医药产业创新平台开放程度与平台运行服务绩效的回归方程，检验二者对生物医药产业创新平台运行服务绩效的主效应；再让二者乘积项“平台开放程度＊治理机制”进入回归方程，检验乘积项“平台开放程度＊治理机制”对生物医药产业创新平台运行服务绩效影响的显著性。回归分析的统计结果见表7-8。

**表7-8　治理机制在平台开放程度与平台运行服务绩效间的调节作用**

| | | 平台运行的服务绩效 | | | |
|---|---|---|---|---|---|
| | | 模型 I | | 模型 II | |
| | | B | t | B | t |
| 主效应 | 开放程度 | 0.340*** | 7.727 | 0.245*** | 5.886 |
| | 治理机制 | 0.450*** | 10.229 | 0.307*** | 7.047 |
| 交互效应 | 开放程度＊治理机制 | | | 0.360*** | 8.678 |
| $R^2$ | | 0.486 | | 0.571 | |
| Adj $R^2$ | | 0.483 | | 0.568 | |
| F | | 179.241 | | 168.020 | |

注：*** 表示 p＜0.01

由表7-8可知：加入乘积项“平台开放程度＊治理机制”后，生物医药产业创新平台的开放程度及治理机制对平台运行服务绩效的正向关系仍然显

著，且乘积项“平台开放程度＊治理机制”对生物医药产业创新平台运行的服务绩效也存在显著的正向关系，相关系数为0.360($p<0.01$)。同时，加入乘积项“平台开放程度＊治理机制”后，回归方程的$R^2$由0.486提高0.571，提高了8.5%。因此，对生物医药产业创新平台治理机制与平台开放程度的交互作用的回归分析发现，治理机制的完善程度可以增强平台开放程度对生物医药产业创新平台服务绩效的正向关系，因而对平台开放程度与平台服务绩效之间的正向关系存在显著的调节作用。

2. 治理机制在平台开放程度与平台网络绩效之间的调节效应检验

根据本书第六章假设，生物医药产业创新平台治理机制的完善程度对平台开放程度与平台运行网络绩效的正向关系起调节作用。本章运用SPSS16.0进行回归分析，对该假设进行实证检验。

首先让调节变量“平台治理机制的完善程度”进入生物医药产业创新平台开放程度与平台运行网络绩效的回归方程，检验二者对生物医药产业创新平台运行网络绩效的主效应；再让二者乘积项“平台开放程度＊治理机制”进入回归方程，检验乘积项“平台开放程度＊治理机制”对生物医药产业创新平台运行网络绩效影响的显著性。加入乘积项“平台开放程度＊治理机制”的回归分析结果见表7-9。

**表7-9 治理机制在平台开放程度与平台运行网络绩效间的调节作用**

| | | 平台运行的网络绩效 | | | |
|---|---|---|---|---|---|
| | | 模型 I | | 模型 II | |
| | | B | t | B | t |
| 主效应 | 开放程度 | 0.415*** | 9.982 | 0.336*** | 8.350 |
| | 治理机制 | 0.422*** | 10.164 | 0.302*** | 7.206 |
| 交互效应 | 开放程度＊治理机制 | | | 0.301*** | 7.522 |
| $R^2$ | | 0.542 | | 0.602 | |
| Adj $R^2$ | | 0.540 | | 0.599 | |
| F | | 224.360 | | 190.374 | |

注：***表示$p<0.01$，**表示$p<0.05$

由表7-9可知：加入乘积项“平台开放程度＊治理机制”后，生物医药产业创新平台的开放程度及治理机制对平台运行网络绩效的正向关系仍然显著，且乘积项“平台开放程度＊治理机制”对生物医药产业创新平台运行的网络绩效也存在显著的正向关系，相关系数为 0.301（$p<0.01$）。同时，加入乘积项“平台开放程度＊治理机制”后，回归方程的 $R^2$ 由 0.542 提高 0.602，提高了 6%。因此，对生物医药产业创新平台治理机制与平台开放程度的交互作用的回归分析发现，治理机制的完善程度可以增强平台开放程度对生物医药产业创新平台网络绩效的正向关系，因而对平台开放程度与平台服务绩效之间的正向关系存在显著的调节作用。

## 三、治理机制在平台信任与运行绩效间的调节效应检验

### 1. 治理机制在平台及其成员间信任水平与服务绩效之间的调节效应检验

根据本书第六章假设，生物医药产业创新平台治理机制的完善程度对平台及其成员之间的信任水平与平台运行的服务绩效的正向关系起调节作用。本章运用 SPSS16.0 进行回归分析，对该假设进行实证检验。首先让调节变量“平台治理机制的完善程度”进入生物医药产业创新平台及其成员间的信任水平与平台运行服务绩效的回归方程，检验二者对生物医药产业创新平台运行服务绩效的主效应；再让二者乘积项“平台成员及其成员间的信任水平＊治理机制”进入回归方程，检验乘积项“平台成员及其成员间的信任水平＊治理机制”对生物医药产业创新平台运行服务绩效影响的显著性。回归分析的统计结果见表 7-10。

**表 7-10　治理机制在平台及成员间信任水平与平台运行服务绩效间的调节作用**

| | | 平台运行的服务绩效 | | | |
|---|---|---|---|---|---|
| | | 模型 I | | 模型 II | |
| | | B | t | B | t |
| 主效应 | 信任水平 | 0.340*** | 7.727 | 0.324*** | 5.646 |
| | 治理机制 | 0.450*** | 10.229 | 0.349*** | 6.411 |
| 交互效应 | 信任水平＊治理机制 | | | 0.160** | 2.133 |
| $R^2$ | | 0.528 | | 0.534 | |
| Adj $R^2$ | | 0.526 | | 0.530 | |
| F | | 212.191 | | 144.302 | |

注：*** 表示 $p<0.01$，** 表示 $p<0.05$

由表 7-10 可知：加入乘积项“信任水平＊治理机制”后，生物医药产业创

新平台成员及其成员间的信任水平及治理机制对平台运行服务绩效的正向关系仍然显著,乘积项"信任水平 * 治理机制"对生物医药产业创新平台运行的服务绩效的相关系数为 0.160($p<0.05$)。但是,加入乘积项"信任水平 * 治理机制"后,回归方程的 $R^2$ 由 0.528 提高 0.534,仅提高了 0.6%。因此,对生物医药产业创新平台治理机制与平台开放程度的交互作用的回归分析发现,治理机制的完善程度可以增强平台开放程度对生物医药产业创新平台服务绩效的正向关系,但对平台开放程度与平台服务绩效之间的正向关系的调节作用并不显著。

2. 治理机制在平台及成员间信任水平与平台网络绩效之间的调节效应检验

根据本书第六章假设,生物医药产业创新平台治理机制的完善程度对平台及成员间信任水平与平台运行网络绩效的正向关系起调节作用。本章运用 SPSS16.0 进行回归分析,对该假设进行实证检验。首先让调节变量"平台治理机制的完善程度"进入生物医药产业创新平台及成员间信任水平与平台运行网络绩效的回归方程,检验二者对生物医药产业创新平台运行网络绩效的主效应;再让二者乘积项"信任水平 * 治理机制"进入回归方程,检验乘积项"信任水平 * 治理机制"对生物医药产业创新平台运行网络绩效影响的显著性。加入乘积项"信任水平 * 治理机制"的回归分析结果见表 7-11。

**表 7-11 治理机制在平台及成员间信任水平与平台运行网络绩效间的调节作用**

| | | 平台运行的网络绩效 | | | |
|---|---|---|---|---|---|
| | | 模型 I | | 模型 II | |
| | | B | t | B | t |
| 主效应 | 信任水平 | 0.350*** | 8.346 | 0.322*** | 5.481 |
| | 治理机制 | 0.469*** | 11.183 | 0.444*** | 7.206 |
| 交互效应 | 信任水平 * 治理机制 | | | 0.052 | 0.682 |
| $R^2$ | | 0.512 | | 0.512 | |
| Adj $R^2$ | | 0.509 | | 0.508 | |
| F | | 198.425 | | 132.252 | |

注:*** 表示 $p<0.01$

由表 7-11 可知:加入乘积项"信任水平 * 治理机制"后,生物医药产业创新平台及成员间信任水平及治理机制对平台运行网络绩效的正向关系仍然显著，但乘积项“信任水平 * 治理机制”对生物医药产业创新平台运行的网络绩效的正向关系并不显著，相关系数为 0.052。同时，加入乘积项“信任水平 * 治理机制”后，回归方程的 $R^2$ 没有明显提高。因此，对生物医药产业创新平台治理机制与平台及其成员间的信任水平的交互作用的回归分析发现，治理机制的完善程度对平台及其成员间的信任水平与平台服务绩效之间正向关系的调节作用不明显。

## 四、治理机制在政策环境与运行绩效间的调节效应检验

1. 治理机制在政策环境与服务绩效之间的调节效应检验

根据本书第六章假设，生物医药产业创新平台治理机制的完善程度对平台运行的政策环境因素与平台运行的服务绩效的正向关系起调节作用。本章运用 SPSS16.0 进行回归分析，对该假设进行实证检验。首先让调节变量“平台治理机制的完善程度”进入生物医药产业创新平台运行的政策环境因素与平台运行服务绩效的回归方程，检验二者对生物医药产业创新平台运行服务绩效的主效应；再让二者乘积项“平台运行的政策环境因素 * 治理机制”进入回归方程，检验乘积项“平台运行的政策环境因素 * 治理机制”对生物医药产业创新平台运行服务绩效影响的显著性。回归分析的统计结果见表 7-12。

**表 7-12　治理机制在平台运行的政策环境与平台运行服务绩效间的调节作用**

| | | 平台运行的服务绩效 | | | |
|---|---|---|---|---|---|
| | | 模型 I | | 模型 II | |
| | | B | t | B | t |
| 主效应 | 政策环境 | 0.287 | 6.790 | 0.206 | 3.691 |
| | 治理机制 | 0.504 | 11.934 | 0.424 | 7.634 |
| 交互效应 | 政策环境 * 治理机制 | | | 0.160** | 2.209 |
| $R^2$ | | 0.470 | | 0.476 | |
| Adj $R^2$ | | 0.467 | | 0.472 | |
| F | | 167.808 | | 114.642 | |

注：*** 表示 $p<0.01$，** 表示 $p<0.05$

由表 7-12 可知：加入乘积项“平台运行的政策环境因素 * 治理机制”后，

生物医药产业创新平台成员及其成员间的信任水平及治理机制对平台运行服务绩效的正向关系仍然显著，乘积项“政策环境 * 治理机制”对生物医药产业创新平台运行的服务绩效的相关系数为 0.160（$p<0.05$）。但是，加入乘积项“政策环境 * 治理机制”后，回归方程的 $R^2$ 由 0.470 提高到 0.476，仅提高了 0.6%。因此，对生物医药产业创新平台治理机制与平台运行的政策环境因素的交互作用的回归分析发现，治理机制的完善程度可以增强平台运行的政策环境因素对生物医药产业创新平台服务绩效的正向关系，但对平台运行的政策环境因素与平台服务绩效之间的正向关系的调节作用并不显著。

2. 治理机制在政策环境与网络绩效之间的调节效应检验

根据本书第六章假设，生物医药产业创新平台治理机制的完善程度对平台运行的政策环境因素与平台运行的运行网络绩效的正向关系起调节作用。本章运用 SPSS16.0 进行回归分析，对该假设进行实证检验。首先调节变量“平台治理机制的完善程度”进入生物医药产业创新平台运行的政策环境因素与平台运行网络绩效的回归方程，检验二者对生物医药产业创新平台运行网络绩效的主效应；再让二者乘积项“政策环境 * 治理机制”进入回归方程，检验乘积项“政策环境 * 治理机制”对生物医药产业创新平台运行网络绩效影响的显著性。加入乘积项“政策环境 * 治理机制”的回归分析结果见表 7-13。

**表 7-13 治理机制在平台及成员间信任水平与平台运行网络绩效间的调节作用**

| | | 平台运行的网络绩效 | | | |
|---|---|---|---|---|---|
| | | 模型 I | | 模型 II | |
| | | B | t | B | t |
| 主效应 | 政策环境 | 0.269*** | 6.432 | 0.180*** | 3.259 |
| | 治理机制 | 0.525*** | 12.537 | 0.436*** | 7.940 |
| 交互效应 | 政策环境 * 治理机制 | | | 0.177** | 2.467 |
| $R^2$ | | 0.479 | | 0.487 | |
| Adj $R^2$ | | 0.476 | | 0.483 | |
| F | | 173.974 | | 119.567 | |

注：*** 表示 $p<0.01$，** 表示 $p<0.05$

由表 7-13 可知：加入乘积项“政策环境 * 治理机制”后，生物医药产业创新平台运行的政策环境因素及治理机制对平台运行网络绩效的正向关系仍然显著，乘积项"政策环境 * 治理机制"对生物医药产业创新平台运行的网络绩效的相关系数为 0.177($p<0.05$)。但是，加入乘积项"政策环境 * 治理机制"后，回归方程的 $R^2$ 仅从 0.479 提高到 0.487，仅提高了 0.8%。因此，对生物医药产业创新平台治理机制与平台运行的政策环境因素的交互作用的回归分析发现，治理机制的完善程度对生物医药产业创新平台运行的政策环境因素与平台服务绩效之间正向关系的调节作用不明显。

## 第三节　实证研究结果汇总与讨论

本节基于问卷调查数据，对本书第六章提出的生物医药产业创新平台运行绩效及其影响因素理论模型中的相关研究假设进行了实证检验。所有研究假设的实证检验结果如表 7-14。

**表 7-14　实证检验结果汇总表**

| 序　号 | 理论假设 | 检验结果 |
| --- | --- | --- |
| 假设 1 | 平台资源结构优化程度越高，生物医药产业创新平台的运行绩效越好 | 支持 |
| 假设 1a | 平台资源结构优化程度越高，生物医药产业创新平台的服务绩效越好 | 支持 |
| 假设 1b | 平台资源结构优化程度越高，生物医药产业创新平台的网络绩效越好 | 支持 |
| 假设 2 | 平台及其成员的信任水平越高，生物医药产业创新平台的运行绩效越好 | 支持 |
| 假设 2a | 平台及其成员的信任水平越高，生物医药产业创新平台的服务绩效越好 | 支持 |
| 假设 2b | 平台及其成员的信任水平越高，生物医药产业创新平台的网络绩效越好 | 支持 |
| 假设 3 | 平台开放度越高，生物医药产业创新平台的运行绩效越好 | 支持 |
| 假设 3a | 平台开放度越高，生物医药产业创新平台的服务绩效越好 | 支持 |
| 假设 3b | 平台开放度越高，生物医药产业创新平台的网络绩效越好 | 支持 |
| 假设 4 | 平台治理机制的完备程度越高，生物医药产业创新平台的运行绩效越好 | 支持 |

（续表）

| 序　号 | 理论假设 | 检验结果 |
|---|---|---|
| 假设 4a | 平台治理机制的完备程度越高，生物医药产业创新平台的服务绩效越好 | 支持 |
| 假设 4b | 平台治理机制的完备程度越高，生物医药产业创新平台的网络绩效越好 | 支持 |
| 假设 5 | 政策环境越完善，生物医药产业创新平台的运行绩效越好 | 支持 |
| 假设 5a | 政策环境越完善，生物医药产业创新平台的服务绩效越好 | 支持 |
| 假设 5b | 政策环境越完善，生物医药产业创新平台的网络绩效越好 | 支持 |
| 假设 6 | 治理机制增强了平台资源结构与生物医药产业创新平台运行绩效的正向关系 | 支持 |
| 假设 6a | 治理机制增强了平台资源结构与生物医药产业创新平台服务绩效的正向关系 | 支持 |
| 假设 6b | 治理机制增强了平台资源结构与生物医药产业创新平台网络绩效的正向关系 | 支持 |
| 假设 7 | 治理机制增强了平台开放程度与生物医药产业创新平台运行绩效的正向关系 | 支持 |
| 假设 7a | 治理机制增强了平台开放程度与生物医药产业创新平台服务绩效的正向关系 | 支持 |
| 假设 7b | 治理机制增强了平台开放程度与生物医药产业创新平台网络绩效的正向关系 | 支持 |
| 假设 8 | 治理机制增强了平台及其成员的信任水平与生物医药产业创新平台运行绩效的正向关系 | 不支持 |
| 假设 8a | 治理机制增强了平台及其成员的信任水平与生物医药产业创新平台服务绩效的正向关系 | 不支持 |
| 假设 8b | 治理机制增强了平台及其成员的信任水平与生物医药产业创新平台网络绩效的正向关系 | 不支持 |
| 假设 9 | 治理机制增强了平台运行政策环境与生物医药产业创新平台运行绩效的正向关系 | 不支持 |
| 假设 9a | 治理机制增强了平台运行政策环境与生物医药产业创新平台服务绩效的正向关系 | 不支持 |
| 假设 9b | 治理机制增强了平台运行政策环境与生物医药产业创新平台网络绩效的正向关系 | 不支持 |

在第六章理论模型研究提出研究假设时，本书提出了 27 个假设，其中大

部假设都得到了实证检验的支持，包括生物医药产业创新平台资源结构、平台开放程度、平台及其成员间的信任水平、平台治理机制的完善程度及平台运行的政策、环境因素对生物医药产业创新平台运行的服务绩效和网络绩效的正向关系，以及生物医药产业创新平台治理机制的完善程度对平台资源结构与平台运行的服务绩效和网络绩效正向关系的调节作用、平台契约治理机制对平台开放程度与生物医药产业创新平台运行服务绩效和网络绩效正向关系的调节作用等研究假设都通过了本章的实证检验。

但是，本书第六章有关生物医药产业创新平台治理机制的完善程度会增强平台及其成员间的信任水平及平台运行的政策环境因素与生物医药产业创新平台运行绩效之间的正向关系的研究假设并未完全获得本章实证检验的支持。其中，契约治理机制对平台成员及其成员间的信任水平与生物医药产业创新平台网络绩效正向关系的调节作用、对平台运行的政策环境因素与生物医药产业创新平台运行绩效正向关系的调节作用(包括治理机制对平台运行的政策环境因素与生物医药产业创新平台服务绩效正向关系的调节作用、对平台运行的政策环境因素与生物医药产业创新平台网络效正向关系的调节作用)均不显著，即假设 8、假设 8a、假设 8b、假设 9、假设 9a 和假设 9b 均未通过实证检验。

本书认为上述假设未获通过的可能原因在于：正式的契约治理机制可能与信任水平之间存在着一定的替代和补充关系，高度信任的伙伴之间往往并不需要正式的契约治理机制也会产生良好的合作绩效；而政策环境作为更为宏观的因素，并不会受到平台契约治理机制的影响。本文采用回归分析方法验证生物医药产业创新平台治理机制的调节效应时，主要看调节性变量与主变量的乘积项对运行绩效影响的显著程度，参考指标主要有两个，一个是乘积项与因变量相关系数的显著性，另一个是回归方程加入乘积项后 $R^2$ 的变化程度。在上述假设的实证检验中，调节性变量与主变量的乘积项与生物医药产业创新平台运行绩效的相关系数均显著，但 $R^2$ 的变化程度都较低，而有关 $R^2$ 的变化程度目前学术界并未有明确界定，本书仅仅是出于审慎性原则的考虑，对 $R^2$ 变化程度低于 1%的情况，均作未通过假设检验处理。

本章实证研究还发现，尽管平台资源结构、平台开放程度及平台及成员间的信任程度三方面因素与平台治理机制的完善程度和平台运行的环境因素一样，都对生物医药产业创新平台运行绩效均有显著正面影响，但这三个因素对平台运行的服务绩效和网络绩效仍然存在细微的差别。其中，平台资源结构和平台及其成员间的信任程度对生物医药产业创新平台服务绩效的正面效应要略高于它们对生物医药产业创新平台网络绩效的正面效应，而平台开放程度对生物医药产业创新平台网络绩效的正面影响要略高于其对生物医药产业创新平台服务绩效的正面效应。

出现这一细微差别的主要原因可能在于：部分生物医药产业创新平台的成员，不仅仅在平台运行过程中接受平台提供的各种服务，同时其自身部分资源也用于平台共享，并通过平台向其他成员或平台外部企业或机构提供服务。在这种情况下，生物医药产业创新平台成员的质量水平越高，则更有利于提高平台运行的服务绩效，相反，平台资源结构在提高生物医药产业网络绩效方面，可能尽管对增加成员内的合作机会与资源共享渠道仍有较强影响，但对平台成员数量增加的效应还会受制于其他因素影响如平台对加入条件的限制等因素的影响。平台及其成员之间的信任水平有利于平台及成员以及成员之间的全方位合作和资源共享，从而提高生物医药产业创新平台运行的服务绩效，但现有成员及平台之间的高度信任有时可能也会对新成员的加入构成一定限制，因而信任尽管对平台内成员间的合作有着正面影响，但对生物医药产业创平台网络绩效的整体效应要略低于平台服务绩效。平台开放程度对生物医药产业创新平台网络绩效的效应要略高于其对平台服务绩效的效应，可能在于其直接决定了平台能否吸纳更多的新成员加入。

## 第四节　本章小结

本章以本书第六章为基础，利用问卷调查的相关数据，采用回归分析方法对本书生物医药产业创新平台运行绩效及其影响因素的理论模型进行了实证检验。

实证研究发现，本书第六章理论模型研究提出的相关研究假设中，平台资源结构、平台开放程度、平台及成员间的信任水平、平台运行的政策环境因素及平台契约治理机制的完善程度等因素都与生物医药产业创新平台的服务绩效和网络绩效存在显著的正向关系；生物医药产业创新平台契约治理机制的完善程度除了直接影响平台运行的服务绩效和网络绩效之外，还对平台资源结构和平台开放程度与平台运行的服务绩效和网络绩效的正向关系起着显著的调节作用。本章的实证检验还发现，生物医药产业创新平台契约治理机制的完善程度对平台及成员间的信任水平和平台运行的政策环境因素与平台运行绩效的正向关系的调节效应不显著。

# 第八章　我国生物医药产业创新平台的治理机制

本书第四章在理论上讨论了生物医药产业创新平台运行机理，资源共享、科技服务（成果）转让和合作研发是生物医药产业创新平台运行的主要依托，促进成员之间的知识共享与合作研发是生物医药产业创新平台的核心。本书第七章的实证研究发现平台的契约治理机制对生物医药产业创新平台的运行绩效具有显著影响。对生物医药产业创新平台内的知识共享和合作研发设计合理的治理机制，有利于提高生物医药产业创新平台的正常运转，从而提高平台的整体运行绩效。本章将分别从知识共享和合作研发两个方面讨论生物医药产业创新平台的治理机制。

## 第一节　生物医药产业创新平台治理机制的架构体系

### 一、生物医药产业创新平台的治理

本书第七章的实证研究表明，生物医药产业创新平台的契约治理机制对平台的运行绩效具有显著影响，因而如何为生物医药产业创新平台设计合理的契约治理机制对提高平台的运行绩效具有重大意义。根据本书第六章对生物医药产业创新平台契约治理机制的界定，生物医药产业创新平台的治理主要是通过一系列规则来规范相关主体的行为，从而防范平台运行中的各种风险，从而提高生物医药产业创新平台的整体运行效率。

生物医药产业创新平台的治理与传统的公司治理具有明显的区别，传统的公司治理关注的是如何对经理层的行为进行监控和控制，而生物医药产业创新平台的治理关注的却是平台自身及其成员间的协调合作活动（陈波，2012）。根据本书第四章的研究，生物医药产业创新平台各成员形成的创新网络是其基本组成部分，也就是说，生物医药产业创新平台及其成员之间的关系不是传统的科层关系，而是一种基于互惠的契约关系和合作的网络关系（张运生、张利飞，2011）。因此，传统公司治理研究中的激励、监督等治理机制虽然在一定程度上可以构成生物医药产业创新平台治理机制的重要组成本分，但以控制为主要手段的传统公司治理模式又不能完全适用于平台的治理。

同样，生物医药产业创新平台的治理与传统的以价格机制为核心的市场治理也存在较大的不同。市场与一体化组织通常是传统治理机制中的两种主要代表性机制（Williamson, 2005），而市场的治理主要体现为价格机制，不同法人主体之间通过价格机制来实现各自的利益最大化。但根据本书第四章的研究，生物医药产业创新平台及其成员之间的互动并非完全基于价格，而是在创新方面的合作、以知识为主的创新资源的共享以及以科研技术服务和科技成果为标的的转让等。因此，考虑到生物医药产业创新平台成员在产品市场上的竞争或上下游关系，尽管以价格机制为核心的市场治理仍对平台治理具有一定作用，但显然无法完全适用于平台治理。

尽管市场与科层制两种治理机制并不完全适用于生物医药产业创新平台的治理，但生物医药产业创新平台的治理要解决的问题，在本质上与市场治理与科层治理并无明显不同，即平台治理要解决的问题仍然是平台及其成员之间的外部性、信息不对称和机会主义行为。

外部性是指某些行为主体的决策或行为导致另外一些行为主体受损或受益，前者称为负外部性，后者称为正外部性。生物医药产业创新平台治理所关注的主要是平台及其成员带来的负外部性。本书第四章有关生物医药产业创新平台运行机理的研究表明，吸引更多高质量的创新需求者和创新提供者加入平台，并促进成员之间的创新合作是生物医药产业创新平台的基本目的之一。生物医药产业链上的相关主体加入产业创新平台，并通过合作研发、知识共享等方式形成的创新网络，为产业链上的相关创新主体带来了更多的合作对象和合作机会。然而，尽管平台创新网络的扩展带来了显著的正外部性，包括合作机会的增加、合作对象的拓展，但也会为平台成员带来一些负外部性。比如，合作创新中参与方的规模过大，特别是产业链上同质成员过多，可能导致这些成员在下游产品市场上形成过度竞争，从而损害成员利益。

独立法人主体之间的交易和合作通常都面临着信息缺乏或者信息不对称问题。生物医药产业创新平台与其成员及成员之间是典型的独立法人关系，他们在展开合作研发或知识共享等互动时，都存在明显的信息不对称。比如：在决定参与平台知识共享时，生物医药产业链成员并不清楚其他成员相关知识的价值；在平台内的合作研发中，成员相互之间也很难获得对方是否尽了最大努力的相关信息；在接受科研服务或技术成果转让时，成员对该服务的水平、技术成果的质量等也存在较大的信息不足等。

机会主义行为是行为主体根据利益相关者的信息不对称，采取的损人利己措施。由于生物医药产业创新平台及其成员基本上都是独立的法人实体，特别是产业链上的相关企业都是追求自身利益的最大化，因而在互动过程中总是存在采取机会主义行为的动机。同时，平台与成员及其成员之间在合作研发、知识共享及科技服务成果转让等互动过程中总是存在着一定的信息不对称，因而生物医药产业创新平台各行为主体也有相当的机会采取不利于平台整体或其他成员的机会主义行为，从而造成平台运行效率的下降。

正如传统公司治理理论一样，生物医药产业创新平台运行中存在着诸多不利于提高平台效率的因素，但无论是对生物医药产业创新平台整体而言，还是对支撑其运行的子系统而言，这些因素总是可以归因于外部性、信息不对称以及由此带来的机会主义行为。为更好阐释生物医药产业创新平台的治理，本书将生物医药产业创新平台的运行分为两大部分：

其一是产业链成员是否加入生物医药产业创新平台，创新平台是否接受特定产业链成员的加入；

其二是生物医药产业创新平台与其成员及其成员之间的合作互动，包括合作研发、知识共享和科技服务或技术成果的转让。

外部性、信息不对称与机会主义行为等生物医药产业创新平台治理要解决的主要问题及其在生物医药产业创新平台运行中的分布见图 8-1。

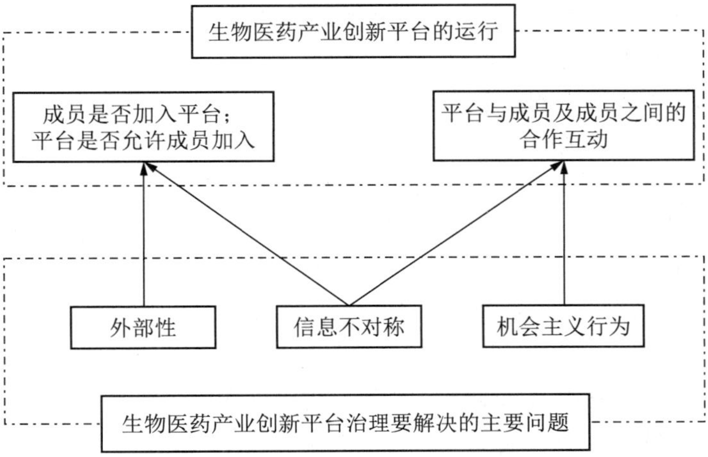


图 8-1　生物医药产业创新平台治理要解决的主要问题及其分布

如图 8-1 所示，在生物医药产业创新平台的运行中：当产业链成员决定是否加入平台以及平台决定是否应该允许产业链成员加入平台时，平台治理机制要解决的主要是新成员加入带来的外部性及成员与平台之间的信息不对称问题；而当平台与平台成员及成员之间基于平台展开合作互动时，生物医药产业创新平台治理机制要解决的主要是合作互动中的信息不对称及机会主义行为。

## 二、生物医药产业创新平台的主要治理机制及其结构

针对运行过程中可能出现的外部性、信息不对称及机会主义行为，生物医药产业创新平台需要设计合理的治理机制予以解决。尽管由信任、声誉等非正式机制对生物医药产业创新平台及其成员的行为同样构成了约束，但本章研究的平台治理机制主要是正式的契约治理机制。根据平台及其成员对相关治理机制的决定权和影响力的不同，本书又将生物医药产业创新平台的治理机制划分为外部治理机制和内部治理机制。

1. 外部治理机制

生物医药产业创新平台在一定程度上可以依靠公共部门的民事或刑事法律体系及执行程序，如知识产权保护法律体系、反垄断法律体系、其他民商法律体系及其执行程序等来处理平台及其成员带来的负外部性，并对生物医药产业创新平台及其成员的行为进行相应规范。由于对平台及其成员而言，公共部门的民事或刑事法律体系及其执行程序属于外生变量，并不因平台及成员之间订立的契约或者展开的谈判而改变，因此对生物医药产业创新平台而言，公共部门的民事或刑事法律体系及其执行程序构成的治理机制属于平台的外部治理机制。

外部治理机制中的民事或商业法律体系及其执行程序通常可在一定程度解决平台运行中的外部性、信息不对称及其带来的机会主义行为。比如：平台在运行中是否存在排他性行为，这些排他性行为是否构成了反竞争行为，对此公共部门的反垄断法律体系及其执行程序必须给予高度关注；平台及其成员在合作互动中是否存在违反合同的行为，如提供的科研技术服务或技术成果的质量水平低于合同约定、未能按照合同约定提供相应的创新合作投入等，公共部门的民事或商业法律体系可以对此提供救济。

外部治理机制中的刑事法律体系及其执行程序也可对平台运行中那些造成严重不良后果的机会主义行为进行制裁。比如，平台成员可能对其他成员的知识产权进行恶意侵犯，窃取、侵吞合作研发取得的相关成果，且这

些行为构成了犯罪，则公共部门的刑事法律体系及其执行程序将发挥不可替代的作用。

同时，公共部门的民事或刑事法律体系及其执行程序也是生物医药产业创新平台构建内部治理机制的基础和依据。因此，这种由公共部门的民事或刑事法律体系及其执行程序对生物医药产业创新平台及其成员行为的规范，对生物医药产业创新平台的治理同样具有重要意义。除此之外，公共部门制定的生物医药产业政策、公共医疗政策及政府为生物医药产业创新平台提供的相关公共服务也是平台外部治理机制的重要组成部分。

2. 内部治理机制

尽管外部治理机制对生物医药产业创新平台的运行不可或缺，但平台并不能完全依赖于外部治理机制。其原因主要表现在两个方面：一是平台及其成员通过谈判或签订相关契约达成的相关规则，可以比公共部门掌握更多的信息，包括各方在互动中具体权利义务关系、互动中的努力程度及其他具体行为等信息；二是平台设计的相关机制可以更快、更有效地处理平台的负外部性及机会主义行为，而公共部门通常需要更为繁琐的程序。因此，生物医药产业创新平台应根据公共法律体系建立相应的内部治理机制。

尽管如前述研究所表明的一样，生物医药产业创新平台的治理不同于传统公司治理的科层制，也不同于市场治理的价格机制，但是解决传统公司治理问题常见的激励、约束、信息公开等机制仍然可以在生物医药产业创新平台的治理中发挥重大作用。换句话说，生物医药产业创新平台可以通过一系列明示或默示的合同，包括进入门槛机制、信息透明机制、激励约束机制（包括奖励和惩罚机制）以及相应的协调机制（如合作收益的分配机制、成本分摊机制）等来规范和协调平台及其成员的行为，防止降低平台运行绩效的事件的发生。生物医药产业创新平台设计的上述治理机制，通常是平台运营方或主导方与平台成员通过谈判达成的契约，是平台自身对平台及其成员的相关行为进行规范，因而被看作是生物医药产业创新平台的内部治理机制。

在生物医药产业创新平台的内部治理机制中，信息透明度机制主要解决平台运行过程中的信息不对称。如本节前述研究，无论是生物医药产业链成员是否应加入产业创新平台，或者是平台是否应允许特定成员加入创新平台，还是平台与成员及成员之间的合作互动，都存在着信息不对称现象。信息透明度机制就是要求生物医药产业创新平台设计相应的合同条款，要求平台及其成员及时披露相关信息。比如：对成员是否应该加入某一特定平台，平台治理机制应披露平台的基本定位、对成员加入平台和利用平台资源的相关资质和条件、成员及平台的相关权利和义务等信息，从而保证生物医药产业链成员获得更充足的信息，以比较加入或不加入平台的利弊；对平台是否应允许特定成员加入，生物医药产业创新平台治理机制应要求潜在成员披露自身的发展状况、创新资源等信息；对平台及成员在合作研发或者知识共享过程中的相关行为进行报告和检查，并对各方持有的信息或证据进行仲裁和评估。

进入门槛机制主要解决平台运行中的外部性和机会主义行为。生物医药产业链成员加入平台的基本目的之一，是利用平台形成的创新网络，通过与平台及其他成员之间的合作研发或知识共享，获得自身缺乏的特定资源或能力，解决自身在生物医药创新过程中面临的挑战和问题。创新网络带来的正外部性，通常也是平台为生物医药产业链创新带来的重要价值之一，但并非平台创新网络所有外部性都对特定成员或者平台本身有利，比如过多在下游市场上存在直接竞争的产业链成员加入平台，可能导致下游市场的过度竞争，造成生物医药产业链的整体利益受到损失，并导致平台吸引力的下降；在知识共享的合作互动中，过多低水平成员的存在可能导致高水平成员的外流，降低平台知识共享的整体水平。生物医药产业创新平台的进出门槛机制就是要对产业链成员加入平台、利用平台的相关资源或者进行的研发合作设置相应的资质和条件，不仅要根据平台合作的潜在利益限制平台成员的整体规模，而且要根据平台及现有成员的价值取向和实际需要，保证成员的整体质量。

利益协调机制要解决的是生物医药产业创新平台运行中特别是平台与成员及成员之间合作互动过程中存在的机会主义行为。生物医药产业创新平台成员无论是在知识共享，还是在合作研发中，都希望以最小的代价获得自身的利益最大化，而各成员与平台之间存在的信息不对称常常会诱发各参与主体采取机会主义行为。比如，在合作研发中，成员降低自身的合作努力水平，采取搭便车的行为；在知识共享中，恶意利用平台的相关共享知识，以获取额外利益等。生物医药产业创新平台的利益协调机制就是要通过相应的规则体系，明确各方的权利义务，包括如何合理分配合作研发或知识共享带来的潜在利益，如何分摊合作研发等带来的相应成本，从而降低平台及其成员在合作互动中的冲突，从而实现合作研发或知识共享对平台的整体利益最大化。

激励约束机制主要解决生物医药产业创新平台运行过程中存在的信息

不对称及其带来的机会主义行为。如前所述，生物医药产业链成员是否加入平台，是否参与平台内的合作研发或知识共享互动，主要取决于加入平台或参与互动给其自身带来的利益，因此生物医药产业创新平台需要设计相应的激励机制，刺激生物医药产业链上的关键成员加入平台或参与平台内的合作研发或知识共享等合作互动，比如，对参与平台知识共享的成员给予相应奖励，或明确成员参与平台内合作研发的利益分配权。同样，生物医药产业创新平台制定的相关行为规则，需要相应的激励约束机制相配合。通常，生物医药产业创新平台的激励约束机制需要明确规定成员可以在平台内采取哪些行为、限制成员采取哪些行为，并且对采取平台鼓励行为的成员予以相应激励，对那些采取了平台限制行为的成员予以相应惩罚。比如，生物医药产业创新链上的关键成员参与平台知识共享，平台应通过激励机制给予此类成员奖励，如允许此类成员对其用于共享的知识收取更高的许可费用；对那些在合作研发中付出更多努力的平台成员，生物医药产业创新平台应通过激励机制给予其更高的收益分配比例。同样，平台应通过相应约束机制限制成员采取机会主义行为，比如，对在知识共享中恶意侵犯其他成员的相关知识产权、或将共享知识用于限制领域的行为，平台约束机制应采取相应的惩罚措施，包括对采取此类行为的成员进行通报谴责、罚款、驱逐甚至起诉。

通过上述分析可以发现，生物医药产业创新平台的治理机制包括外部治理机制和内部治理机制，而外部治理机制主要是公共部门的民事刑事法律体系及其执行程序，内部治理机制主要包括信息透明机制、进入门槛机制、利益协调机制及激励约束机制等。生物医药产业创新平台的外部治理机制和内部治理机制并非相互替代，而是相互补充。外部治理机制不仅可以直接处理平台的部分外部性和机会主义行为，而且也是平台设计内部治理机制的基础和依据。外部治理机制与内部治理机制共同构成了如图 8-2所示的生物医药产业创新平台治理机制的结构体系。

鉴于由公共部门的民商法律体系、刑事法律体系等构成的外部治理机制对生物医药产业创新平台而言，属于外生变量，因而本章的平台治理机制设计主要讨论内部治理机制的设计。同时，本书第四章有关生物医药产业创新平台运行机理的讨论已经指出，平台运行主要基于知识共享、合作研发和科技服务及技术成果转让三大系统，而科技服务及技术成果转让系统具有显著的双边市场特征。对双边市场平台的治理机制，许多文献已经进行了充分讨论（Evans，2012），因此本章后续内容将主要结合平台的合作研发

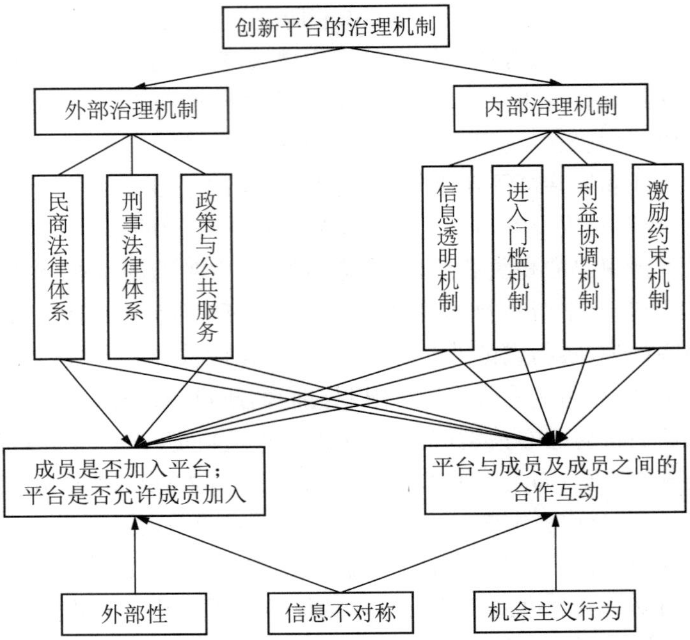


图 8-2 生物医药产业创新平台治理机制及其结构

和知识共享来讨论生物医药产业创新平台的治理机制设计。

## 第二节 平台内知识共享的治理机制

### 一、知识共享的困境

促进生物医药产业链上不同成员间的资源共享特别是知识共享是生物医药产业创新平台运作的基本目标和服务手段之一。但是，现有文献研究表明：不同主体之间能否成功实现知识共享，会受到多种因素的制约。如果这些制约因素不能得到有效解决，知识共享的效果将大打折扣。通常，制约产业链成员之间有效实施知识共享的因素主要包括以下两个方面：

1. 成员从知识共享中获得收益

产业链成员之间进行知识共享的动力机制首先来自知识共享的收益，知识共享的收益来自两个方面，一是通过共享从产业链其他成员获得自身创新所必需的关键知识、技能、数据等，从而提高自身的技术创新能力和产品开发能力；二是在知识共享中，通过许可费的形式，从产业链其他成员获得相应经济收益。

进一步分析可以发现，产业链成员从知识共享中获得收益的情况又取决于三个方面因素：一是产业链成员可用于共享的知识存量；二是成员自身的知识吸收能力，这直接决定了该成员能将多少外部知识内化为自身能力；三是知识共享的许可费模式和许可费水平。

2. 知识共享的相关成本

产业链成员之间实施知识共享，通常会产生相应成本。共享成本不仅包括成员在自身研发过程使用共享知识库的相关知识如数据、技术等需要支付的费用水平，而且也包括了成员共享自有知识时可能出现的知识产权被恶意侵犯所带来的损失等。

在上述两个因素中，可以从知识共享中获得收益对成员构成了正向激励，当这种正向激励不足，则产业链成员将没有动力实施知识共享。而知识共享的相关成本却是对成员实施知识共享构成了约束，当这种成本水平过高，也将制约产业链成员知识共享的效果。

对产业链成员实施知识共享面临的上述困境，可以借用如下博弈模型进行表达。

企业从知识共享中获得的利益主要取决于自身的知识吸收能力和从外部获取的知识总量，同时在共享自身知识资源时也会付出一定的成本，主要是知识产权意外泄漏或被恶意侵犯的风险成本等，或者说成员在共享自身知识资源时会有一定的概率发生知识资源的损失。考虑一个平台内有两家企业实行知识共享，其共享的知识分别为 $K_1$ 和 $K_2$($K_1>0$, $K_2>0$)，知识吸收能力分别为 $\lambda_1$ 和 $\lambda_2$($0<\lambda_1<1$, $0<\lambda_2<1$)，共享自身知识时的成本同为 $c$($0<c<1$)。在成员 2 实施知识共享时，成员 1 实施知识共享的收益为 $U_1=\mu_1+\lambda_1 K_2-cK_1$，不实施共享的收益为 $U_1=\mu_1$；在成员 2 不实施知识共享时，成员 1 实施知识共享的收益为 $U_1=\mu_1-cK_1$，不实施共享的收益为 $U_1=\mu_1$。同样，在成员 1 实施知识共享时，成员 2 实施知识共享的收益为 $U_2=\mu_2+\lambda_2 K_1-cK_2$，不实施共享的收益为 $U_2=\mu_2$；在成员 1 不实施知识共享时，成员 2 实施知识共享的收益为 $U_2=\mu_2-cK_2$，不实施共享的收益为 $U_2=\mu_2$。

此时，两家企业在知识共享系统博弈中的支付矩阵如表 8-1。

由表 8-1 可知：

(1) 对企业 1 而言，当 $\lambda_1 K_2<cK_1$ 时，有 $\mu_1+\lambda_1 K_2-cK_1<\mu_1$，则当企业 2 选择知识共享时，企业 1 选择知识共享的收益将小于选择不共享的收

**表 8-1　两家企业知识博弈的支付矩阵**

| | | 企业 2 | |
|---|---|---|---|
| 企业 1 | | 共　享 | 不共享 |
| | 共享 | $\mu_1+\lambda_1 K_2-cK_1$，$\mu_2+\lambda_2 K_1-cK_2$ | $\mu_1-cK_1$，$\mu_2$ |
| | 不共享 | $\mu_1$，$\mu_2-cK_2$ | $\mu_1$，$\mu_2$ |

益，此时企业 1 的最好策略是选择不共享；当企业 2 选择不共享时，则有 $\mu_1-cK_1<\mu_1$，即企业 2 选择不共享时，企业 1 的最好策略是选择不共享。对企业 2 而言，当 $\lambda_2 K_1<cK_2$时，有 $\mu_2+\lambda_2 K_1-cK_2<\mu_2$，则当企业 1 选择知识共享时，企业 2 选择知识共享的收益将小于选择不共享的收益，此时企业 2 的最好策略是选择不共享；当企业 1 选择不共享时，则有 $\mu_2-cK_2<\mu_2$，此时企业 2 的最好策略是选择不共享。即当企业从知识共享中获得额外收益小于其共享自身知识产生的成本时，无论对方如何选择，企业都会选择不共享，因此选择不共享将成为企业的占优策略，(不共享，不共享)将是两家企业博弈的唯一纳什均衡。

(2) 对企业 1 而言，当 $\lambda_1 K_2>cK_1$时，有 $\mu_1+\lambda_1 K_2-cK_1>\mu_1$，则当企业 2 选择知识共享时，企业 1 选择知识共享的收益将大于选择不共享的收益，此时企业 1 的最好策略是选择共享；但当企业 2 选择不共享时，则有 $\mu_1-cK_1<\mu_1$，即企业 2 选择知识共享的收益，企业 1 的最好策略是选择不共享。对企业 2 而言，当 $\lambda_2 K_1>cK_2$时，有 $\mu_2+\lambda_2 K_1-cK_2$，则当企业 1 选择知识共享时，企业 2 选择知识共享的收益将大于选择不共享的收益，此时企业 2 的最好策略是选择共享；但当企业 1 选择不共享时，企业 2 的最好策略是选择不共享。因此，当企业从知识共享中获得额外收益大于其共享自身知识产生的成本时，企业会选择与对方相同的行为从而最大化自身利益，此时(不共享，不共享)和(共享，共享)将是两家企业博弈的纳什均衡。

从上述模型的分析可知，当不考虑其他因素时，产业链成员间最终是否实施知识共享，关键取决于其从知识共享中获得额外收益及它在共享自身知识时所产生的成本。无论如何，只要实施知识共享会产生成本，(共享，共享)都不是产业链成员知识共享博弈的唯一均衡，特别是在共享成本高于共享收益时，产业链成员间将无法实施知识共享。

## 二、平台内知识共享的动态演化

前文研究表明，在存在共享成本的情况下，实施知识共享并非产业链成员间博弈的唯一均衡解。而演化博弈论认为，不同主体之间的行为具有一个动态调整过程，并将这种动态调整过程的分析与博弈分析相结合，其核心概念是“演化稳定策略”和“复制动态”。生物医药产业创新平台不同成员均有追求自身利益最大化的理性预期，因而在知识共享过程中往往会根据其他行为主体的行为调整自身策略，采取更有利于自身利益的行为，从而导致平台内的知识共享成为一个动态调整的演化系统。

为更好说明生物医药产业创新平台内知识共享的动态演化过程，本书建立了如下动态博弈模型：

(1) 成员必须与平台及其他成员共享自身拥有的相关知识资源才能学习平台及其他成员的共享知识，而与前述产业链成员业间知识共享博弈模型一样，成员向平台及其他成员共享自己的知识资源需要承担一定的成本，或者说成员在共享自身知识资源时会有一定的概率发生知识资源的损失。假定所有成员共享自身知识资源时产生损失的概率为 $c(0<c<1)$，加入平台知识共享系统时用于平台共享的自身知识资源 $K_i(K_i>0)$。

(2) 除参与平台知识共享系统的成员所贡献的知识外，平台本身也往往会具备一定的知识存量，比如平台发起方在平台构建之初汇聚的知识资源及平台在运行过程中沉淀的知识资源，假定该知识存量为 $K_0(K_0>0)$。

(3) 生物医药产业创新平台成员在研发过程中使用平台汇聚的各种共享知识时，需要支付一定的费用。该费率水平由平台制定，其中成员利用平台本身拥有的存量知识时支付的费率水平为 $a$，利用平台其他成员共享的知识资源时支付的费率水平为 $b(0<b<1)$。

(4) 生物医药产业链成员加入平台知识共享系统可获得的收益主要包括两个部分，其一是吸收外部知识(包括吸收平台的存量知识和其他成员共享的知识)，其二是自身共享的知识为其他成员利用时由平台收取的费用收入。

(5) 与前文产业链成员间知识共享博弈模型一样，成员利用平台及其他成员共享知识的收益状况取决于自身吸收能力 $\lambda_i(0<\lambda_i<1)$。

假设生物医药产业链上有两家成员，成员 1 和成员 2。在成员 2 加入时，成员 1 加入生物医药产业创新平台知识共享系统时可获得的收益为 $U_1=\mu_1+(\lambda_1-a)K_0+(\lambda_1-b)K_2-(c-b)K_1$，不加入时可获得的收益为 $U_1=\mu_1$；在成员 2 不加入时，成员 1 加入生物医药产业创新平台知识共享系统时可获得的收益为 $U_1=\mu_1+(\lambda_1-a)K_0-cK_1$，不加入时可获得的收益为 $U_1=\mu_1$。同样，在成员 1 加入时，成员 2 加入生物医药产业创新平台知识共享系统时可获得的收益为 $U_2=\mu_2+(\lambda_2-a)K_0+(\lambda_2-b)K_1-(c-b)K_2$，不加入时可获得的收益为 $U_2=\mu_2$；在成员1不加入时，成员2加入生物医药产业创新平台知识共享系统时可获得的收益为 $U_2=\mu_2+(\lambda_2-a)K_0-cK_2$，不加入时可获得的收益为 $U_2=\mu_2$。

此时，两家成员在生物医药产业创新平台知识共享系统中博弈的支付矩阵如表8-2。

**表8-2　两家成员的支付矩阵**

| | | 成员2 | |
|---|---|---|---|
| | | 加入 | 不加入 |
| 成员1 | 加入 | $\mu_1+(\lambda_1-a)K_0+(\lambda_1-b)K_2-(c-b)K_1$，$\mu_2+(\lambda_2-a)K_0+(\lambda_2-b)K_1-(c-b)K_2$ | $\mu_1+(\lambda_1-a)K_0-cK_1$，$\mu_2$ |
| | 不加入 | $\mu_1$，$\mu_2+(\lambda_2-a)K_0-cK_2$ | $\mu_1$，$\mu_2$ |

由表8-2可知，博弈的均衡结果除了双方的知识吸收能力、可用于共享的自身知识存量的影响外，平台知识共享系统初始的共享知识存量 $K_0$ 及平台制定的共享知识收费标准、平台知识共享系统的知识产权保护力度等都将对博弈均衡结果产生重大影响。根据表8-2，根据双方的知识吸收能力、可用于共享的自身知识存量的影响、平台知识共享系统初始的共享知识存量 $K_0$、平台制定的共享知识收费标准及知识共享成本等参数的不同，平台成员的博弈结果存在以下三种情形：

1. 情形一

对成员1而言，当 $(\lambda_1-a)K_0+(\lambda_1-b)K_2<(c-b)K_1$ 时，选择不加入是其占优策略；对成员2而言，当 $(\lambda_2-a)K_0+(\lambda_2-b)K_1<(c-b)K_2$ 时，选择不加入是其占优策略。即，当加入平台知识共享系统时的成本总是高于成员收益时，选择不加入将是平台成员的占优策略，（不加入，不加入）将是生物医药产业创新平台知识共享博弈的唯一纳什均衡。

2. 情形二

对成员1而言，当 $(\lambda_1-a)K_0>cK_1$ 时，显然此时 $(\lambda_1-a)K_0+(\lambda_1-b)K_2>(c-b)K_1$，则有 $\mu_1+(\lambda_1-a)K_0-cK_1>\mu_1$，$\mu_1+(\lambda_1-a)K_0+(\lambda_1-b)K_2-(c-b)K_1>\mu_1$，即此时选择加入是成员1的占优策略。

对成员2而言，当 $(\lambda_2-a)K_0>cK_2$ 时，显然此时 $(\lambda_2-a)K_0+(\lambda_2-b)K_1>(c-b)K_2$，则 $\mu_2+(\lambda_2-a)K_0-cK_2>\mu_2$，$\mu_2+(\lambda_2-a)K_0+(\lambda_2-b)K_1-(c-b)K_2>\mu_2$，即此时选择加入是成员2的占优策略。

因此，当成员在仅学习平台自身拥有的知识学习中所获得的收益大于其成员共享自身知识所产生的成本时，无论对方如何选择，成员都将选择加入平台知识共享系统，此时（加入，加入）将成为两家成员博弈的唯一纳什均衡。

3. 情形三

当$(\lambda_1-a)K_0<cK_1$但$(\lambda_1-a)K_0+(\lambda_1-b)K_2>(c-b)K_1$时，则成员1将选择成员2所采取的策略，即当成员2加入时，成员1加入，成员2不加入时，成员1不加入；同理，当$(\lambda_2-a)K_0<cK_2$但$(\lambda_2-a)K_0+(\lambda_2-b)K_1>(c-b)K_2$时，则成员2将选择成员1所采取的策略，即当成员1加入时，成员2加入，成员1不加入时，成员2不加入。因此，当成员仅从学习平台自身知识中获得的额外收益不足以弥补其共享自身知识产生的成本但从平台知识共享系统中获得的额外收益又大于其共享自身知识产生的成本时，成员会选择与平台其他成员相同的行为从而最大化自身利益，此时（不加入，不加入）和（加入，加入）将是生物医药产业创新平台知识共享博弈的纳什均衡。

在情形三中，博弈的最终结果究竟是（不加入，不加入）还是（加入，加入），可以通过动态演化博弈模型进行分析。假设成员1选择加入平台知识共享系统的概率为$\alpha$，不加入的概率为$1-\alpha$；成员2选择加入平台知识共享系统的概率为$\beta$，不加入的概率为$1-\beta$。则

成员1和成员2选择加入平台知识共享系统的收益分别为：

$$\begin{cases}U_1^e=\beta[\mu_1+(\lambda_1-a)K_0+(\lambda_1-b)K_2-(c-b)K_1]+(1-\beta)[\mu_1+(\lambda_1-a)K_0-cK_1]\\U_2^e=\alpha[\mu_2+(\lambda_2-a)K_0+(\lambda_2-b)K_1-(c-b)K_2]+(1-\alpha)[\mu_2+(\lambda_2-a)K_0-cK_2]\end{cases}\tag{8.1}$$

成员1和成员2选择不加入平台知识共享系统的收益分别为

$$\begin{cases}U_1^n=\beta\mu_1+(1-\beta)\mu_1=\mu_1\\U_2^n=\alpha\mu_2+(1-\alpha)\mu_2=\mu_2\end{cases}\tag{8.2}$$

成员1和成员2的平均收益分别为：

$$\begin{cases}U_1=\alpha U_1^e+(1-\alpha)U_1^n\\U_2=\beta U_2^e+(1-\beta)U_2^n\end{cases}\tag{8.3}$$

分别将(8.1)式和(8.2)式代入(8.3)式，则

$$\begin{cases}U_1=\mu_1+\alpha[(\lambda_1-a)K_0+\beta(\lambda_1-b)K_2-\beta(c-b)K_1-(1-\beta)cK_1]\\U_2=\mu_2+\beta[(\lambda_2-a)K_0+\alpha(\lambda_2-b)K_1-\alpha(c-b)K_2-(1-\alpha)cK_2]\end{cases} \tag{8.4}$$

分别构建成员 1 和成员 2 的复制动态方程，

$$\begin{cases}\dfrac{d\alpha}{dt}=\alpha(1-\alpha)[(\lambda_1-a)K_0+\beta(\lambda_1-b)K_2-\beta(c-b)K_1-(1-\beta)cK_1]\\\dfrac{d\beta}{dt}=\beta(1-\beta)[(\lambda_2-a)K_0+\alpha(\lambda_2-b)K_1-\alpha(c-b)K_2-(1-\alpha)cK_2]\end{cases} \tag{8.5}$$

令$\dfrac{d\alpha}{dt}=0$、$\dfrac{d\beta}{dt}=0$，则有

$$\begin{cases}\alpha^*=0\text{ 或 }\alpha^*=1\text{，或 }\beta^*=\dfrac{cK_1-(\lambda_1-a)K_0}{(\lambda_1-b)K_2+bK_1}\\\beta^*=0\text{ 或 }\beta^*=1\text{，或 }\alpha^*=\dfrac{cK_2-(\lambda_2-a)K_0}{(\lambda_1-b)K_1+bK_2}\end{cases} \tag{8.6}$$

由(8.6)式可知，$\beta=\beta^*=\dfrac{cK_1-(\lambda_1-a)K_0}{(\lambda_1-b)K_2+bK_1}$时，$\dfrac{d\alpha}{dt}$恒为零，这意味着所有 $\alpha$ 都是稳定状态；当 $\beta\neq\dfrac{cK_1-(\lambda_1-a)K_0}{(\lambda_1-b)K_2+bK_1}$时，$\alpha^*=0$ 和 $\alpha^*=1$ 是两个稳定状态。其中，当 $\beta>\dfrac{cK_1-(\lambda_1-a)K_0}{(\lambda_1-b)K_2+bK_1}$时，$\alpha^*=1$ 是进化稳定策略(ESS)，当 $\beta<\dfrac{cK_1-(\lambda_1-a)K_0}{(\lambda_1-b)K_2+bK_1}$时，$\alpha^*=0$ 是进化稳定策略(ESS)。同理可知，$\alpha=\alpha^*=\dfrac{cK_2-(\lambda_2-a)K_0}{(\lambda_1-b)K_1+bK_2}$时，$\dfrac{d\beta}{dt}$恒为零，此时所有的 $\beta$ 都是稳定状态；当 $\alpha\neq\dfrac{cK_2-(\lambda_2-a)K_0}{(\lambda_1-b)K_1+bK_2}$时，$\beta^*=0$ 和 $\beta^*=1$ 是两个稳定状态。其中，当 $\alpha>\dfrac{cK_2-(\lambda_2-a)K_0}{(\lambda_1-b)K_1+bK_2}$时，$\beta^*=1$ 是进化稳定策略(ESS)，当 $\alpha<\dfrac{cK_2-(\lambda_2-a)K_0}{(\lambda_1-b)K_1+bK_2}$时，$\beta^*=0$ 是进化稳定策略(ESS)。

图 8-3 给出了上述博弈的复制动态过程。在图 8-3 中，$A$ 和 $B$ 是两个不稳定均衡点，$O$ 和 $C$ 是进化稳定点，分别对应的是成员 1 和成员 2 采取的

(不加入,不加入)和(加入,加入)两种策略,$D$ 是鞍点。成员 1 和成员 2 除了在初始状态选择加入或不加入外,整个系统还需一定时间的演化才可达到稳定状态。到底平台知识共享系统博弈将收敛于哪一个稳定均衡点,将取决于博弈初始状态。在图 8-3 中,当初始状态落入 $AOBD$ 区域时,系统的动态演化将收敛于 $O$,即系统最终将演化至(不加入,不加入)这一稳定均衡点;当初始状态落入 $ACBD$ 区域时,系统的动态演化将收敛于 $A$,即系统最终将演化至(加入,加入)这一稳定均衡点。从什么初始状态开始进行演化,主要取决于博弈模型的相关参数。

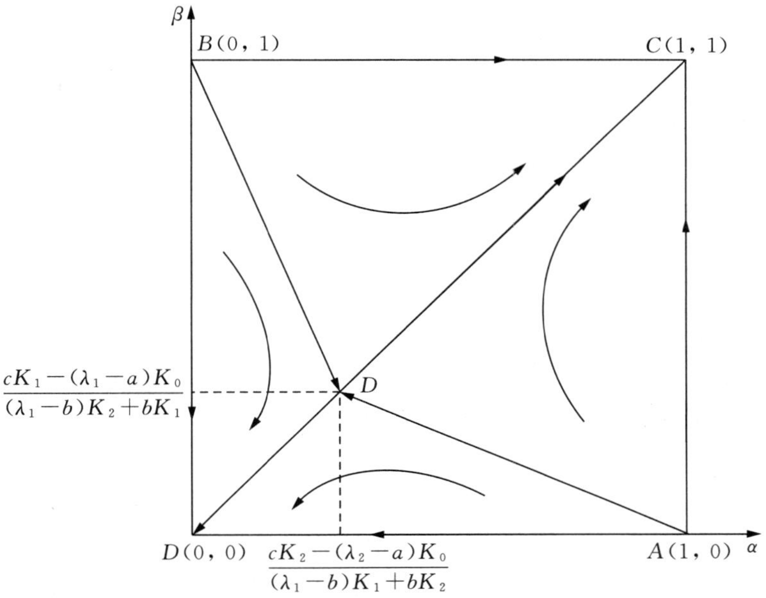


图 8-3　复制动态博弈的进化轨迹

从图 8-3 给出的平台知识共享系统的复制动态过程可以看出,当$(\lambda_1-a)K_0+(\lambda_1-b)K_2<(c-b)K_1$, $(\lambda_2-a)K_0+(\lambda_2-b)K_1<(c-b)K_2$时,则有 $\beta^*=\frac{cK_1-(\lambda_1-a)K_0}{(\lambda_1-b)K_2+bK_1}>1$, $\alpha^*=\frac{cK_2-(\lambda_2-a)K_0}{(\lambda_1-b)K_1+bK_2}>1$,此时鞍点 $D$ 处于图 8-3 中 $C$ 点的右上方,无论初始状态落入 $AOBC$ 区域中的任何位置,系统都将最终演化至(不加入,不加入)这一稳定均衡点,其最终的博弈结果与情形一的分析结果相同;当$(\lambda_1-a)K_0>cK_1$, $(\lambda_2-a)K_0>cK_2$时,则有 $\beta^*=\frac{cK_1-(\lambda_1-a)K_0}{(\lambda_1-b)K_2+bK_1}<0$, $\alpha^*=\frac{cK_2-(\lambda_2-a)K_0}{(\lambda_1-b)K_1+bK_2}<0$,此时鞍点 $D$ 在

图 8-1中 $O$ 点的左下方，无论初始状态落入 $AOBC$ 区域中的任何位置，系统都将最终演化至（加入，加入）这一稳定均衡点，其最终的博弈结果与情形二的分析结果相同。

## 三、平台内知识共享的治理机制

通过对平台内知识共享的动态演化博弈分析发现，为了使动态博弈最终演化至（加入，加入），生物医药产业创新平台知识共享的治理机制应设计合理的门槛机制、惩罚机制和收费机制。

1. 对生物医药产业链成员参与平台知识共享设置“门槛机制”

生物医药产业作为典型的创新驱动型产业，产业链成员特别倾向于同那些具备较多知识资源的伙伴进行合作。本章对生物医药产业链知识共享的动态演化博弈分析表明，平台知识共享系统的成员数量及成员用于共享的知识存量和成员的知识吸收能力对生物医药产业创新平台知识共享系统的有效运行具有重要意义。

从模型鞍点 $D\left(\frac{cK_1-(\lambda_1-a)K_0}{(\lambda_1-b)K_2+bK_1}, \frac{cK_2-(\lambda_2-a)K_0}{(\lambda_1-b)K_1+bK_2}\right)$可以看出，平台成员用于共享的知识存量越高，则鞍点 $D$ 就越靠近 $O$ 点，平台知识共享系统演化至（加入，加入）的可能性就越高。直观的理解，在决定是否加入平台知识共享系统时，成员倾向于选择与那些具有较高知识能力的成员进行合作。如果成员在知识共享系统中不能从其他伙伴获得与自身能力互补的知识资源，则成员将没有足够的意愿加入平台的知识共享，更不会将自身具有的知识资源用于平台共享。如果加入生物医药产业创新平台知识共享系统的成员越多，成员用于平台共享的知识存量越多，则平台知识共享系统对生物医药产业链成员的吸引力则越大，产业链成员加入平台知识共享系统的意愿也就越高。

骆品亮和殷华翔（2009）在综合考虑许可费率水平、成员吸收能力等因素的基础上，发现知识吸收能力的强弱对知识共享的投入水平具有正向影响作用。本章的动态演化博弈模型再次证实了这一点，在图 8-3 中，成员知识吸收能力越强，则鞍点 $D\left(\frac{cK_1-(\lambda_1-a)K_0}{(\lambda_1-b)K_2+bK_1}, \frac{cK_2-(\lambda_2-a)K_0}{(\lambda_1-b)K_1+bK_2}\right)$离 $O$ 点的距离就越近，$ACBD$ 区域所占面积就越大，平台知识共享系统演化至（加入，加入）的可能性就越高。也就是说，成员知识吸收能力越强，则从平台知识共享系统中获得的收益就越高，生物医药产业链成员加入平台知识共享系统的意愿也就越高。

因此，设置适当的“门槛机制”，可以确保参与平台知识共享的成员的质量水平。一方面提高平台知识共享系统对产业链其他成员的吸引力，促成更多更优质的成员加入平台知识共享，从而促成知识共享系统的良性循环，另一方面，参与知识共享的成员吸收能力越强，则成员越容易将平台内的共享知识转化为自身的创新能力，从而加强成员在生物医药产业链创新中的作用，平台对生物医药产业链的创新也才越有价值。只有平台参与方用于共享的知识达到一定质量和数量，平台知识共享系统对生物医药产业链的其他成员才具有更大的吸引力，只有那些具备较好吸收能力的成员才能从平台知识共享中获得更高的价值。

2. 制定相应惩罚机制，严格限定平台共享知识的用途

本书第四章第三节讨论生物医药产业创新平台知识共享系统运行机理时已经指出，平台知识共享的运行效果在很大程度取决于平台知识共享系统的规则设计，特别是知识产权保护规则的设计。上述动态演化博弈模型的分析也表明，知识保护规则的设计与成员参与平台知识共享的风险和成本密切相关。由于成员用于平台共享的知识具有一定的公共产品属性，因此成员的知识共享行为在一定程度上容易出现困境，特别容易出现知识遭到意外泄露或恶意侵犯的情况，这就导致成员在知识共享的过程中会发生一定的成本。知识共享成本越高，则成员加入平台知识共享系统所承担的潜在风险和损失也就越高。在图 8-3 中，成员知识共享的成本越高，则鞍点 $D\left(\frac{cK_1-(\lambda_1-a)K_0}{(\lambda_1-b)K_2+bK_1},\frac{cK_2-(\lambda_2-a)K_0}{(\lambda_1-b)K_1+bK_2}\right)$ 离 $C$ 点的距离就越近，$ACBD$ 区域所占面积就越小，平台知识共享系统演化至（加入，加入）的可能性就越低。

因此，对平台知识共享设置严格的知识产权保护规则，防止知识共享系统内相关知识资源的意外泄露，并加强对成员可能出现的恶意侵犯共享知识资源行为的惩罚力度，可以有效降低成员参与知识共享的风险成本，提升生物医药产业链成员参与平台知识共享意愿，从而提高平台知识共享系统的共享知识容量和质量。柴国荣和宗胜亮（2009）在研究企业合作创新中的知识共享时发现，企业的知识共享意愿将随着惩罚力度的提高而提高。在具有相应保障措施时，成员更愿意进行适当的知识共享（柴国荣等人，2010）。生物医药产业创新平台设计相应的惩罚机制，严格对生物医药产业链成员利用平台共享知识的用途加以限制，明确共享知识中哪些可以用于

后续研究、哪些可以用于后续开发、哪些可以用于后续商业化推广，分别制定用于研究、开发和商业化的相应条件，对违反这些规定的成员应采取严厉惩罚措施。

3. 制定适当的收费机制

对成员利用知识共享系统中相关知识的收取一定费用是大多数平台的通行做法。本书第四章第三节讨论生物医药产业创新平台知识共享系统运行机理时曾提到，建立知识共享系统需要花费大量初始成本，系统的日常运行也需要一定运维成本，因此对平台成员利用平台共享知识收取一定的费用，可以用于维护平台知识共享系统的日常运行和管理。骆品亮和殷华翔(2009)在研究知识许可的利益博弈和激励框架时发现，许可费率水平对知识许可企业具有强激励效果，实施双重许可费模式有利于提高企业的知识共享投入，并提高社会福利水平。正如本节上述模型分析结果一样，收取一定的费用，可以为将自身知识用于平台共享的生物医药产业链成员创造相应的收益，增强平台知识共享对生物医药产业链成员的吸引力，因此制定相应的收费机制是生物医药产业创新平台的重要激励机制之一。

从本节上述模型分析还发现，该收费同时也构成了生物医药产业链成员合理利用平台共享知识的成本，因此该收费应当保持合理水平，过高则限制了产业链成员对平台共享知识资源的合理利用，过低则降低了对高质量成员的吸引力。直观地理解，收费机制不仅对成员构成了激励，也对生物医药产业创新平台参与知识共享构成了一定的门槛和约束。从上述模型中可以看出，那些拥有较多可用于共享知识资源的成员，或者自身吸收能力较强的高质量成员，对较高收费水平的接受程度也确实更高，因而过低的收费可能反而吸引的是一些低水平成员，不利于平台的长远发展。

但是，正如本节前述模型所示，知识共享的效率还取决于平台共享知识的总量，可共享的总量越大，则对生物医药产业创新平台成员的共享价值就越大，对成员的吸引力也就越大。平台共享知识的总量不仅取决于平台本身的知识，而且更关键的是吸引更多的产业链成员加入共享，随着共享知识规模和参与共享的成员规模的不断扩大，成员愿意提供的共享知识量也就更多(柴国荣等人，2010)。对生物医药产业创新平台设计收费机制时而言，应当充分考虑这种网络外部性的影响。为尽快扩大知识共享规模和利用效率，可以考虑在平台知识共享系统构建初期，对成员利用平台本身用于共享的知识资源免予收费，从而尽快提高知识共享系统对产业链成员的吸引力，促使平台知识共享系统“滚雪球”效应快速出现。

## 第三节　平台内合作研发的治理机制

### 一、平台内的合作研发

本书第四章第三节在研究生物医药产业创新平台运行机理时已经指出，合作研发是生物医药产业创新平台运行的主要支撑系统。合作研发是指企业同外部机构包括高校、科研机构、上下游企业或者竞争对手之间基于共同利益，通过共享收益并共担风险与成本的机制安排，从而实现联合研发的行为。在知识经济时代，合作研发是产业技术进步和企业获取外部研发能力、分散创新资源、降低创新成本从而获得竞争优势的重要选择。特别是在具有典型的创新驱动特征的生物医药产业中，合作研发已成为生物医药开发的重要基石。

在生物医药产业创新平台的运行中，横向成员之间的研发合作及产业链上下游企业之间的纵向研发合作都十分普遍。本书第三章研究生物医药产业的创新特征时已经提出，生物医药产业创新链条包含了很多环节，包括药物发现、早期临床、临床试验等，因此，对那些在创新链条上处于相同环节的成员之间的合作研发，本书称之为生物医药产业创新平台内的横向合作研发，而对那些在创新链条上属于上下游关系的成员间的合作研发，本书称之生物医药产业创新平台内的纵向合作研发。

无论是横向合作还是纵向合作，生物医药产业创新平台的合作研发都面临着信息不对称、外部性及合作伙伴间的机会主义行为等需要平台治理机制解决的复杂问题。

1. 合作研发中的信息不对称

合作研发中的信息不对称是合作失败的重要原因之一。由于信息不对称的存在，生物医药产业创新平台内的部分成员可以通过发布虚假消息加入平台号召发起的合作研发，比如夸大自身研发能力或自身拥有的创新资源从而参加平台内的部分合作研发项目，但由于其实际研发能力的不足，导致其负责承担的研发任务无法按时或者按项目质量要求完成，最终影响整个研发进度，并给平台及其他成员带来经济损失，从而降低整个生物医药产业创新平台的运行效率。

2. 合作研发中的外部性

生物医药产业创新平台的成员之间的关系，既有合作又有竞争。在平台内的合作研发中，平台成员可能在研发领域是一种合作关系，但在下游产品市场中却可能是直接竞争关系，特别是对那些在生物医药产业链中处于相同环节的成员而言，它们在同一市场上可能面临着激烈的竞争。合作研发成果的大规模推广，可能会进一步加剧这种竞争，甚至造成过度竞争，从而影响整个生物医药产业链的利益。

3. 合作研发中的机会主义行为

除了信息不对称和负外部性之外，由于生物医药产业创新平台成员都属于独立的法人实体，因而都有采取机会主义行为以追求自身利益最大化的动机。比如，在合作研发过程中，成员出于自身利益最大化的考虑，可能会出现研发投入不足的状况，或者，将本该用于合作研发的资源用于其他途径等，以获得更大的自身利益。机会主义行为的存在，将不利于生物医药产业创新平台内合作研发的有效开展，并对合作各方带来相应损失，从而降低整个平台的运行绩效。

对生物医药产业创新平台的治理机制而言，就是要通过相应的利益协调机制，鼓励成员按照平台整体利益最大化的原则投入相关的创新资源或合作努力，通过相应的门槛机制来选择合适的成员参与平台合作研发项目，并控制合作研发参与成员的数量规模，从而确保平台合作研发的成功和平台整理利益的最大化。

## 二、平台内合作研发的成本分摊机制

根据本章第一节提出的生物医药产业创新平台治理机制的架构体系，成本分摊机制是平台治理的利益协调机制的重要组成部分。在生物医药产业创新平台的合作研发中，成本分摊机制就是要制定适当的成本分摊比例，确保各方合作投入的研发资源能够实现合作各方的利益最大化。参考陈波和傅联英（2013）的研究，本书建立了一个横向合作博弈模型来说明生物医药产业创新平台内合作研发成本分摊机制的设计。

考虑生物医药产业技术创新平台由两家产品具有差异化（Singh 和 Vives，1984；张劼等，2006；王吉林等，2007；晋盛武等，2006；汪国利和唐守廉，2009；孙树垒等，2009）的企业构成，它们在产品市场展开 Bertrand 竞争。模型采用 Singh-Vives 模型（Singh & Vives，1984）的企业需求函数结构，即企业需求函数为 $p_i = A - \beta q_i - \gamma q_j\,(i,\ j = 1,\ 2,\ j \neq i)$，其中，$A > 0$，$\beta > \gamma > 0$。$\beta > \gamma > 0$ 表明两家企业的产品属于不完全替代产品，即两家企业产品存在差异，差异化程度可由 $\delta=\frac{\gamma^2}{\beta^2}$ 定义。通过对 Singh-Vives 模型的结构进行转换，企业的直接需求函数可以改写为

$$q_i = a - bp_i + dp_j \quad (i, j=1, 2; j \neq i) \tag{8.7}$$

其中，$a=\frac{A}{\beta+\gamma}$，$b=\frac{\beta}{\beta^2-\gamma^2}$，$d=\frac{\gamma}{\beta^2-\gamma^2}$，显然 $a>0$，$b>d>0$，$\delta=\frac{d^2}{b^2}=\frac{\gamma^2}{\beta^2}$。$a>0$ 表示市场容量。$d>0$ 表明当对方价格降低一个单位时，企业的市场需求将下降 $d$ 个单位，即两家寡头企业之间存在价格竞争关系，价格竞争程度取决于交叉价格效应 $d$。$b>d$ 表明企业自身价格效应大于交叉价格效应（Economides & Katsamakas，2006）。交叉价格效应 $d$ 越接近自身价格效应 $b$，则表明两家寡头厂商间的价格竞争程度越高，产品同质化程度越高；交叉价格效应 $d$ 越接近于零，则表明两家寡头厂商间的价格竞争程度越低，产品差异化程度越高。

假定两家成员的边际成本均为 $c=0$，则很容易验证，不考虑研发时，两家企业 Bertrand 竞争的均衡价格为 $p_1^{NR}=p_2^{NR}=\frac{a}{2b-d}$，均衡产量为 $q_1^{NR}=q_2^{NR}=\frac{ab}{2b-d}$，利润为 $\pi_1^{NR}=\pi_2^{NR}=\frac{a^2b}{(2b-d)^2}$。

现假定平台发起一项合作研发项目，由平台仅有的两家成员共同承担，即该项目在生物医药产业创新平台内存在合作研发空间。

合作创新的绩效不再表现为成本下降，而是反映为市场需求的扩张（Spence，1976；Dixit 和 Stiglitz，1977；Koenker 和 Perty，1981；Levin 和 Reiss，1988；张化尧等人，2004）。

则讨论如何设计成本分摊机制，从而促使合作各方达到实现合作研发利益最大化的最优投入水平的契约安排可以描述为

$$\text{Max}_{\alpha, x}\left\{\begin{aligned}&\pi_1(\alpha)=ap_1+2\lambda_1\sqrt{x}\,p_1-bp_1^2+dp_2p_1-\alpha x\\&\pi_2(\alpha)=ap_2+2\lambda_2\sqrt{x}\,p_2-bp_2^2+dp_2p_1-(1-\alpha)x\end{aligned}\right\}$$

$$\begin{aligned}\text{s.t}\quad &p_i\in \arg\cdot\max\{\pi_i(p_i)\};\ x\in\arg\cdot\max\{\pi_i(x)\},\\&x>0;\ \Delta\pi^i(\alpha)\geqslant 0;\ i=1, 2\end{aligned} \tag{8.8}$$

其中，目标函数是两家成员合作研发时的利润，而 $p_i(i=1, 2)$ 表示两家成员各自实现自身利润最大化时在产品市场上的价格，$2\lambda_i\sqrt{x}$ 为成员合作研

发时所创造的市场需求，$x$ 为合作研发时的研发总投入，$\lambda_i>1$ 为合作研发投入对成员的需求创造系数，其大小测度了合作研发的需求创造效应。假设两家成员展开合作研发时约定的研发费用分摊比例为 $\alpha(0<\alpha<1)$，

由该契约安排的第一个约束条件可以求得

$$\begin{cases} p_i=\dfrac{2ab+ad+(4b\lambda_i+2d\lambda_j)\sqrt{x}}{4b^2-d^2} \\ q_i=\dfrac{b[2ab+ad+(4b\lambda_i+2d\lambda_j)\sqrt{x}]}{4b^2-d^2} \quad (i,\ j=1,\ 2;\ j\neq i) \end{cases} \tag{8.9}$$

由(8.9)式及该契约安排的第一个约束条件可以求得

$$\begin{cases} x_1^*=\dfrac{[2ab(2b+d)(2b\lambda_1+d\lambda_2)]^2}{[\alpha\,(4b^2-d^2)^2-4b\,(2b\lambda_1+d\lambda_2)^2]^2} \\ x_2^*=\dfrac{2ab(2b+d)(2b\lambda_2+d\lambda_1)}{(1-\alpha)(4b^2-d^2)^2-4b\,(2b\lambda_2+d\lambda_1)^2} \end{cases} \tag{8.10}$$

“生物医药产业创新平台内存在合作研发空间”的假设表明，$\alpha\in\left(\dfrac{4b\,(2b\lambda_1+d\lambda_2)^2}{(4b^2-d^2)^2},\ \dfrac{(4b^2-d^2)^2-4b\,(2b\lambda_2+d\lambda_1)^2}{(4b^2-d^2)^2}\right)$为非空集合，则此时“生物医药产业创新平台内存在合作研发空间”的假设条件可表达为

$$(4b^2-d^2)^2-4b(2b\lambda_1+d\lambda_2)^2-4b\,(2b\lambda_2+d\lambda_1)^2>0 \tag{$*$}$$

显然，只有当 $b$、$d$、$\lambda_i$满足($*$)式时，生物医药产业创新平台才有进行合作研发的可能。不难发现，$\dfrac{4b(2b\lambda_1+d\lambda_2)^2}{(4b^2-d^2)^2}>0$，$\dfrac{(4b^2-d^2)^2-4b(2b\lambda_2+d\lambda_1)^2}{(4b^2-d^2)^2}<1$，因此由($*$)式可知 $0<\dfrac{4b\,(2b\lambda_1+d\lambda_2)^2}{(4b^2-d^2)^2}<\alpha<\dfrac{(4b^2-d^2)^2-4b\,(2b\lambda_1+d\lambda_2)^2}{(4b^2-d^2)^2}<1$ 且$\sqrt{x}>0$。

为实现合作研发的双赢结果，两家企业在合作研发时约定的研发成本分摊比例 $\alpha$，应使得企业 1 利润最大化时研发投入总水平等于企业 2 利润最大化时的研发投入总水平，即 $\alpha$ 应满足 $x_1^*=x_2^*$，则两家企业合作研发时约定的成本分摊比例应为

$$\alpha=\frac{(2b\lambda_1+d\lambda_2)[(2b+d)(4b^2-d^2)+4b(2b\lambda_2+d\lambda_1)(\lambda_1-\lambda_2)]}{(4b^2-d^2)(2b+d)^2(\lambda_1+\lambda_2)} \tag{8.11}$$

显然，只要成员之间存在合作研发的空间，则生物医药产业创新平台制定的成本分摊比例与研发对需求创造效应和价格效应有关。由(8.11)式容易证明：

当 $\lambda_1=\lambda_2$ 时，$\alpha=0.5$；

当 $\lambda_1>\lambda_2$ 时，$\alpha>0.5$；

当 $\lambda_1<\lambda_2$ 时，$\alpha<0.5$。

即无论研发需求创造效应的大小，只要平台内两家成员存在合作研发空间且研发对两家成员的需求创造效应相同，则合作研发时的成本分摊机制为平均分担。由(8.11)式分别求解 $\alpha$ 对 $\lambda_1$ 和 $\lambda_2$ 的一阶偏导，则

$$\begin{cases}\dfrac{\partial\alpha}{\partial\lambda_1}=\dfrac{(4b^2-d^2)^2\lambda_2+4b(2b+d)(\lambda_1+\lambda_2)^2\lambda_1-4b(2b+d)(\lambda_1+\lambda_2)^2\lambda_2}{(4b^2-d^2)(2b+d)^2(\lambda_1+\lambda_2)^2}\\ \qquad+\dfrac{8b(2b\lambda_1+d\lambda_2)(2b\lambda_2+d\lambda_1)\lambda_2}{(4b^2-d^2)(2b+d)^2(\lambda_1+\lambda_2)^2}\\ \dfrac{\partial\alpha}{\partial\lambda_2}=-\dfrac{[(4b^2-d^2)^2-4b(2b\lambda_1+d\lambda_2)^2-4b(2b\lambda_2+d\lambda_1)^2]\lambda_1}{(4b^2-d^2)(2b+d)^2(\lambda_1+\lambda_2)^2}\\ \qquad-\dfrac{8b(2b\lambda_1+d\lambda_2)(2b\lambda_2+d\lambda_1)\lambda_1+8bd(2b\lambda_2+d\lambda_1)(\lambda_1+\lambda_2)\lambda_2}{(4b^2-d^2)(2b+d)^2(\lambda_1+\lambda_2)^2}\end{cases}\tag{8.12}$$

由于 $b>d>0$，$(4b^2-d^2)^2-4b(2b\lambda_1+d\lambda_2)^2-4b(2b\lambda_2+d\lambda_1)^2>0$，因此 $\dfrac{\partial\alpha}{\partial\lambda_1}>0$，$\dfrac{\partial\alpha}{\partial\lambda_2}<0$。即合作研发对市场需求创造效应大的成员，应在合作研发中分摊更多的投入成本。

由(8.11)式求解 $\alpha$ 对 $b$ 和 $d$ 的一阶偏导，则

$$\begin{cases}\dfrac{\partial\alpha}{\partial d}=-\dfrac{2b(2b+d)^2(\lambda_1^2-\lambda_2^2)[(4b^2-d^2)^2-4b(2b\lambda_1+d\lambda_2)^2-4b(2b\lambda_2+d\lambda_1)^2]}{[(4b^2-d^2)(2b+b)^2(\lambda_1+\lambda_2)]^2}\\ \qquad-\dfrac{8b(2b+d)^2(\lambda_1^2-\lambda_2^2)(2b\lambda_1+d\lambda_2)^2[(b-d)^2\lambda_1+b^2\lambda_1+(3b-d)d\lambda_2]}{[(4b^2-d^2)(2b+d)^2(\lambda_1+\lambda_2)]^2}\\ \qquad-\dfrac{8b(2b+d)^2(b-d)(\lambda_1^2-\lambda_2^2)(2b\lambda_1+d\lambda_2)(2b\lambda_2+d\lambda_1)}{[(4b^2-d^2)(2b+d)^2(\lambda_1+\lambda_2)]^2}\\ \dfrac{\partial\alpha}{\partial b}=\dfrac{-4(4b^2-d^2)^2(2b\lambda_1+d\lambda_2)(2b\lambda_2+d\lambda_1)(\lambda_1+\lambda_2)(\lambda_1-\lambda_2)}{[(4b^2-d^2)(2b+d)^2(\lambda_1+\lambda_2)]^2}\\ \qquad+\dfrac{2d(2b+d)^2(\lambda_1+\lambda_2)(\lambda_1-\lambda_2)[(4b^2-d^2)^2-4b(2b\lambda_1+d\lambda_2)^2-4b(2b\lambda_2+d\lambda_1)^2]}{[(4b^2-d^2)(2b+d)^2(\lambda_1+\lambda_2)]^2}\end{cases}\tag{8.13}$$

显然,由 $b>d>0$, $(4b^2-d^2)^2-4b(2b\lambda_1+d\lambda_2)^2-4b(2b\lambda_2+d\lambda_1)^2>0$ 可知,当 $\lambda_1>\lambda_2$ 时,$\frac{\partial\alpha}{\partial d}<0$, $\frac{\partial\alpha}{\partial b}<0$;当 $\lambda_1<\lambda_2$ 时,$\frac{\partial\alpha}{\partial d}>0$, $\frac{\partial\alpha}{\partial b}>0$。即:当 $\lambda_1>\lambda_2$ 时,自身价格效应、交叉价格效应越大,成员在合作研发中承担合作研发成本的比例就越低;当 $\lambda_1<\lambda_2$ 时,自身价格效应、交叉价格效应越大,成员在合作研发中承担合作研发成本的比例越高。对于这一发现可以这样直观理解,当两家成员在产品市场上的竞争越激烈,则合作研发的市场需求创造效应对两家成员的利润差异的影响就越小。即尽管合作研发的市场需求创造效应对两家成员存在差异,但由于下游市场的价格竞争过于激烈,则那些因合作研发而带来更大市场需求的成员,其利润仍然会因为对手的价格竞争而受到侵蚀,因此并不愿意承担比对手更高的研发成本。

本节上述模型的分析还发现,只要平台成员间存在合作研发的可能,则成员合作研发时的最优投入水平主要取决于市场容量、自身价格效应、交叉价格效应和研发投入的需求创造效应。

将(8.11)式代入(8.10)式,可得

$$x^*=\frac{[2ab(2b+d)^2(\lambda_1+\lambda_2)]^2}{[(4b^2-d^2)^2-4b(2b\lambda_1+d\lambda_2)^2-4b(2b\lambda_2+d\lambda_1)^2]^2} \tag{8.14}$$

由(8.14)式分别对 $a$, $b$, $d$, $\lambda_1$ 和 $\lambda_2$ 求一阶偏导,则有

$$\begin{cases}
\dfrac{\partial x^*}{\partial a}=\dfrac{8a[b(2b+d)^2(\lambda_1+\lambda_2)]^2}{[(4b^2-d^2)^2-4b(2b\lambda_1+d\lambda_2)^2-4b(2b\lambda_2+d\lambda_1)^2]^2} \\
\dfrac{\partial x^*}{\partial b}=-\dfrac{8a^2b(2b+d)^3(\lambda_1+\lambda_2)[(2b+d)^3(4b^2-d^2)+16b^2d^2(\lambda_1+\lambda_2)(\lambda_1-\lambda_2)^2]^2}{[(4b^2-d^2)^2-4b(2b\lambda_1+d\lambda_2)^2-4b(2b\lambda_2+d\lambda_1)^2]^3} \\
\dfrac{\partial x^*}{\partial d}=\dfrac{16a^2b^2(2b+d)^3(\lambda_1+\lambda_2)^2}{[(4b^2-d^2)^2-4b(2b\lambda_1+d\lambda_2)^2-4b(2b\lambda_2+d\lambda_1)^2]^2} \\
\qquad+\dfrac{32a^2b^2(2b+d)^4(\lambda_1+\lambda_2)^2[(4b^2-d^2)+2b\lambda_2(2b\lambda_1+d\lambda_2)+2b\lambda_1(2b\lambda_2+d\lambda_1)]}{[(4b^2-d^2)^2-4b(2b\lambda_1+d\lambda_2)^2-4b(2b\lambda_2+d\lambda_1)^2]^3} \\
\dfrac{\partial x^*}{\partial \lambda_1}=\dfrac{8a^2b^2(2b+d)^4(\lambda_1+\lambda_2)}{[(4b^2-d^2)^2-4b(2b\lambda_1+d\lambda_2)^2-4b(2b\lambda_2+d\lambda_1)^2]^2} \\
\qquad+\dfrac{128a^2b^4(2b+d)^5(\lambda_1+\lambda_2)^3}{[(4b^2-d^2)^2-4b(2b\lambda_1+d\lambda_2)^2-4b(2b\lambda_2+d\lambda_1)^2]^3} \\
\dfrac{\partial x^*}{\partial \lambda_2}=\dfrac{8a^2b^2(2b+d)^4(\lambda_1+\lambda_2)}{[(4b^2-d^2)^2-4b(2b\lambda_1+d\lambda_2)^2-4b(2b\lambda_2+d\lambda_1)^2]^2} \\
\qquad+\dfrac{128a^2b^4(2b+d)^5(\lambda_1+\lambda_2)^3}{[(4b^2-d^2)^2-4b(2b\lambda_1+d\lambda_2)^2-4b(2b\lambda_2+d\lambda_1)^2]^3}
\end{cases} \tag{8.15}$$

显然，由于存在合作研发空间，即$(4b^2-d^2)^2-4b(2b\lambda_1+d\lambda_2)^2-4b(2b\lambda_2+d\lambda_1)^2>0$，而$a$、$b$、$d$、$\lambda_1$和$\lambda_2$都大于零，因此$\frac{\partial x}{\partial a}>0$，$\frac{\partial x}{\partial b}<0$，$\frac{\partial x}{\partial d}>0$，$\frac{\partial x}{\partial \lambda_1}>0$，$\frac{\partial x}{\partial \lambda_2}>0$。即当市场容量、交叉价格效应和研发的需求创造效应越大，自身价格效应越小，则成员合作研发时的最优投入水平$x$越高。对于上述发现的直观理解是，当生物医药产业创新平台合作研发的市场前景越大，而合作成员之间的竞争关系不明显（或者说产品差异化程度越大），则合作研发对平台成员的价值就越大，此时成员合作研发的投入水平也就越高。

本书第七章第一节的实证研究已经发现，企契约治理机制对生物医药产业创新平台的运行绩效存在正向影响，而本节上述基于Bertrand竞争的异质性厂商间横向合作研发的模型分析也表明，生物医药产业创新平台内的横向合作研发要实现最大合作效果，必须对合作研发费用的费分摊比例和合作研发的总体投入水平进行精心设计。

1. 研发成本分摊机制的设计

第(8.12)式表明，在自身价格效应、交叉价格效应一定的情况下，需求创造效应更大的成员在合作研发中获得利益也越大，因而应在合作研发中分摊更多的成本。第(8.12)式的启示在于，生物医药产业创新平台对成员间合作研发的治理机制应着重建立相应的成本分摊机制，特别是应根据合作创新对成员带来的市场扩张效应制定成本分摊比例，要求那些在合作研发中市场需求扩张更大的成员承担更多的研发费用。

通过第(8.13)式容易发现，自身价格效应和交叉价格效应越大，意味着两家成员的价格竞争越激烈，而需求创造型R&D提高了市场需求，也意味着成员提高了的定价水平，因此需求创造效应更高的企业因合作研发而获得的相对优势更为明显，在合作研发中愿意分摊的成本比例也更高。第(8.13)式给本文带来的启示是，在考虑合作研发对不同成员的市场扩张效应的基础上，平台治理机构在制定合作研发成本的分摊比例时，还要考虑成员之间的竞争程度。当成员之间的同质化程度越高，在研发中获得更高需求扩张效应的成员反而不愿意承担更高的研发成本分摊比例。对(8.13)式还可以这样进行直观理解，尽管合作研发可以带来的需求扩张效应在成员间会有高有低，但由于成员之间的同质化程度较高，则其他成员可以通过价格竞争获取一部分新增市场，因而成员因研发带来的市场扩张效应可能被竞争效应所抵消，从而降低成员分摊更高研发成本的意愿。

2. 合作研发投入水平的设计

由于研发投入的需求创造效应本身就直接测度了研发投入水平对扩大市场需求的作用，需求创造效应越大，则研发投入的产出水平就越高，因此不难理解研发对成员需求的创造效应越大，成员投入研发的意愿和水平也就越高。而市场空间越大，表明两家成员合作研发投入的需求创造效应越强，因此合作研发时的投入水平也会更高。自身价格效应越低，表明成员通过降低价格来提高盈利水平的效果一般都不太明显，而交叉价格效应越大，则表明成员间的价格竞争非常激烈，双方在产品市场上的竞争可以将价格压至较低水平，从而限制了成员进一步降价的空间，因而更愿意通过研发来扩大市场需求，从而获取更高利润。为此，对平台治理机构而言，制定平台合作研发的投入水平时，应充分考虑合作成员的需求扩大效应、市场空间和成员间的价格竞争程度。对需求扩大效应和市场空间大的合作研发项目，平台应鼓励成员之间加大研发投入力度，而对在产品市场上存在激烈价格竞争的成员，应防止合作研发时出现过度投入。

## 三、平台内合作研发的门槛机制

前文在论述合作研发时已经指出，生物医药产业创新平台内的合作研发可能带来负的外部性，而上述有关平台内合作研发的成本分摊机制研究也发现了这一点，即当成员在产品市场上的竞争过于激烈时，过度加大合作研发的投入力度可能会适得其反。

考虑到生物医药产业的"接力"创新特性(石忠国等，2012；骆品亮，陈波等，2013)，除横向合作研发外，生物医药产业创新平台内上下游成员之间开展合作研发的情况也非常普遍。通常，生物医药产业创新平台内开展纵向合作研发时会产生产出扩大和竞争加剧两种效应。

1. 产出扩大效应

骆品亮和陈波等人(2013)的研究发现，生物医药产业创新平台的纵向合作研发可以显著降低下游成员的中间投入成本，进而刺激下游市场产出规模的扩大。此时，产出规模的扩大会有利于增加参与纵向合作研发的下游成员的利润，同时也会带动参与纵向合作研发的上游成员的需求，并增加其利润。生物医药产业创新平台纵向合作研发的产出扩大效应也是生物医药产业创新平台中上下游成员加入纵向合作研发的主要激励来源，因此可以被看作平台内成员加入纵向合作研发的动力机制。

2. 竞争加剧效应

随着参与生物医药产业创新平台纵向合作研发的下游成员的增多，尽管下游市场整体产出规模还在不断增长，但受制于市场总体容量的限制，下游成员在产品市场的竞争将逐步加剧。特别是当加入平台纵向合作研发的下游成员达到一定临界规模时，下游成员的进一步增加，产品市场上的竞争将会导致加入平台纵向合作研发的下游成员的利润增量出现下降，甚至加入纵向合作的成员的总的利润增量都将因此而减少——尽管此时上游成员的利润增量由于合作研发的产出效应仍在保持增加。这种竞争加剧效应即是生物医药产业创新平台纵向合作研发的负外部性。

因此，要实现加入平台纵向合作研发成员的整体利益最大化，生物医药产业创新平台应当充分权衡纵向研发的产出效应和竞争效应，根据平台下游成员的总体规模、纵向合作研发项目的创新程度等因素来设计相应的门槛机制。

对生物医药产业创新平台纵向合作的上述门槛机制，可以借鉴纵向合作研发联盟 VRA(Vertical Research Alliance)(Banerjee 和 Lin, 2001；骆品亮，殷华翔，2007；骆品亮等，2013；骆品亮，陈波等，2013)的研究，其契约安排机制表示为如(8.16)式的最优规划问题。

$$\mathrm{Max}_{k,\,s}\left\{\begin{aligned}\Delta\pi^{U+i}=&\left[(w_1-c+\mu)\sum_{i=1}^{k}q_i+(w_2-c)\sum_{j=k+1}^{n}q_j-sE-\frac{n(a-c)^2}{4(n+1)}\right]\\&+\left[(P-w_1)\sum_{i=1}^{k}q_i-(1-s)E-k\,\frac{(a-c)^2}{4(n+1)}\right]\end{aligned}\right\}$$

$$\text{s.t}\quad q_i\in\arg\cdot\max\{\pi_i(q_i)\};\ q_j\in\arg\cdot\max\{\pi_j(q_j)\};\ \Delta\pi^i(k)\geqslant 0 \tag{8.16}$$

在(8.16)式中，$U$ 表示加入生物医药产业创新平台的上游成员；

对中间投入品，上游成员对加入平台纵向合作研发的下游成员和未加入平台纵向合作研发的下游成员分别制定不同价格，即 $w_1$ 和 $w_2$；

$c$ 表示合作研发前的中间投入品的成本，$\mu$ 表示合作研发带来的成本下降水平；

下游市场的需求函数为 $P=a-\sum_{i=1}^{k}q_i-\sum_{j=k+1}^{n}q_j$ ，其中 $q_i$ 表示加入平台纵向合作研发的下游成员的产量，$q_j$ 表示未加入平台纵向合作研发的下游成员的产量；

$\frac{n\ (a-c)^2}{4(n+1)}$ 是上游成员在不存在合作研发情形时的利润水平，$\frac{(a-c)^2}{4(n+1)}$是下游成员在不存在合作研发情形时的利润水平，这在上下游成员之间不存在合作研发的情况下很容易求解；

$n$ 表示平台下游成员的数量，$k$ 表示加入平台纵向合作研发的下游成员的数量；

$1-s$ 表示上游成员在纵向合作中承担的研发成本投入比例，$s$ 表示其他参与合作研发的所有下游成员承担的研发成本比例$\left(\text{即每家参与合作研发的下游成员承担的研发成本比例为}\frac{s}{k}\right)$，$E$ 表示总的研发投入水平。

求解(8.16)式，可求得

$$\Delta\pi^{U+i}(k)=\frac{[2\lambda+(n-k+1)\mu](2n-k+2)k\mu}{4\ (n+1)^2}-E \tag{8.17}$$

在(8.17)式中，$\lambda=a-c$ 表示下游市场的规模上限，其最大化一阶条件为

$$k^*=\begin{cases} n, & n^2+2n-2\leqslant\frac{4\lambda}{\mu}\text{时} \\ n+1-\left[\frac{(n+1)^2}{\sqrt{4\left(\frac{\lambda}{\mu}\right)^2+3(n+1)^2+2\ \frac{\lambda}{\mu}}}\right], & n^2+2n-2\leqslant\frac{4\lambda}{\mu}\text{时} \end{cases} \tag{8.18}$$

为了更好讨论，令加入平台合作研发的下游成员占全部下游成员的比重为 $t^*=\frac{k^*}{n}$，则

$$t^*=\begin{cases} 1, & n^2+2n-2\leqslant\frac{4\lambda}{\mu}\text{时} \\ 1+\frac{1}{n}-\frac{1}{n}\left[\frac{(n+1)^2}{\sqrt{4\left(\frac{\lambda}{\mu}\right)^2+3(n+1)^2+2\ \frac{\lambda}{\mu}}}\right], & n^2+2n-2>\frac{4\lambda}{\mu}\text{时} \end{cases} \tag{8.19}$$

由(8.19)式可以发现，生物医药产业创新平台纵向合作研发的门槛机制

如何设计，主要取决于下游市场的竞争程度、下游市场的规模上限和合作研发效果。下游市场的竞争程度可以简单理解为下游成员的数量 $n$，合作研发效果可以简单地理解为合作研发带来的中间投入品的成本下降水平 $\mu$，下游市场的规模上限即为 $\lambda$。特别地，当下游市场的竞争程度、下游市场的规模上限和纵向合作研发效果满足条件 $n^2+2n-2\leqslant\frac{4\lambda}{\mu}$ 时，加入纵向合作研发的下游成员的比例为 1，即所有的下游成员都加入生物医药产业创新平台的纵向合作研发。

当下游市场的竞争程度、下游市场的规模上限和纵向合作研发效果满足条件 $n^2+2n-2>\frac{4\lambda}{\mu}$ 时，生物医药产业创新平台应根据下游市场的竞争程度、下游市场的规模上限和纵向合作研发效果制定下游成员加入纵向合作研发的门槛机制，以确保纵向合作研发所有参与方的整体利益最大化。

(1) 当下游市场的竞争越激烈，生物医药产业创新平台应将加入纵向合作研发的下游成员限制在较低水平。这一结论可以用(8.20)式证明：

$$\frac{\partial t^*}{\partial n}=-\frac{(n+1)^2\left\{\left[4\left(\frac{\lambda}{\mu}\right)^2+3(n+1)^2-3n+2\frac{\lambda}{\mu}\right]+\left[4\left(\frac{\lambda}{\mu}\right)^2+3(n+1)^2+2\frac{\lambda}{\mu}\right]^{\frac{3}{2}}\right\}}{n^2\left[4\left(\frac{\lambda}{\mu}\right)^2+3(n+1)^2+2\frac{\lambda}{\mu}\right]^{\frac{3}{2}}} \tag{8.20}$$

显然 $4\left(\frac{\lambda}{\mu}\right)^2+3(n+1)^2-3n+2\frac{\lambda}{\mu}>0$，因此 $\frac{\partial t^*}{\partial n}<0$，即随着下游市场的竞争水平的提高(下游厂商数量的增加)，要确保合作各方整体利益的最大化，参与产业技术创新平台纵向合作研发的下游成员的比例应该逐步下降。其背后的经济学原理在于：

当生物医药产业创新平台中下游成员由少数寡头构成时，纵向合作研发的边际成员可以带来的产出效应的增加，会超过竞争效应带来的利润增量的减少，此时生物医药产业创新平台纵向合作的门槛机制可以适当放宽限制，提高参与纵向合作研发的下游成员的比例；反之，当生物医药产业创新平台中下游成员是由众多的竞争者构成时，纵向合作研发边际成员带来的产出效应相对较小，可能会低于竞争效应带来的利润增量的减少，此时生物医药产业创新平台纵向合作的门槛机制就应该发挥“门槛”的作用，严格将参与纵向合作研发的下游成员的比例限制在“门槛”水平之下。

（2）当纵向合作研发的效果越突出，生物医药产业创新平台应将加入纵向合作研发的下游成员限制在较低水平。这一结论可以用(8.21)式证明：

$$\frac{\partial t^*}{\partial \mu}=-\frac{3(n+1)^2(8\lambda+\mu)}{n\mu\left[4\left(\frac{\lambda}{\mu}\right)^2+3(n+1)^2+2\frac{\lambda}{\mu}\right]^{\frac{3}{2}}} \tag{8.21}$$

由于$4\left(\frac{\lambda}{\mu}\right)^2+3(n+1)^2-3n+2\frac{\lambda}{\mu}>0$，因此$\frac{\partial t^*}{\partial \mu}<0$，即随着平台纵向合作研发效果的提升，要确保合作各方整体利益的最大化，参与产业技术创新平台纵向合作研发的下游成员的比例应该逐步下降。其背后的经济学原理在于：

由于纵向合作研发的效果主要体现在上游成员生产中间投入品的成本的下降，即参与产业技术平台的下游企业的投入成本的降低。因而，研发越剧烈，平台纵向合作研发边际成员对原成员产出的稀释作用就越大，并进一步带来下游市场竞争程度的提高。同时，随着参与平台纵向合作研发的下游成员的成本的大幅度下降，参与平台纵向合作研发的下游成员会对其他未参加平台纵向合作研发的下游成员形成挤出效应，从而最终导致合作参与方整体利润增量的下降。

（3）当下游市场的规模上限越大，生物医药产业创新平台的门槛机制应鼓励更多下游成员加入纵向合作研发。这一结论可以用(8.22)式证明：

$$\frac{\partial t^*}{\partial \lambda}=\frac{(n+1)^2}{n}\left(\frac{4\lambda}{\mu^2}+\frac{1}{\mu}\right)\left[4\left(\frac{\lambda}{\mu}\right)^2+3(n+1)^2+2\frac{\lambda}{\mu}\right]^{-\frac{3}{2}} \tag{8.22}$$

因为$\frac{(n+1)^2}{n}>0$，$\left(\frac{4\lambda}{\mu^2}+\frac{1}{\mu}\right)>0$且$\left[4\left(\frac{\lambda}{\mu}\right)^2+3(n+1)^2+2\frac{\lambda}{\mu}\right]>0$，因此$\frac{\partial t^*}{\partial \lambda}>0$，即随着下游市场的规模上限的扩大，要确保合作各方整体利益的最大化，参与产业技术创新平台纵向合作研发的下游成员的比例应该逐步提升。其背后的经济学原理在于：

下游市场的规模上限越大，生物医药产业创新平台纵向合作研发带来的产出效应就越明显，下游成员在产品市场获得的销售规模就越大，同时上游成员中间投入品的销售规模也越大，因而纵向合作研发产出效应带来的参与方的整体利润增量，将大大超过竞争效应带来的利润增量的减少。同时，下游市场的规模上限越大，意味着下游成员间的“挤出效应”将越小，因而生物医药产业创新平台纵向合作研发的竞争效应带来的利润增量的减少将非常微小。此时，边际成员的加入将显著提升纵向合作参与方整体利润增量。

## 第四节　本章小结

本章首先讨论了生物医药产业创新平台治理所面临的主要问题，包括负的外部性、信息不对称及由其带来的机会主义行为，并在此基础上归纳了生物医药产业创新平台的主要治理机制及其结构体系。接着，结合前述理论和实证研究，通过运用博弈论方法，分别构建了生物医药产业创新平台知识共享的动态演化博弈模型和合作研发的博弈模型，从理论上探讨了生物医药产业创新平台对知识共享和合作研发的治理机制。通过知识共享的动态演化博弈模型分析，本章从门槛机制、信息透明机制及收费机制等角度讨论了平台内知识共享的治理机制的设计思路。对平台内的合作研发，本章运用博弈模型，从成本分摊机制、门槛机制等角度讨论平台内合作研发的治理机制的设计思路。

# 第九章　结论与研究展望

生物科技的迅猛发展推动了传统制药产业与生物科技的融合，促成了生物医药产业的产生和发展。生物医药产业链的特征、生物医药产业的创新特点和技术、知识、研发人员及其他相关创新资源在产业链不同环节、不同机构之间的高度分散，使生物医药产业的创新模式正在发生“范式转变”，开放创新成为生物医药产业链上不同创新主体参与创新活动的重要模式。

创新平台作为一种有效获取外部知识、弥补自身能力不足的工具，可以为生物医药产业链上各创新主体实施开放创新提供强有力的支撑，包括在创新需求方和创新供应方之间搭建桥梁，促进产业链内创新网络的扩展和深化，加强产业链各环节中创新资源的汇聚和整合，从而提高生物医药产业的创新效率、降低创新成本。

纵观欧洲“创新药物计划”、礼来的 Innocentive.com、葛兰素史克的 GSk 专利池等国外的生物医药产业创新平台，都对其成员及生物医药产业链其他成员的开放创新活动提供了很好的平台支持。我国生物医药产业在近 20 年来已取得了长足发展，政府、企业及相关科研院所等也在积极尝试利用创新平台这一工具解决国内生物医药产业创新投入不足、创新资源分散等问题，希望以此来集成和整合产业链上的各种创新资源，推动我国生物医药产业的创新。

开放创新、创新网络、合作创新及研发联盟等领域的许多研究成果对我们理解生物医药产业创新平台的内涵、功能、运行和治理模式提供了很好的理论基础和方法指导。本书正是基于这些领域的研究成果，对我国生物医药产业创新平台的问题展开了系统研究，包括生物医药产业创新平台的内涵和基本功能、生物医药产业创新平台的运行机理及其支撑系统、我国生物医药产业创新平台的运行绩效及其影响因素，以及我国生物医药产业创新平台的治理机制设计等问题。

# 第一节 结论与建议

## 一、主要结论

基于创新平台及其与之相关的开放创新、创新网络、合作创新及研发联盟等领域的相关文献，本书通过理论研究、案例分析、问卷调查、数据包络分析、因子分析和回归分析等实证研究，对我国生物医药产业创新平台的内涵、功能、运行机理、运行绩效及其关键因影响因素和治理机制设计等进行了系统研究。全书研究的主要结论包括：

(1) 创新对生物医药产业具有重大意义，但其创新所面临的诸多挑战，导致了生物医药产业创新的范式转变。在开放创新背景下，我国生物医药产业创新平台亟须搭建创新平台，以整合产业链上企业、科研院所及相关政府部门的创新资源，从而提高整个产业的创新效率。

本书第三章在界定生物医药产业内涵的基础上，归纳了生物医药产业的基本特点。研究认为，生物医药产业是典型的创新驱动并受政府高度规制的产业，创新对生物医药产业而言具有特殊意义。生物医药产业的创新不仅有利于改善人民生命健康水平，而且有利于提高医疗卫生系统的效率、促进社会经济的发展。但是，生物医药产业创新周期长、投入大、风险高、涉及主体多及任务复杂等挑战，决定了任何独自从事新药研制的企业都会面临资金、技术和市场等三个方面的重大压力和风险；生物科技与传统制药业的融合，导致药物研发的技术基础已发生重大改变，其方法、工具和原材料都已同过去明显不同，而这些新的研究方法、工具和原材料已不可能由一家机构所完全掌握；大型制药企业、中小型生物科技公司、科研院所、医疗服务系统和政府部门等众多组织在新药研发过程中的不同环节都会发挥不同的作用。这些因素导致生物医药产业链成员都在积极寻求外部知识、技术等创新资源的整合，整个产业链上的研发活动的“开放创新”特征十分明显。

如何对新药研发不同环节可能涉及的主体、资源和力量进行汇聚和有效整合，更好利用开放创新模式推动新药开发，已超出了单个企业或机构的能力范围，因而我国生物医药产业创新平台亟须搭建创新平台，以整合产业链上企业、科研院所及相关政府部门的创新资源，从而提高整个产业的创新效率。

(2) 生物医药产业创新平台对生物医药产业链主体开放创新的支持，主要依托其合作研发、科技服务(成果)转让和知识共享三大系统。

生物医药产业创新平台正是要在产业链创新主体之间搭建、拓展和深化创新网络,并整合创新网络内的各种资源,促进创新主体之间利用平台进行合作研发,为产业链创新主体的开放创新提供服务和支撑。本书第四章的研究发现,生物医药产业创新平台服务和支撑成员实施开放创新的基础主要是合作研发伙伴开发系统、科技成果(服务)转让系统和知识共享系统,但并非所有的生物医药产业创新平台都必须同时运用三大系统。

(3) 我国现有生物医药产业创新平台的运行效率还有待进一步提高。

本书第五章首先结合案例对我国生物医药产业创新平台的实践进行了简要论述,并分别运用数据包络分析方法和模糊评价方法对我国生物医药产业创新平台的运行绩效进行了直接和间接评价。

在采用数据包络分析方法对国内具有代表性的生物医药产业创新平台的运行绩效进行直接评价时发现,达到 DEA 相对有效的创新平台不足三成,其运行效率的平均值明显偏低。

为进一步摸清我国生物医药产业创新平台运行绩效的整体状况,本书还采用模糊评价方法对其进行了间接评价。本书第五章采用深度访谈、半开放式问卷调查和初步评估等方法获得具体的评价量表,构建了评价我国生物医药产业创新平台运行绩效的综合评价指标体系,该指标体系包括“服务绩效”和“网络绩效”两个一级指标,“服务绩效”包含了“服务范围”“服务能力”“服务成本”和“服务的响应速度”四个二级指标,“网络绩效”包含了“成员数量”“合作机会”和“获取外部资源的渠道”三个二级指标,并运用层次分析方法确定了运行绩效评价指标体系的权重。模糊评价的结果表明,我国生物医药产业创新平台运行绩效均一般,而且相对于“网络绩效”而言,“服务绩效”的水平更低。

(4) 影响我国生物医药产业创新平台运行绩效的主要因素包括平台资源结构、信任水平、平台开放程度、平台的契约治理机制及政策环境,特别是平台的契约治理机制对平台运行绩效具有重大影响。

本书第六章构建了生物医药产业创新平台运行绩效影响因素的理论模型,认为平台的资源结构、信任水平、平台开放程度、契约治理机制及政策环境将是平台运行绩效的主要影响因素。

第七章基于回归分析的实证研究证实了本书研究的主要假设,即生物医药产业创新平台的资源结构、信任水平、平台开放程度、契约治理机制及政策环境对平台运行绩效构成了正面影响。第六章的研究还发现,完善的平台契约治理机制还将对平台资源结构和平台开放程度与平台运行的服务绩效和网络绩效间的正向关系起着显著的调节作用，也就是说，一个合理的平台契约治理机制设计可以显著放大平台资源结构等因素对平台绩效的影响，相反，则将明显限制平台绩效的提高。

（5）促进成员之间的知识共享和合作研发是生物医药产业创新平台的核心，平台治理机构应通过设定适当的门槛机制和收费机制鼓励成员之间进行知识共享，通过制定相应的成本分摊机制促进成员之间的横向和纵向合作研发。

本书第八章分别构建了生物医药产业创新平台内的知识共享和合作研发的博弈模型。通过对知识共享的动态演化博弈分析发现，生物医药产业创新平台除了平台本身应尽量汇聚更多的知识资源外，还应通过对成员参与知识共享制定适当的门槛机制和收费机制，从而鼓励生物医药产业链上的更多成员参与到平台内的知识共享中来。

通过对平台内成员间的横向合作研发的多阶段动态博弈分析发现，生物医药产业创新平台应当选择那些更具市场前景的技术领域，并制定适当的成本分摊比例以促进平台成员之间合作研发的成功。在纵向合作研发时，平台主导方应根据创新激烈程度、成员数量及市场规模等因素制定相应的门槛机制，以保证产业链整体绩效的最大化。

## 二、政策建议

我国2006年颁布的《国家中长期科学和技术发展规划纲要（2006—2020年）》明确提出，把建立以企业为主体、产学结合的技术创新体系作为国家创新体系建设的突破口。“创新药物研究开发技术平台”作为规划纲要“重大新药创制”专项的重要组成部分，也在“十一五”规划期间（2009—2010年）正式启动。国家科技部、财政部等众多中央部委也加大了对生物医药产业创新平台构建和运行的投入力度，长三角、珠三角、环渤海地区和东北等主要生物医药集群及紫光医药、华兰生物、天坛生物等生物医药产业龙头企业也纷纷与产业链上其他成员合作搭建创新平台，推动生物医药创新发展。

然而，我国的产业创新平台运作时间短、经验少、层次低，不仅在宏观层面对整个生物医药产业的创新生态系统缺乏顶层设计，而且在微观层面对生物医药产业创新平台的运行机理和治理模式都还停留在初级阶段。国外较为成熟的生物医药产业创新平台如欧洲“创新药物计划”（IMI）、礼来公司的“Innocentive.com”、葛兰素史克牵头成立的“GSK专利池”等的经验表明，我国生物医医药产业创新平台的功能还需进一步整合，运行方式和治理模式还有待进一步优化。

1. 就功能调整和整合而言，无论是政府主导还是企业主导建立的生物医药产业创新平台，应侧重于平台成员之间的知识共享、合作创新和科技成果（服务）的转让

目前，我国生物医药产业中的大多数创新平台仍主要侧重于生物科技公司的孵化，部分创新平台涉及平台成员之间的科技成果（服务）的转让，但侧重于成员之间的合作创新和知识共享的功能却相对不足。尽管正如本书第四章的分析，对生物医药产业中某一具体的创新平台而言，并非必须同时具备合作研发、科技成果（服务）转让和知识共享三大支撑系统，但对我国当前的生物医药产业而言，国内现有创新平台的功能和服务同质化现象十分严重，显然不利于国内生物医药企业获取外部知识和提升自身研发能力。

因此，对由企业或科研院所主导成立的生物医药产业创新平台，应根据成员开放创新的实际需要，对自身功能进行适当调整：尽量集成成员之间的互补性创新资源进行合作研发，为生物医药产业链成员利用创新平台的系统工具支持，产生更多能为成员所有、成员所用的研究成果；尽量完善科技成果（服务）转让系统，尤其是搭建桥梁，让国内生物医药产业链成员承接国外跨国医药公司的研发外包，促使成员的研发活动与国际接轨，提升国内生物医药产业链成员的研发实力；向成员推介具有工具性、基础性的国际国内最新研究信息和成果，首先实现成员对平台从外部获取的知识和信息实现共享，逐步搭建和完善平台内部各成员之间的知识共享系统。

对由政府主导成立的生物医药产业创新平台，应对不同的平台进行重新定位，对功能重叠的平台进行重组和整合。对生物医药产业创新所必需但现有平台又不提供的功能和服务，如具备较强的市场化前景，政府应引导和鼓励生物医药产业链上的企业、科研院所或其他社会中介组织出面搭建平台；对属于公共服务和基础设施建设性质的功能模块或服务，政府部门应承担平台的建设、运行和治理工作，并鼓励产业链上的企业、科研院所或其他社会中介组织加入和使用。

2. 就生物医药产业创新平台的运行而言，平台治理机构应尽量保证运行程序的公开透明，并保证其运行可以带动生物医药产业链相关成员的积极参与

正如本书研究发现的一样，成员之间的信任、成员对平台管理方的信任

会对平台运行绩效产生积极影响，因此平台管理方应尽量保证运行程序的公开透明，这不仅有利于促进平台的整体信任水平，而且可以进一步拓展平台的服务对象。

对生物医药产业创新平台三大支撑系统工具而言，其运行过程应尽量带动生物医药产业链相关成员的广泛参与。平台成员往往拥有不同的互补性资源，这些互补性资源对平台的资源整合具有重要意义，本书实证研究也表明平台资源结构对平台运行绩效具有积极作用。此外，生物医药产业链上的不同成员往往具有不同的创新需求，带动不同成员尤其是企业的积极参与，将使生物医药产业创新平台的运行更能符合产业发展和产业创新的实际需要。

3. 吸引生物医药产业链上那些具有特色创新资源的成员广泛参加

本书研究表明，平台资源结构对生物医药产业创新平台的运行绩效具有明显的正向影响：平台吸引的优质成员越多，则汇聚的知识、能力等创新资源就越丰富，从而可以大幅度提高生物医药产业创新平台的服务提供能力；同时，那些具有特色创新资源的成员之间也更容易形成优势互补，通过生物医药产业创新平台创造的合作机会也就越多。此外，在“网络效应”的带动下，参与平台的高水平成员越多，则生物医药产业创新平台对平台外部其他成员的吸引力也就越大，从而形成平台与生物医药产业链相关主体之间的良性循环。

4. 就生物医药产业创新平台的契约治理而言，应充分考虑平台成员的信任水平、收益分配、风险和成本分担等因素

对提高平台整体信任水平而言，生物医药产业创新平台除应尽量保证平台运行程序的公开透明外，还应对平台及成员提交信息的准确性和完整性进行审核，避免出现重大信息遗漏和信息失真，建立成员之间及成员与平台之间的常态化沟通和交流机制，建立成员高层会晤机制，增进成员之间的信任和了解。

针对成员之间、成员与平台外部成员之间的不同合作形式，生物医药产业创新平台应在保留成员间进行双边（商业）谈判的权利的基础上，制定不同的利益分配和成本风险分担方案供成员选择，并确保成员履行承诺。

如本书第三章分析，生物医药产业创新平台属于典型的知识密集型产业，知识及相关技术成果是生物医药企业赖以生存和发展的基础。因此，生物医药产业创新平台在推动平台成员之间的知识共享时，应设计相应的知识产权保护机制，对成员纳入平台知识共享库中的相关技术成果，生物医药

产业创新平台应明确其使用范围和使用成本,如对这些共享知识,成员是否可以用于继续开发?成员是否可以用于商业化?这都需要平台治理机构设计相应的机制予以明确和保证,避免出现成员利用共享知识库的知识时发生侵权行为。此外,对成员在开发和创新中利用平台共享知识的行为,平台应当制定适当的收费水平,从而鼓励更多的成员参与知识共享。

5. 就政府部门而言,应当为生物医药产业创新平台的运行创造良好的政策环境,包括减少知识产权交易和研发服务外包环节的中间税费、制定完善的知识产权保护法律体系、加强知识产权保护的执法力度

本书研究发现,政策环境因素对生物医药产业创新平台的运行绩效具有重要影响,特别是平台运行过程中成员间的科技服务(成果)转让和合作研发,往往会涉及营业税不可抵扣的问题,这无疑会提高平台成员之间的合作成本。对此,我国财税部门应加快"营改增"步伐,避免生物医药产业创新平台成员之间进行知识产权交易及研发服务外包时出现重复征税问题。

专利技术、实验数据及其他相关知识性资源等知识产权是生物医药产业链成员核心竞争力的主要源泉,如何在与其他成员之间合作时保护好自身知识产权不被恶意侵犯,一直是生物医药产业链成员面临的重大挑战,也是生物医药产业创新平台必须解决的问题之一。政府制定完善的知识产权保护法律体系可以为平台的知识产权保护提供良好的制度框架,加强知识产权保护的执法力度可以提高恶意侵权的违法成本,从而为平台成员之间的合作起到更好的保障作用。

## 第二节　主要贡献

相对于创新网络、合作研发、开放创新等已形成相对成熟的理论体系和研究方法的领域而言,产业创新平台还是产业组织理论中的新兴领域。从现有的相关文献来看,人们对产业创新平台的内涵都尚未达成一致。同时,生物医药产业作为新兴产业,其创新活动本身的复杂性也使产业创新平台在该产业内的应用带来了许多理论和实际问题。因此,研究生物医药产业创新平台本身就是一件极具挑战性的工作。基于这一认识,本书可能在以下几个方面小有贡献:

(1) 从开放创新的视角界定了生物医药产业创新平台的内涵和功能。本书认为,生物医药产业创新平台的基本功能是在产业链成员之间搭建、拓展和深化创新网络,服务于生物医药产业链成员的开放创新,促进平台成员

之间的创新资源整合和合作创新。

(2) 提出了生物医药产业创新平台运行的三大支撑系统，并讨论了它们的运行机理。本书认为，生物医药产业创新平台可以通过合作研发伙伴开发系统、科技(成果)服务转让系统和资源贡献系统促进产业链上的创新需求放和创新供应方之间进行合作研发、研发成果和服务的转让及知识共享，从而弥补了现有文献的不足。

(3) 本书运用数据包络分析方法对我国生物医药产业中部分代表性创新平台的投入产出效率进行了直接评估，发现除了部分创新平台存在投入不足之外，大多数创新平台的投入产出效率相对较低的问题也十分突出，因而需要进一步整合我国生物医药产业链上的各种创新资源，争取在既定投入的基础上，更好发挥产业链各环节的现有资源。

(4) 构建了生物医药产业创新平台绩效的间接评价指标体系，运用层次分析方法确定了各指标权重，并运用模糊评价方法对我国现有生物医药产业创新平台的运行绩效进行了评估。

(5) 基于问卷调查数据，运用因子分析、回归分析等方法对影响生物医药产业创新平台的主要因素进行了实证研究。

(6) 拓展了企业间知识共享和合作研发的理论模型，分别构建了生物医药产业创新平台知识共享的动态演化博弈模型和合作研发的最优成本分摊模型，对生物医药产业创新平台完善相关治理机制提供了一定的理论参考。

## 第三节　主要不足和研究展望

限于笔者能力及实际研究中面临的各种技术性困难，本书的局限性也较为突出，这些问题也是面对产业创新平台这一新领域可以进一步深入研究的地方。具体来说，这些问题主要集中在以下两个方面：

(1) 在讨论生物医药产业创新平台的运行机理时，对平台运行机理的演化没有做更深入的研究。通常来说，产业创新平台都至少具有合作研发伙伴开发系统、科技成果(服务)转让系统和知识共享系统中的某一个系统，这是平台为成员提供服务的基础和工具。本文对每个系统的运行原理都进行了讨论，但对平台各系统运行机理的具体演化过程并没有太多涉及。

(2) 由于创新平台是一种中间性组织，其二手数据的收集面临很大困难，比如分散、难成系统等，本书在对生物医药产业创新平台的绩效进行实证研究时，主要采用的是问卷调查数据，而问卷调查更容易受到受访人员主观意愿的影响，因而难免会有所不足。特别是受制于数据采集困难的影响，无法对不同类型、不同地区、不同治理结构的创新平台的运行绩效进行比较研究，作者在研究过程中也深以为憾。

**图书在版编目(CIP)数据**

中国生物医药产业创新平台运行与治理/陈波著
.—上海:上海人民出版社,2022
(上海 WTO 事务咨询中心系列丛书)
ISBN 978-7-208-17904-2

Ⅰ.①中… Ⅱ.①陈… Ⅲ.①生物医学工程-产业发展-研究-中国 Ⅳ.①F426.77

中国版本图书馆 CIP 数据核字(2022)第 161397 号

**责任编辑** 王 吟
**封面设计** 零创意文化

上海 WTO 事务咨询中心系列丛书
**中国生物医药产业创新平台运行与治理**
陈 波 著

**出 版** 上海人民出版社
(201101 上海市闵行区号景路 159 弄 C 座)
**发 行** 上海人民出版社发行中心
**印 刷** 上海景条印刷有限公司
**开 本** 720×1000 1/16
**印 张** 12.5
**插 页** 2
**字 数** 201,000
**版 次** 2022 年 10 月第 1 版
**印 次** 2022 年 10 月第 1 次印刷
ISBN 978-7-208-17904-2/F·2767
**定 价** 58.00 元